Camino Portugués

für Bauchfüßler

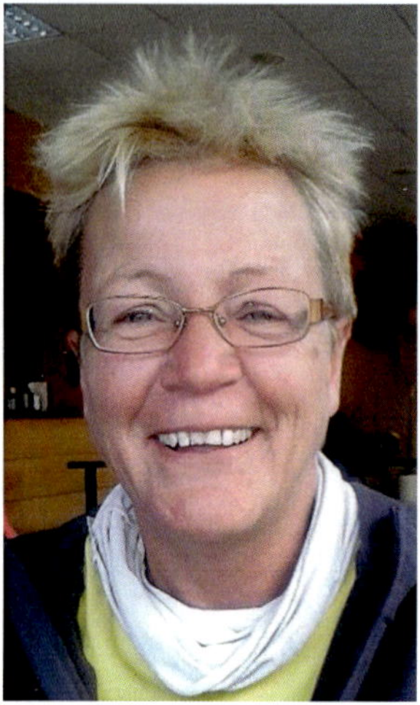

Das bin ich!

Mein Name ist Andrea Ilchmann und ich bin Pilger. - Moment, das klingt so schön, das muss ich gleich noch einmal sagen: Ich bin Pilger!
Geboren wurde ich an einem trübtrubsigen Sonntag 1963 in Hanau. Ich krabbelte im hessischen Seligenstadt eine Weile vor mich hin, verbrachte viel Zeit in den Ecken und vor den Türen irgendwelcher Klassenzimmer (ich glaube, meinen Schulabschluss habe ich nur bekommen, weil die Lehrer mich nicht länger ertragen wollten), probierte meine pädagogischen Fähigkeiten erst in einem Kindergarten aus, dann ein paar Jahre als Sekretärin/Assistentin an meinen Chefs, lernte meinen lieben Mann und Göttergatten Thomas kennen, wir beschlossen, eigene Leben zu bekommen, Felix, Dennis und Marius, und – schwups! - klopfte ich alle ach so fein angelesene Pädagogik in die Tonne.
Weil der Mensch ja etwas erleben muss, zogen wir 1996 ins badische Waghäusel. Die Menschen waren sofort so lieb zu uns, dass wir hier nie wieder weg wollen. Das haben sie nun von ihrer Freundlichkeit!
Als unsere Leben eigenständig wurden, nutzten Thomas und ich die Gunst der Freiheit und zogen 2009 zum ersten Mal aus, das Pilgern zu probieren. Es dauerte zwei Tage, dann wollte ich mir ein Leben ohne diese Auszeit nicht mehr vorstellen: Mit dem Rucksack irgendwo und am liebsten ganz weit im Nirgendwo – da hat man viel Zeit sich zu betrachten, zu hinterfragen, zu sortieren und neu aufzustellen. Den eigenen Körper zu fühlen, die eigenen Gedanken zu hören … ist nicht immer schön - aber unsagbar wertvoll.

Camino Portugués

für BauchfüRler

6. Auflage Februar 2026
Veröffentlicht ganz mit ohne Verlag

Keltenstraße 19
68753 Waghäusel
andrea-ilchmann.jimdo.com

Umschlag:	Steffen Hoffner, mein Held schöner Drumherums
Karten:	www.komoot
Übersichtskarte:	Luis www.caminador.es – dass ich das darf, ist für mich … Halsknödel!
Druckmichfein:	JVA Bruchsal, http://www.vaw-baden-wuerttemberg.de/
Pilgern:	Ihr!

ISBN 978-3-9816815-3-6

Danke!

Meine Lieblingshospitaleros auf dem Camino Francés sagten einmal:

„Pilger gibt es, weil es den Camino gibt, und den Camino gibt es, weil es Pilger gibt. Ohne sie wäre er nur ein Weg wie jeder andere. Es ist nicht wichtig, welcher Religion man angehört oder wie man den Gott nennt, an den man glaubt. Wichtig ist nur, dass man den Geist des Caminos fühlt, ihn spürt und ein bisschen selbst zum Geist des Caminos wird!"

Als Ich mich 2009 zum ersten Mal mit dem Rucksack auf den Weg nach Santiago de Compostela machte, war ich eigentlich nur neugierig und wollte halt mal Pilger gucken. Was daraus geworden ist, kann ich bis heute nicht wirklich glauben.
Ich habe auf und durch meine Caminos so viele besondere Menschen kennengelernt: Menschen, die auf dem Weg nicht nur die Nacht im Vielbettgelege mit mir teilten, sondern ihre Lebensgeschichten, die mit mir lachten und weinten, auch mal sehr inbrünstig schimpften und fluchten oder aus voller Kehle grölend über nicht so schöne Wegpassagen rockten, Menschen, die wortlos für mich da waren, wenn mein Bauch mir aus den Augen tröpfelte, Menschen, die mich ein Stück begleiteten oder am Ende erwarteten, Menschen die zu Hause meine Wanderungen verfolgten, die auch noch auf die unmöglichste Frage zur unmöglichsten Uhrzeit einen Rat oder Tipp wussten, Menschen, die mich Anteil haben ließen an ihren Pilgerreisen, Menschen, die mir großartige Momente schenkten ...

Menschen, die einfach nur ein Geschenk sind, die diesen Geist in sich
tragen und die Caminos zu dem machen, was sie sind:
Ganz besondere Wege mit ganz besonderen Menschen,
die mich ein bisschen demütig machen und unendlich dankbar.

Die Bilder in diesem Büchlein stammen ausschließlich von meiner eigenen Speicherkarte (das sieht man!) und die Tippfehler sind gar keine Tippfehler, sondern *dichterische Freiheit*. Ich finde es immer so schade, dass unser Wortschatz auf das beschränkt sein soll, was im Duden steht. Es gibt doch so viele Unterschiede: Es gibt rechts, geradeaus, links – aber rechtsgeradeaus gibt es doch auch! Das ist ein bisschen links von halbrechts.

Im Internet habe ich mir ganz viele Informationen zusammengesucht; ein Quellenverzeichnis möchte ich mir und euch jedoch ersparen. Dies ist ja keine Doktorarbeit!

Auf zwei Seiten möchte ich allerdings gerne aufmerksam machen: www.caminador.es von Luis (seine Karten findet ihr ab Seite 14) und www.gronze, wo ihr ein stets aktuelles Unterkunftsverzeichnis findet.

Willkommen im Camino Portugués für Bauchfüßler!

Kommt herein und holt euch ein bisschen Vorfreude vor und Hilfe auf eurem Weg. Denn das ist das, was ich möchte: Eure Vorfreude schüren, euch so viele Informationen wie möglich anbieten, damit ihr euch die herauspicken könnt, die ihr braucht oder mögt, und unterwegs im Notfall griffbereit sein und euch dort abholen, wo es mit den gelben Pfeilen vielleicht doch nicht sooo gut geklappt hat.

Wenn ihr nach eurer Wanderung das Büchlein noch einmal in die Hand nehmt und denkt, ‚ja, genau! Da habe ich gesessen und dort habe ich Spinnweben fotografiert (verdreht nicht die Augen! Ihr glaubt gar nicht, was Menschen auf dem Camino für komische Sachen machen!) und …', dann wäre das für mich die Cocktailkirsche auf dem Sahnemützchen.

Die Kapitel habe ich kurzgehalten und so gestaltet, dass sie möglichst an Herbergen ausschließlich für Pilgernde enden So wisst ihr immer, wie weit es noch wohin ist und könnt ganz nach Lust, Laune und Tagesform entscheiden, ob ihr weitergehen oder bleiben möchtet.

Da die Nennung aller Unterkünfte und Hotels auf den Routen einfach jeden Rahmen sprengen würden, beschränke ich mich auf Herbergen und Schlafgelegenheiten in Mehrbettzimmern. Möchtet ihr eure Nächte gerne etwas komfortabler verbringen, findet ihr auf den Buchungsportalen ganz sicher ein passendes Kissen. Ich empfehle euch außerdem die immer sehr zuverlässige und aktuelle Seite https://www.gronze.com.

Immer wieder werde ich gefragt, welche Route denn nun die schönere ist. Meine Antwort ist ganz einfach: Die, auf der ihr geht! Und wenn ihr neugierig seid, wie es auf einem der anderen Wege ist – Rucksäcke, Wanderschuhe und dieser Bauchfüßler haben den Vorteil, dass man sie mehrfach benutzen kann.

Um bei der Fülle an Routen die Verwirrung und nerviges Geblättere so gering wie möglich zu halten, habe ich den Camino por Litoral und den Camino Espiritual in den Anhang geschoben. Die Karten vom Camino por Litoral findet ihr zum Teil auf denen des Camino de la Costa und könnt so immer gut sehen, wo und wie ihr zwischen beiden Routen hin und her hüpfen könnt.

Wundert euch bitte nicht, wenn ich galicische Ortsnamen „falsch" geschrieben habe. Es gibt ganz oft zwei verschiedene Schreibweisen der Eigennamen, eine galicische und eine spanische.

Hauptwörter werden im Portugiesischen und Spanischen klein geschrieben. Portugiesische und spanische Hauptwörter in einem deutschen Text klein geschrieben tun allerdings einfach den Augen weh und sind total verwirrend. Darum lasse ich diese Regel Regel sein.

Dass ich keine „Professionelle" bin, erkennt ihr an meinen Karten. Sie sind ... mit viel Liebe gebastelt, verschaffen aber, wie ich hoffe, doch einen guten Überblick. Mit diesem QR-Code kommt ihr auf die Karten- und Updates-Seite meiner Internet-Seite

http://andrea-ilchmann2.jimdofree.com/camino-portugues-karten-und-updates/

Dort könnt ihr auf alle Routen, Neuigkeiten und Änderungen sowie Informationen zu anderen Pilgerführern für Bauchfüßler zugreifen.

Was ihr sicher inzwischen auch gemerkt habt, ist, dass ich der trockenen Beschreibungen nicht mächtig bin. Ich kann das nicht und ich möchte es auch nicht. Wer auszieht, um zu pilgern, der tut das nicht auf einer fein und bis zum letzten Unterton ausgefeilten Kopfebene, sondern mit dem Herzen, der ist unterwegs manchmal nur Bauch und Füße – ein Bauchfüßler eben. Was man dann ganz bestimmt nicht brauchen kann, ist ein Staubtuchwortbuch.

So, nun wünsche ich euch viel Vorfreude beim Lesen, ganz viel Spaß bei euren Vorbereitungen und einen wunderschönen Weg!

Bom Caminho! / ¡Buen Camino!

Was steht wo?

Camino de la Costa

Camino Central

Portugal		km	⇧	⇩
141	Wegteilung – Abzweig zum/und Refugio Senhora da Hora (+1,7 km)	6, 0	100	40
144	Abzweig zum Refugio Senhora da Hora – Vairão	19,5	200	240
149	Vairão – Vilarinho	1,6	10	30
150	Vilarinho - São Pedro de Rates	10,9	140	140
155	São Pedro de Rates – Pedra Furada	6,5	120	70
158	Pedra Furada – Barcelinhos	9,3	80	170
161	Barcelinhos – Barcelos (Herberge)	1,2		
168	Barcelos – Portela de Tamel	9,6	210	70
170	Portela de Tamel – Vitorino dos Piães	10,0	100	180
174	Vitorino dos Piães – Sobreiro	8,1	120	170
177	Sobreiro – Ponte de Lima	6,6	20	60
183	Ponte de Lima – Agualonga	14,6	430	170
190	Agualonga – Rubiães	3,5	20	90
192	Rubiães – ⌂⌂ Fontura (7,6 km) - Pacos	10,2	130	280
195	Pacos – Valenca	6,9	80	60
199	Valenca – Tui	2,9	50	70
Spanien				
204	Tui – Orbenlle	8,8	80	100
209	Orbenlle – O Porriño	8,8	70	70
215	O Porriño - ⌂⌂ A Veigadaña – A Rúa de Mos	6,2	110	40
217	A Rúa de Mos – Redondela	9,6	150	230
222	Redondela – Arcade	6,9	170	130
225	Arcade – Pontevedra	12,8	200	210
235	Pontevedra – Wegteilung Zentralweg/Camino Espiritual * (3,2 km)			
236	Wegteilung – A Portela (Barro)	9,7	150	100
238	A Portela (Barro) – Briallos	6,8	30	80
240	Briallos – Tivo – Caldas de Reis	5,3	30	30
243	Caldas de Reis – Valga	9,5	160	50
245	Valga – Pontecesures	6,6	40	160
251	Pontecesures – Padron	2,4	10	10

Was sollen euch diese Zeichen sagen?

⇨	Über so viel Meter musst du gehen, …
⇧⇩	… so viel Raufs und Runters überstehn … lalala
☛	Hier geht es lang!
(km)	Kilometer seit Anfang des Kapitels
☕	Bar
🍎	Es muss ja nicht gleich ein *Supermercado* (Supermarkt) sein, eine *Loja/Tienda* (Lädchen) ist ja auch schon fein
++	*Centros de Saúde/Salud* (Ärztehäuser) und Krankenhäuser
+	*Farmaciás* (port.)/*Farmacias* (span.) (Apotheken)
☺	Ein feines Plätzchen zum Ausruhen
♁	Brunnen (bitte auch bei *potável/potable* nur mit Vorsicht genießen!)
☺	Ein feines Plätzchen für ein Päuschen
✋	Ich hab da mal was zu sagen! Das liegt nicht direkt auf dem Camino!
💣	Wichtig! Obacht!
🕯	Auf dass euch das Licht der Weisheit erfülle!
(🕯)	Wenn euch das Licht der Weisheit gerade nicht leuchtet, findet ihr im Stichwortverzeichnis, wo ihr es wieder entzünden könnt
☿	Sehenswürdige Sehenswürdigkeiten
⧗	Öffnungszeiten
ⓘ	Touristeninformation
✱	Hier kriegt ihr einen Stempel!
⁂	Da ist was los! *Fiestas* und Veranstaltungen
⌂	Gemeinschaftsunterkünfte (Vielbettgelege)
⌂⌂	Nur für Pilgernde (ohne Credencial geht nix)

Res.	Reservierung möglich,
148/1	148 Betten in 1 Raum (hihihi)
K/M, W/T	Küche/Mikrowelle, Waschmaschine/Trockner

♿	Barrierefrei
☚	Hier dürft ihr euch auch in Privatzimmer zurückziehen
☎	*Número de Telefone/Teléfono*/Telefonnummer

So, jetzt geht es aber endlich los!

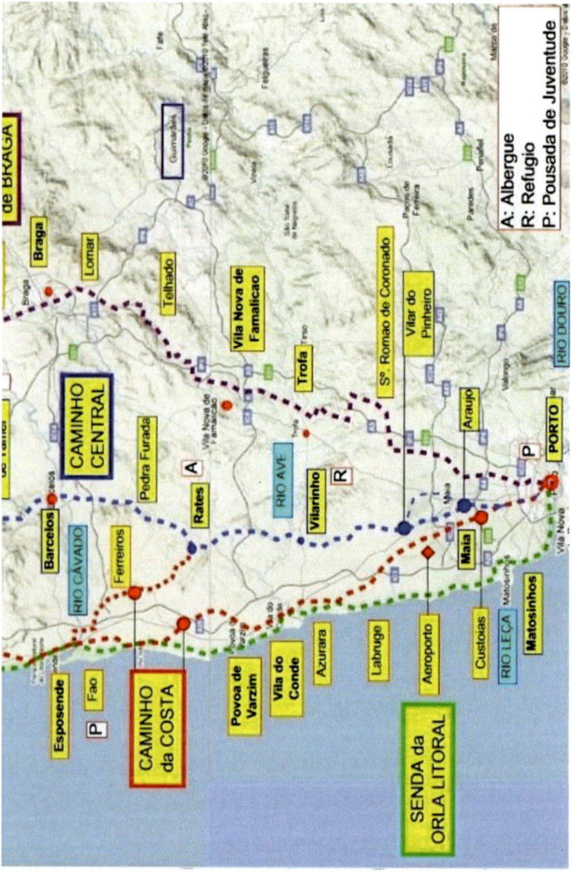
A: Albergue
R: Refugio
P: Pousada de Juventude
de BRAGA
Braga
Lomar
Guimarães
Telhado
Vila Nova de Famalicao
Trofa
Sº. Romao de Coronado
Vilar do Pinheiro
Araujo
PORTO
RIO DOURO
P
CAMINHO CENTRAL
Pedra Furada
A
Rates
RIO AVE
Vilarinho
R
Barcelos
RIO CÁVADO
Ferreiros
Maia
Matosinhos
RIO LEÇA
Custoias
Aeroporto
Labruge
Azurara
Vila do Conde
Povoa de Varzim
CAMINHO da COSTA
Fao
P
Esposende
SENDA da ORLA LITORAL

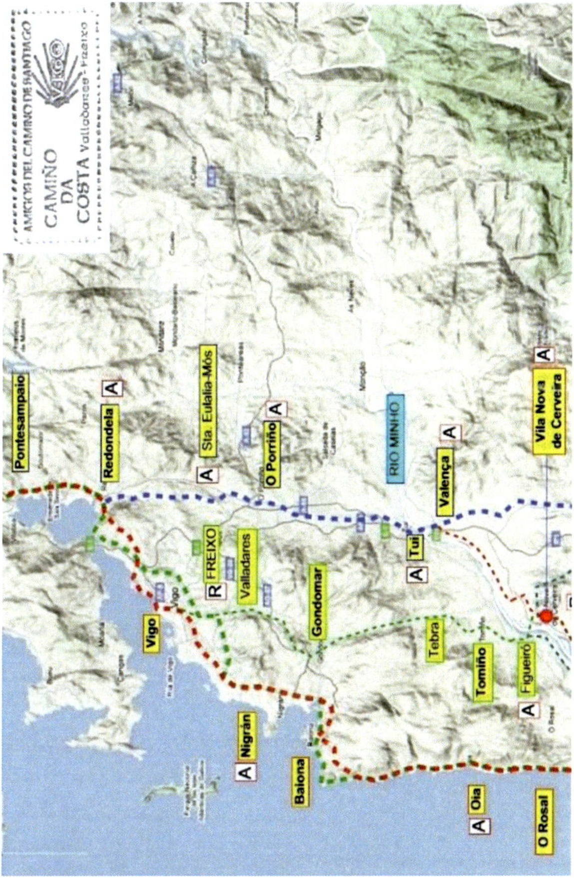
AMIGOS DEL CAMINO DE SANTIAGO
CAMIÑO DA COSTA
Pontesampaio
Redondela
Sta. Eulalia-Mós
O Porriño
RIO MINHO
Valença
Vila Nova de Cerveira
Vigo
FREIXO
Valladares
Gondomar
Tui
Tebra
Nigrán
Baiona
Tomiño
Figueiró
Oia
O Rosal

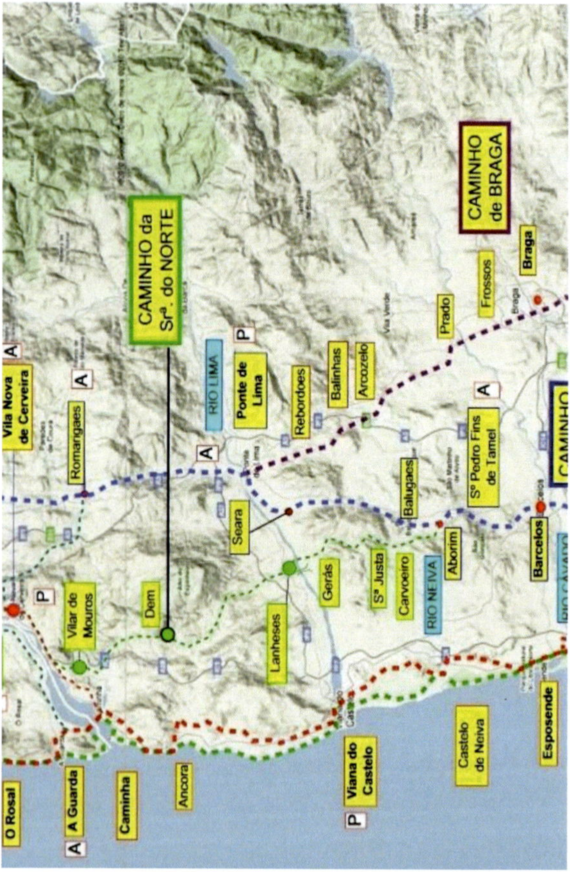
CAMINHO da
Srª. do NORTE
CAMINHO
de BRAGA
O Rosal
A Guarda
Caminha
Ancora
Viana do
Castelo
Castelo
de Neiva
Esposende
Vila Nova
de Cerveira
Romarigaes
Vilar de
Mouros
Dem
Lanheses
Seara
RIO LIMA
Ponte de
Lima
Rebordoes
Balinhas
Arcozelo
Gerás
Sª Justa
Carvoeiro
RIO NEIVA
Aborim
Balugaes
Sº Pedro Fins
de Tamel
Barcelos
Prado
Frossos
Braga

Das Heilige Jaköbchen, die Muschel und wer hat sich eigentlich die gelben Pfeile ausgedacht?

Jakobus der Ältere, Sohn des Fischers Zebedäus und der Salome (Schwester von Maria), Bruder des Apostels Johannes, zählte zu den Erstberufenen. Weil Johannes und er so eifrig waren, nannte Jesus sie liebevoll „Donnersöhne“. Beide waren bei seiner Verklärung anwesend (Math. 17, 1 - 13) und begleiteten ihn zum Garten Getsemani (Markus, 14, 33).
Die Legende sagt, Jakobus habe am Santiaguiño do Monte (🕯) bei Padrón erstmals das Wort Gottes auf spanischem Boden verkündete. Da seine Missionsarbeit nicht sehr erfolgreich war, kehrte er nach Judäa zurück und wurde im Jahr 43 von König Herodes Agrippa I. enthauptet. Damit war er der erste Märtyrer unter den Aposteln. Auf dem Weg zu seiner Richtstätte soll er noch einen Lahmen geheilt und um eine Flasche Wasser gebeten haben, um Josias, seinen Henker, zu taufen ... der prompt ebenfalls seinen Kopf verlor.

Concha – die Muschel aus dem Reich der Sagen und Legenden
Jakobus Schüler Teodoro und Atanasio legten seinen Leichnam in ein Boot, bedeckten ihn, so lautet eine Legende, zum Schutz vor Sonne und Vögeln mit Muscheln und fuhren mit ihm sieben Tage „von Engeln geleitet“ über das Meer. Eine andere Überlieferung erzählt, dass der Leichnam des Apostels vom Strahl eines Sterns begleitet wurde, der das Ross eines Ritters, der ihnen entgegeneilte, so erschreckte, dass es scheute und sich samt Reiter ins Meer stürzte. Meine Lieblingslegende lässt die Barke in Küstennähe in Seenot geraten. Das sah ein Ritter, der mit seinen Freunden auf dem Weg zu einer Hochzeit war, und trieb sein Pferd in die Fluten, um zu helfen. Dabei versank er und drohte zu ertrinken. Diese beiden Geschichten enden damit, dass Ross und Reiter wundersam errettet wurden und über und über mit Muscheln bedeckt dem Wasser entstiegen.
Im Mittelalter galt die Muschel als Zeichen der erfolgreich abgeschlossenen Wallfahrt nach Santiago d. C. Heute wird sie von Jakobspilgernden bereits auf der Wanderung getragen und dient als Erkennungszeichen.

Traslación – Überführung des Leichnams von Jakobus

Teodoro und Atanasio landeten in der Mündung des Flusses Ulla, befestigten die Barke am Stein *Pedrón* (🕯) und hoben den Körper des Apostels auf einen großen Stein, der sich wie ein Sarg um ihn legte. Jacobus de Vragine erzählt in seiner „Legenda aurea" weiter, sie baten Königin Lupa um einen angemessenen Platz als Grablege, doch die verwies sie lediglich an den König, der die beiden umgehend in den Kerker werfen ließ, aus welchem sie durch die Hilfe eines Engels entkommen konnten. Als sie abermals bei Lupa vorstellig wurden, griff diese zu einer List: „Gehet hin und nehmet von meinen Rindern, die auf jenem Berge (dem Pico Sacro, Camino de Invierno) weiden, und schirret damit den Wagen, so mögt ihr den Leichnam eures Herrn herführen und ihm die Stätte bereiten, die ihr wollt." So reisten die beiden Schüler des Apostels zu dieser Anhöhe, nicht ahnend, dass sie dort nur wilde Stiere vorfinden würden, die sich noch dazu in Gesellschaft eines Drachen befanden. Der empfing sie seiner Art entsprechend mit seinem heißen, feurigen Odem. Atanasio und Teodoro jedoch blieben unerschüttert und machten das Kreuzzeichen, woraufhin der Lindwurm – solche Wendungen mag ich gar nicht! – in zwei Teile zerbrach. Zwei weitere Kreuzzeichen später hatten sie zwei der Stiere zu lammfrommen Zugtieren bekehrt, spannten sie vor den Wagen mit dem steinernen Sarg ihres Meisters und konnten sich ein bisschen ausruhen, denn die Tiere trotteten, nachdem sie an der Capilla de Santiaguiño (Camino de Invierno) eine Verschnaufpause eingelegt hatten, ohne ihr Zutun mittenmang in den Palast der Lupa, die sich nunmehr nicht nur christlich taufen ließ, sondern prompt ihren Palast als erste *Santiago*-Kirche zur Verfügung stellte.

⁂ Die Traslación wird alljährlich am 30. Dezember in Padrón und Santiago d. C. gefeiert.

Das Grab des Heiligen geriet in Vergessenheit und wurde Anfang des 9. Jh. vom Eremiten Pelayo wiederentdeckt. Ihm fielen Sterne auf, die besonders hell auf einen bestimmten Punkt wiesen. Hier und da singt in den Quellen ein Engelschor dazu. Ob er das Apostelgrab selbst fand oder ob es ihn, je nach Schönheit des Frohlockens der himmlischen Heerscharen, gruselte und er den Bischof von *Ira Flavia* (Padrón) rufen und ihn es finden ließ … Jedenfalls wurde es durch ihn gefunden, Alfonso II. *el Casto*, der Keusche (🕯), veranlasste den Bau einer Kirche, machte sich von Oviedo (Camino Primitivo) auf zur ersten Wallfahrt nach Santiago d. C. überhaupt und gab damit den Startschuss für einen Pilger-Run, der besonders ab 1122, als Papst Calixt II. der Stadt das Privileg erteilte, einen vollständigen Ablass (🕯) gewähren zu dürfen, seinesgleichen vergeblich suchte.

Seta amarela (port.)/***Flecha amarilla*** (span.) – **der gelbe Pfeil**

Im Laufe der Zeit verzog sich der Sturm und die Jakobspilgerschaft staubte ein wenig ein. Dann war es Don Elías Valiña Sampedro, Pfarrer von O Cebreiro (Camino Francés), der wieder neuen Schwung ins Zufußgehergetriebe brachte: Er verfasste u. a. den ersten neuzeitlichen Pilgerführer (sozusagen den Uropa dieses Bauchfüßlers) und machte sich ab 1984 mit einem Pinsel und gelber Farbe, die gab es nämlich gerade im Angebot, auf, den Camino de Santiago neu zu kennzeichnen. Nun stellt euch bitte mal dieses Bild vor: Mitten in den Unruhen der ETA wuselt einer durch das Baskenland und pinselt gelbe Pfeile! Freilich wurde er von der Polizei gefragt, was er denn da täte. Seine Antwort war: „Ich bereite eine Invasion vor". – Und recht hatte er: Die Anzahl der in Santiago d. C. ankommenden Pilger stieg von 5.760 im Jahr 1989 auf 499.239 im Jahr 2024 (nur die, die sich eine Compostela (🕯) ausstellen ließen).

🕯 Am 23. Oktober 1987 wurden die Jakobswege vom Europarat zur **Europäischen Kulturroute** ernannt. Seine Begründung:

„Jahrhundertelang konnten Pilger neue Traditionen, Sprachen und Lebensweisen entdecken und kulturell bereichert nach Hause zurückkehren, was in dieser Zeit selten war, als Fernreisen noch erhebliche Gefahren bargen. Damit sind die Pilgerwege nach Santiago nicht nur ein Symbol, das für Tausend Jahre europäischer Geschichte steht, sondern auch ein Modell für die kulturelle Zusammenarbeit für ganz Europa."

Dem ist nur hinzuzufügen, dass die Jakobswege damit die ersten Routen waren, die diese Auszeichnung erhielten (inzwischen gibt es 49 von ihnen).

Der Pilger besteht nicht aus Demut allein ...

Ganz wichtig sind unterwegs die Bars. Ich meine nicht Etablissements, in denen sich Damen mehr oder minder bekleidet und ästhetisch lasziv um Stangen winden: Bar ist der geläufige Ausdruck für alles, wo man bei *Fome e Sede/Hambre y Sed* (Hunger und Durst) *algo* (etwas) *comer* oder *bebida/beber* (essen oder trinken) kann. Darum hier ein klitzekleines Bar-Einmaleins:
Für einen schwarzen Kaffee bestellt ihr *Café simples/Café solo* (koffeinfrei: *descafeinado*). Tee ist als *Chá preto/Té* schwarz, als *Chá verde/Té verde* grün und heißt als Kräutertee *Chá de Ervas/Infusión* (hihihi).
In Portugal solltet ihr unbedingt den Wein Vinho verde (🕯) probieren! Ansonsten heißt Weißwein *Vinho branco/Vino blanco* und Rotwein *Vinho tinto/Vino tinto*. Biertrinker bitten *por favor* um ein *Cerveja/Cerveza*. In Spanien solltet ihr zu Cola immer auch Coca sagen, denn *Cola* ist das spanische Wort für Schwanz (hintenanstellen: *¡a la Cola!*). Das kann …
Speisen findet ihr in der *Ementa/Carta*: Das *Carne* (Fleisch) kommt vom *Galinha/Pollo* (Huhn; *Arroz de Frango* (Portugal): Reis mit Hühnerfleisch), *Porco/Cerdo* (Schwein), *Vaca* (Rind), *Ovelha/Oveja* (Schaf) oder *Borrego/Cordero* (Lamm). *Cão/Perro* und *Gata/Gato* stehen nicht auf der Karte, wenn der Wirt also anfängt zu bellen oder zu miauen, wartet er nur voll gespannter Vorfreude auf eure entsetzten Gesichter!
Dazu gibt es *Batatas/Patatas* (Kartoffeln), *Massa/Pasta* (Nudeln) oder *Arroz* (Reis), *Salada/Ensalada* (Salat) oder *Verdura* (Gemüse) und *Pão/Pan* (Brot).
In Portugal allgegenwärtig ist *Bacalhau* (🕯), speziell rund um Porto ist die *Francecinha* (🕯) sehr beliebt. In Galicien solltet ihr auf alle Fälle *Pulpo*, gekochter Tintenfisch, und *Chipirones* (Calamares) zumindest einmal probieren – sieht grausig aus, schmeckt aber sehr lecker!
Danach habt ihr noch Platz für ein *Sobremesa/Postre* (Dessert): *Gelado/Helado* (Eis), *Bolo/Tarta* (Kuchen) oder *Pudim/Flan* (Pudding), dann bittet ihr um die *Conta/Cuenta* (Rechnung), bedankt euch in Portugal je nach eigenem Geschlecht mit *Obrigada* (Dame) bzw. *Obrigado* (Herr) und in Spanien alle mit *Gracias*.

🕯 Ein 🕯 über die spanischen Tapas und portugiesische Petiscos findet ihr auf Seite 160.

Zipp und Zwiebel - Unpraktisches kommt uns gar nicht in die Kiepe!

Rucksack – ganz wichtig!
Der Rucksack muss möglichst leicht sein, genau zur Rückenlänge passen und bequem und dennoch fest auf der Hüfte sitzen, denn dort tragen Pilger nicht nur ihre Speckröllchen, sondern auch ihre wenigen Habseligkeiten. Lasst euch unbedingt in einem Fachgeschäft beraten und genau zeigen, wie ihr ihn richtig einstellt. Wenn es geht, nehmt ihn zum Probepacken mit nach Hause, steckt noch eine Flasche Wasser dazu und lauft so ausgiebig wie möglich mit ihm in der Gegend herum.

Schuhe – noch mehr ganz wichtig!
An die Füße kommt nur, was von Anfang an bequem ist! Verlasst euch nicht darauf, dass sie beim Einlaufen breiter oder länger werden. Da ihr euch sehr viel auf Asphalt und Kopfsteinpflaster bewegen werdet, sollten sie auf alle Fälle auf eine gute Dämpfung achten. Manche Schuhgeschäfte bieten an, dass man sie mit nach Hause nehmen und ausprobieren kann. Fragt einfach mal nach und tut es! Und testet bei der Gelegenheit auch die Socken!

Kleidung
Von Vorteil ist, was schnell trocknet (Mikrofaser) und idealerweise mehrere Funktionen hat: Multifunktionstücher z. B. sind echte eierlegende Wollmilchsäue (Schweißband, Schal, Mütze und nachts Schlafbrille) und Zipp-Hosen passen sich der Witterung an. Nehmt euch ein Beispiel an der Zwiebel und denkt in mehreren Schichten, die ihr nach Bedarf über- und ausziehen könnt. Packt sparsam! Drei Unterhosen, Socken und T-Shirts reichen völlig.
Viele Passagen führen über Straßen, die zwar meist selten, aber eben manchmal doch als solche genutzt werden. Da bringt ein strahlendes Aussehen zusätzliche Sicherheit. Also: Habt Mut zu leuchtenden Farben!

Regenschutz
Den Menschen in Galicien sagt man nach, dass sie bereits mit einem Regenschirm geboren werden. Denkt also an ausreichenden Regenschutz!

... die Sonne scheint euch aufs Gehirn, ...
... da braucht ihr Creme und Mützenzwirn!

Schlafsack – das *mobile Home* des Pilgers
Wenn ihr in den Herbergen übernachten möchtet, empfehle ich euch herzlich, zumindest einen leichten (Hütten-) Schlafsack mitzunehmen, in den ihr schlupfen könnt, bevor ihr unter die Decken kriecht. Dass die nicht immer kuschelig sind und nicht nach jeder Benutzung gewaschen werden, brauche ich sicher nicht zu sagen. Ich habe immer noch ein ganz leichtes Tuch dabei, das ich als Bettlaken nutze ... oder bei „großer Wäsche" wie einen *Pareo* um mich herum schwinge.

Rucksackverpflegung
Ihr bewegt euch zwar größtenteils in der Nähe von Orten und die Menschen sind wirklich sehr nett und hilfsbereit und haben immer einen Tropfen Wasser (manchmal sogar Kaffee und Kekse!) für Pilger, aber manchmal ist es doch auch gut, einen Bissen im Rucksack zu haben. Unbedingtes Muss ist genug zu trinken (am besten Wasser mit ohne Blubber (Blubber nur, wenn ganz bestimmt niemand in Rülpshörweite ist!)) und etwas für zwischen die Zähne, evtl. etwas Süßes für die schnelle Energie, Kraftnüsschen, Trockenfrüchte, Müsliriegel, eine Banane für die, die länger anhalten soll.

- Bitte bedenkt stets, dass Supermärkte meist nicht vor 9.00 Uhr öffnen und die kleineren *Tiendas* von 12.00 bis mindestens 17.00 Uhr *Siesta* halten!

Rucksackgewicht - Darfs ein bisschen mehr sein?
Neinneinnein! Ihr müsst ja alles tragen! Shampoo (in fester Form viel kleiner, leichter und umweltfreundlicher als in Plastikflaschen) z. B. eignet sich auch für Körper und Wäsche, Körperbutter (gibt es auch in fest) macht auch die Haare geschmeidig, in Brillenetuis kriegt man verdreht aufeinander zwei Nasenfahrräder hinein, Toilettenpapier statt Taschentücher verrottet hinter Büschen schneller, Sicherheitsnadeln halten fast alles, auch die Wäsche auf der Leine ...
Als Faustregel gilt, dass der Rucksack nicht schwerer als 10 % des eigenen Körpergewichtes sein sollte. – Aber bitte passt jetzt nicht euer Körpergewicht dem des Rucksacks an!

Ein bisschen Pilgerlatein

Pousadas (port.)/***Albergues*** (span.) – **Herbergen**

In Vielbettgelegen zu schlafen ist sicher nicht jederpilgerleins Sache, allerdings habt ihr in *Albergues* die Möglichkeit, euch mit anderen Pilgernden auszutauschen und einen schönen Abend zu verbringen – zumindest bis 22.00 oder 23.00 Uhr, dann heißt es in vielen Herbergen: Licht aus!

In vielen Unterkünften erhaltet ihr von den *Hospitaleros* (s. u.) einen Einmalbezug, um die Matratze abzudecken (oder auf denen aus Plastik nicht anzukleben). Manchmal möchte man ihn sich am liebsten in die Ohren stopfen! Nein, ich meine nicht das Geschnarche, denn dafür kann niemand etwas (hier helfen Ohrstöpsel (mit einem Multifunktionstuch halten sie auch) oder einfach der Gedanke: ‚Der schnarcht, der schläft jetzt so schöchrrrrr!'). Sehr „beliebt" ist das Knistern mit Plastik- oder Zipp-Beuteln und lauter, mit Stirntaschenlampen illuminierter Tumult am frühen Morgen. Dabei wäre alles so einfach: Kompressionssäcke sind sehr viel geräuschloser, wer zeitig aufbrechen möchte, könnte seine Sachen abends so richten, dass er morgens nicht den ganzen Schlafsaal weckt und – Achtung! – wer sich einen Wecker stellt, sollte sich NICHT die Ohren verpfropfen! – Fragt nicht!

Private Unterkünfte sind teurer als die öffentlichen (im Text meist Albergue de Peregrinos), was nicht heißt, dass sie komfortabler sind. Ich denke, am Ende liegt die Schönheit einer Herberge nicht in der Ausstattung, sondern hängt davon ab, ob man in ihr fröhliche Stunden mit netten Menschen verbracht hat. Also: Seid nett und fröhlich und macht euch selbst zur wandelnden schönsten *Albergue* des Weges!

Einige Herbergen tragen sich auf Spendenbasis. Dazu habe ich in einem spanischen Pilgerführer einen kleinen, schönen Gedanken gefunden:

„Manchmal denken wir, dass das, was wir tun, ein Tropfen im Meer ist,
aber dieses Meer wäre weniger ohne diesen Tropfen. Andere Pilger haben es mit ihrer
Spende möglich gemacht, dass du heute hier schlafen kannst,
tu du das Gleiche für den Pilger, der nach dir kommt!"

Año Santo Compostelano/Jacobeo – Heiliges Compostelanische Jahr

Santiago d. C. erhielt 1122 von Papst Calixt II. das Privileg, ein eigenes Heiliges Jahr ausrufen zu lassen. So wird, losgelöst vom Annus Sanctus, dem vom Papst ausgerufenen Heiligen Jahr, am Grab des Jakobus ein Heiliges Compostelanisches Jahr gefeiert, und zwar immer dann, wenn der Gedenktag des

Apostels, der 25. Juli, auf einen Sonntag fällt. In diesen zwölf Monaten wird die Puerta del Perdón (🕯) der Kathedrale geöffnet und der Weihrauchkessel Botafumeiro (🕯) schwingt zu jeder Pilgermesse.

Precevejos (port.)/***Chinches*** (span.) – **Bettwanzen**
Man kann sie totschweigen, aber aus den Betten schweigen kann man sie leider nicht. Sie sind auch kein spezifisches Problem der Caminos, aber durch den täglichen Bettenwechsel ist das Risiko erheblich und verbreitet sich rasant. Um euch selbst und andere bestmöglich zu schützen, lasst nur Dinge die Betten berühren, die unbedingt notwendig sind, trennt diese möglichst sorgfältig von den anderen Sachen in eurem Rucksack (Kompressionsbeutel, eigenes Rucksackfach) und nutzt Schränke. Informiert die *Hospitaleros* von Begegnungen, unterzieht eure Sachen einer Kochwäsche (Bettwanzen vertragen keine Temperaturen über 62 Grad) oder steckt die, die keine Metallteile haben, für mind. 30 Sekunden in eine Mikrowelle.
Lasst zuhause alles vor der Türe und gebt sie auf direktem Weg in die Waschmaschine oder Gefriertruhe (mind. 3 Tage bei mind. -13°). Falls eine Socke diese Behandlung nicht übersteht: Ein Kammerjäger ist sehr viel teurer!

Caminho (port.)/***Camino*** (span.) – **euer Weg!**
Caminho/Camino heißt eigentlich nur Weg und führt *de Santiago* zum Grab des Apostels Jakobus, Santiago. Der Begriff „Camino“ hat sich allerdings unter Pilgernden als gebräuchliches, vertrautes und sehr geliebtes Synonym für Jakobswege durchgesetzt.

Caminho Português (port.)/**Camino Portugés** (span.)
Zwei Länder, zwei Schreibweisen, mehrere Wege, ein Ziel, ganz viele Infos auf Seite 29.

***Centro de Saúde* (port.)/*Centro de Salud* (span.) – Ärztehaus**
Dort werdet ihr geholfen!

Codex Calixtinus

Das Jakobusbuch ist eine etwa 1135 – 1139 von Aimericus Picaudus zusammengetragenen Sammlung von Handschriften, die von der Überführung (🕯) des Leichnams des Apostels nach Spanien sowie 22 ihm zugeschriebenen Wundern (meist an in Not geratenen Pilgernden) erzählen und von den Schlachten Karls des Großen in Spanien berichten. Außerdem enthält er Anleitungen, Texte und Gesänge zur Feier der Messe am Festtag des Heiligen Jakobus (25. Juli) und vor allem einen allerersten Pilgerführer (also den Urururururopa dieses Bauchfüßlers) mit genauen Beschreibungen der Wege aus Frankreich nach Santiago d. C.

Am 5. Juli 2011 verschwand dieses Werk aus den Archiven der Kathedrale von Santiago d. C. und wurde exakt ein Jahr später in der Garage eines Elektrikers, der bis zu seiner Entlassung eben dort beschäftigt war, wieder aufgefunden.

Compostela/Stempelregel

Bereits seit dem 13. Jh. gibt es ein in Latein abgefasstes Dokument, das die abgeschlossene Wallfahrt „devotionis affectu, voti vel pietatis", mit einem Gefühl der Hingabe, eines Gelübdes oder einer Frömmigkeit, nach Santiago d. C. beglaubigt. Hierzu hat das Pilgerbüro in Santiago d. C. folgende Regeln aufgestellt:

- **Mindestens 100 km müssen ununterbrochen auf einem vom Pilgerbüro anerkannten Jakobsweg absolviert werden.**
- **Mindestens 70 km müssen auf einem spanischen Jakobsweg gegangen worden sein.**
- **Die letzte Etappe muss in Santiago d. C. enden.**
- **Die Wegstrecken dürfen in Etappen absolviert werden, müssen jedoch in einer korrekten chronologischen und geografischen Reihenfolge erfolgen,** was mit
- **jeweils mindestens zwei Stempeln** (zu Beginn und zum Ende) **und dem entsprechenden Datum belegt werden muss** (achtet bitte darauf, dass bei den ununterbrochenen 100 km klar erkennbar ist, dass sich die Etappen lückenlos aneinanderreihen).

Diese Regeln hören sich verwirrend an, sind für diesen Camino allerdings kurz zusammengefasst: Wenn ihr auf den letzten 100 km (also ab Vigo bzw. Tui) mindestens zwei Stempel am Tag sammelt (also einen von der Unterkunft und einen von unterwegs), seid ihr auf der sicheren Seite.

Credencial – Pilgerausweis

Ohne ihn gibt es in den Herbergen kein Bettchen und dann müsst ihr womöglich in einem Stall übernachten und ein Kind gebären und dann beschweren sich die Nachbarn, weil die Engel so laut singen, und …

Bestellen könnt ihr ihn bei einer Jakobus-Gesellschaft (z. B. Aachen, Paderborn, Würzburg) … und ein bisschen an ihm schnuppern, denn er riecht nach der großen, weiten Pilgerwelt! Mit dem Credencial weist ihr in Santiago d. C. eure Wanderung nach, um eine Compostela (s. o.) zu erhalten.

Auf ihm könnt ihr euren ganzen Pilgerweg nachvollziehen und ihn zu verlieren wäre in ganz vieler Hinsicht wirklich tragisch. Darum ein Tipp: Wenn ihr eure Telefonnummer auf ihm vermerkt, ist es im Falle des Falles sehr viel leichter, ihn vielleicht durch einen mitpilgernden *Postillion de* Credencial wiederzubekommen.

Hospital/Hospitaleros **– Herbergen und Menschen mit ganz viel Herz**

Lange bevor Ärztehäuser erfunden wurden, erhielten Pilger in *Hospitals* meist von Ordensleuten Unterkunft und vor allem Pflege bei Krankheiten und Verletzungen, wurden gespeist, getränkt, aufgepäppelt und für ihren weiteren Weg lauffein gemacht. Die *Hospitaleros* waren nicht nur Herbergseltern, sondern Krankenpfleger, Seelsorger und so etwas wie die guten Geister der Caminos. Dazu gehört/e ganz viel Herzblut, das sich viele ihrer Nachfolger erhalten haben.

Matamoros – der Maurentöter

Die Darstellung des Heiligen Jakobus mit schwingendem Schwert auf einem Schimmel über die entsetzten und schmerzverzerrten Gesichter der Mauren hinwegfegend entstammt einer Legende, nach der er in der Schlacht von Clavijo (🕯) den christlichen Kämpfern von Alfonso III. vorangeprescht und sie zum Sieg geführt haben soll.

São Tiago (port.)/**Santiago** (span.)

So heißt der Heilige Jakobus in Portugal/Spanien.

Sportive Urkunde

Zusätzlich zur Compostela (s. o.) könnt ihr euch gegen eine Gebühr eine sportive Urkunde ausfertigen lassen, in der der Startpunkt und die zurückgelegten Kilometer eingetragen werden.

Sprache

In Spanien werden Wörter fast so ausgesprochen, wie sie geschrieben werden Im Portugiesischen ist das etwas schwieriger.

Portugiesen mögen es lieber, in Englisch angesprochen zu werden als in Spanisch. Das hängt zum einen mit der Geschichte zusammen, in der es immer wieder zu Übergriffen kam, zum anderen möchten sie nicht als kleine Geschwisternation des größeren Nachbarstaates gesehen werden.

Auch unter Pilgernden, die ja oft aus den unterschiedlichsten Ecken dieser Welt kommen, ist Englisch die übliche Umgangssprache. Habt keine Hemmungen: Der liebe Gott schenkte euch ein Gesicht, Hände und Füße – mit einem Lächeln und einem bisschen Gefuchtel klappts auch mit Portugiesen, Spaniern, Mitpilgernden und dem Bettnachbarn!

Feriados (port.)/*Festivos* (span.)/Feiertage

P(ortugal)/S(panien)

P/S	1. Januar	*Ano Novo/Año Nuevo*, Neujahr
S	6. Januar	*Dia de Reyes*, Heilige Drei Könige
S	19. März	*Día de San Jose*, St.-Josefstag (wie bei uns Vatertag)
S	Karwoche	*Semana Santa* (🕯)
S	Gründonnerstag	*Jueves Santo* (i. d. R. verkaufsoffen)
P/S	Karfreitag	*Sexta-feira Santa/Viernes Santo*
P/S	Ostersonntag	*Páscoa/Día de Pascua*
P	25. April	*Dia de Liberdade*, Tag der Freiheit
P/S	1. Mai	*Dia do Trabalhador/Día del Trabajo*, Tag der Arbeit
(S)	17. Mai	*Día Nacional de Galicia*, Galicien-Tag
P	Fronleichnam	*Corpo de Deus*
P	10. Juni	*Dia de Portugal*, Nationalfeiertag
P/S	21. Juni	Johannistag/Sommersonnenwende (verkaufsoffen)
P/S	15. August	*Assunção de Nossa Senhora/Fiesta de la Asunción de la Virgen*, Maria Himmelfahrt
P	5. Oktober	*Dia da Repúblika*, Tag der Errichtung der Republik
S	12. Oktober	*Día de la Hispanidad*, Nationalfeiertag
P/S	1. November	*Todos-os-Santos/Todos los Santos*, Allerheiligen
P	1. Dezember	*Dia de Restauração*, Unabhängigkeitstag
S	6. Dezember	*Día de la Constitución*, der Tag der Verfassung
P/S	8. Dezember	*Imaculada Conceição/Purísima Concepción*, Tag der unbefleckten Empfängnis
P/S	25. Dezember	*Natal/Navidad*, Weihnachten – na klar!

In Spanien wird sehr individuell gefeiert. Es gibt nationale Feiertage, die der autonomen Gemeinschaften, die der Provinzen, der Regionen… Dann hat noch jeder Ort mindestens einen Patron, den man mit einem entsprechenden Patronatsfest bedenkt. Während in *Villariba* gefeiert wird, kann es also durchaus sein, dass in *Villabajo* gleich nebenan normaler Alltag herrscht.
Verfallt also bitte nicht in Panik, wenn ihr in einem Ort vor verschlossenen Ladentüren steht, achtet aber darauf, für den Notfall verpflegt zu sein.

Caminho Português/Camino Portugués

Der Zentralweg **Camino Central** gehört seit jeher zu den wichtigsten Pilger-Routen nach Santiago d. C. Seine Geschichte beginnt mit der Unabhängigkeit Portugals im 12. Jh. und den Menschen, die über das Meer auf die iberische Halbinsel kamen, um sich auf den Weg zum Grab des Apostels zu machen. Dabei nutzten sie vor allem die römischen Handelsstraßen, besonders die

- **Via Romana XIX** (von Braga über Ponte de Lima, Valença, Tui und Lugo nach Astorga), auf deren
- **Milaria** (Meilensteine, sing.: Miliarium) ihr immer wieder trefft.

Der Küstenweg **Camino de la Costa** konnte erst in den letzten Jahren aus dem Schatten treten. Historisch ist seine Rolle sicher nicht mit der des Camino Central zu vergleichen, aber ganz unbedeutend war er nicht: Er verläuft überwiegend auf der von den Römern angelegten und im Mittelalter von Reisenden aus aller Herren Länder gerne und vielfach genutzten Routen, es gibt einige Santiago-Kirchen, eine in der Wand der Igreja de São Tiago de Castelo de Neiva (s. S. 82) gefundene Inschrift aus dem 9. Jh. zählt zu den ersten Belegen dafür, dass Jakobus bereits zu jener Zeit südlich des Flusses Minho verehrt wurde und in Viana do Castelo wurden Pilger bereits 1468 in einem *Hospital* (🕯) versorgt. Heute bietet er eine hervorragende Möglichkeit, zwei Dinge gleichzeitig zu tun: Urlaub am Meer mit Wellen, Strand und Dünen zu machen und mit dem Rucksack auf dem Buckel zum Grab des Apostels Jakobus pilgern.

Während der Camino de la Costa hier und da ein wenig ins Hinterland rutscht, bleibt der **Camino por Litoral** durchgehend direkt an der Küstenlinie und ist eine hervorragende Wegalternative für alle, die von Wellenrauschen, Holzstegen und Stränden nicht genug bekommen können. Soweit möglich habe ich ihn als Alternativroute in die Kapitel eingebaut; die Strecken, bei denen es nicht möglich oder sinnvoll war, findet ihr im Anhang.

Alle Varianten sind in zwei Wochen gut zu schaffen, mit nur mäßigen Steigungen wenig anspruchsvoll und durch Verbindungsrouten gut zu kombinieren. Da der Camino Central sehr lange auf Straßen und durch Vororte aus Porto herausführt, beginnen viele Pilgernde auf dem Camino de la Costa und wechseln in Vila do Conde oder Caminha auf den Zentralweg.

Alle Routen treffen in Redondela zusammen.

Um euch einen Überblick zu verschaffen, findet ihr auf den Seiten 14 - 16 die Karten von Luis, www.caminador.es.
Ein paar Kilometer nach Pontevedra gibt es mit dem **Camino Espiritual** eine weitere, noch sehr neue Wegvariante. Er führt in zwei Tagesetappen über Armenteira nach Vilanova de Arousa und endet idealerweise mit einer Bootsfahrt nach Pontecesures, lässt Pilgernde Padrón also auf dem gleichen Weg erreichen, wie es der Heilige Jakobus erst predigend, dann leider kopflos getan haben soll. Da er noch nicht von allzu vielen Pilgernden genutzt wird, bietet er sich vor allem dazu an, vor der Ankunft in Santiago d. C. noch einmal ein bisschen Ruhe für sich und seine Gedanken zu haben.
Tatsächlich wird der Camino Portugués noch nicht ganz so vielfüßig begangen wie der Camino Francés, aber er hat in den letzten Jahren und gerade in den Sommermonaten spürbar an Beliebtheit gewonnen.

Markierung – gelb, grün, blau ... es ist alles so schön bunt hier!
Grundsätzlich sind alle Wege und Wegvarianten bestens mit Camino-Steinen, Jakobsmuscheln und **gelben Pfeilen** markiert, zuweilen auch mit größeren oder kleineren Schildern oder Aufklebern. In den Städten sind zur Orientierung Muscheln in den Boden eingelassen.
Der Camio por Litoral ist zuweilen mit **grünen Pfeilen** markiert. Oft hat man ihnen gelbe Pfeile zur Seite gestellt, aber nicht überall.
Die **blauen Pfeile** führen nach Fátima (), also genau in die entgegengesetzte Richtung, und bieten eine hervorragende Orientierungshilfe für alle Pilgernden, die zu Fuß wieder zurück nach Porto gehen.

Streudörfer
In Portugal und Spanien sind die Häuser oft zwischen Wiesen und Äckern so verstreut, dass sich Orte schier über ganze Landstriche erstrecken und nicht immer so genau erkennbar ist, wann ein Dorf anfängt, aufhört oder überhaupt ein Dorf ist.

Wegbeschaffenheit
Ihr werdet in Portugal sehr viel Zeit auf Kopfsteinpflaster in unterschiedlichsten Formen und Variationen verbringen, was zuweilen für Knie und Fußgelenke ganz schön anstrengend sein kann. Darüber hinaus verläuft die Wegführung über weite Strecken über Sträßchen, die euch allerdings meist

sehr idyllisch und so gut wie unbefahren durch Dörfer, Weiden, Wiesen und Wälder pilgern lassen. Besonders schön sind die portugiesischen Corredouras und spanischen Corredoiras (s. u.). Auf dem Camino de la Costa dürft ihr lange Stücke auf Holzstegen durch die Dünen wandern oder über Strandpromenaden schlendern. Insgesamt ist der Anteil der Naturwege auf allen Wegvarianten deutlich geringer als der von befestigten Fahrwege.

Corredouras (port.)/Corredoiras (span.) –
Korridore, auf denen Märchen geboren werden
Diese ländlichen, für Portugal und Galicien so typischen Wege sind gerade breit genug, dass ein Ochsenkarren zum Transport von Feldfrüchten, Holz und Gütern auf ihnen fahren konnte. Zuweilen haben sich die Abdrücke der Wagenräder unübersehbar in Felsen und Pflaster gefressen. Oft werden sie zu tiefen Hohlwegen, über denen das Blattwerk sich wie ein Tunnel schließt.

Fonte (port.)/ ***Fuente*** (span.) – **Brunnen**
Ich werde viele Brunnen erwähnen, bitte euch aber, sie mit Vorsicht zu genießen: Nicht alle spucken immer und bei denen, die spucken, möchte ich nicht meine Hand dafür ins Feuer legen, dass man hinterher nicht selbst spuckt.
In Spanien sind viele Brunnen mit *potable*, trinkbar, oder *no potable*, nicht trinkbar, gekennzeichnet, in Portugal habe ich den Hinweis *potável*, nicht oft gesehen und ließ meine Flasche lieber in Bars oder Häusern auffüllen.

Cruzeiros (port.)/***Cruceiros*** (span.) – **Wegkreuze die Halsknödel machen**
Ihr werdet auf eurer Wanderung an ganz vielen Wegkreuzen vorbeikommen und jedes einzelne von ihnen ist zumindest eine kurze Betrachtung wert! Natürlich haben alle Wegkreuze etwas Besonderes: An ihnen haben sich Reisende schon vor Jahrhunderten orientiert. In Portugal und Spanien sind sie jedoch ein bisschen spezieller, meist wirklich sehr alt und haben ganz oft zwei Seiten: Eine zeigt Christus am Kreuz, die andere Maria als Virgem da dor/Virgen de los Dolores, schmerzhafte Muttergottes (Pietà) mit dem toten Jesus auf dem Schoß. Manchmal findet man auf den Schaften auch Heilige und freilich auch den Apostel eurer Wanderung.
Die *Cruceiros* in Galicien stehen oft auf Steinen, an denen Meigas () schon vor Urzeiten ihre Versammlungen abhielten, und sollen die Menschen vor bösen Geistern schützen.

Geschichte und Geschichten
Iberische Halbinsel

Die Ursprünge der Iberischen Halbinsel liegen in den ab ca. 2000 v. Chr. hier siedelnden Iberern, die sich mit den ab dem 7. Jh. v. Chr. einrückenden Kelten vermischten und viele kleine Keltiberer (nein, diese Wortschöpfung stammt nicht von mir, sondern ist amtlich) zur Welt brachten.

Ab dem 3. Jh. v. Chr. kamen die Römer und hinterließen ihre Spuren in Form von Brücken, Städten und Handelsstraßen, die später als Corredouras/Corredoiras (🕯) weiter genutzt wurden. Sie richteten an der Mündung des Douro einen Hafen ein, den sie *Portus Cale,* schöner Hafen (heutiges Porto) nannten.

Ihnen folgten im 5. Jh. die Germanen und hausten hier wie die Sueben; ja, die Vandalen gaben sich auch Stelldichein, zogen jedoch sehr rasch nach Afrika weiter. Im 6. Jh. machten wurden die Westgoten hier sesshaft.

Ab dem Frühjahr 711 machten sich die Mauren auf, sich die Iberische Halbinsel zu unterwerfen. Dabei waren sie schnell und effektiv: In der Schlacht am Río Guadalete (Juli 711) besiegten sie König Roderich und acht Jahre später hielten sie ganz Spanien und Portugal in ihren Händen.

🕯 **Reconquista – die Rückeroberung**

Die Legende erzählt, dass Pelayo, Sprössling einer asturischen Adelsfamilie, in einer Erscheinung von der Muttergottes selbst aufgefordert wurde, gegen die Sarazenen in die Schlacht zu ziehen. Eine weltlichere Version nennt es Streit wegen einer Heiratsangelegenheit. Jedenfalls nahm er 718 oder 722 in der Schlacht von Covadonga (Asturien, Ruta de la Reconquista) den Kampf zur Rückeroberung der Iberischen Halbinsel auf und setzte damit den Startschuss zur Reconquista, die die Araber zunächst mit Gleichmut hinnahmen. Die christlichen Herrschaften waren sich nicht immer wirklich einig und wohlgesonnen und man fand immer Wege, mit ihnen Vereinbarungen zum eigenen Vorteil zu treffen oder sie gar gegeneinander auszuspielen. Ein Beispiel ist der Auslöser zur

🕯 **Batalla de Clavijo – Schlacht von Clavijo (23. Mai 844)**

Die maurischen Herrscher duldeten die christlichen Herrscher ... jedoch nicht ohne Forderungen. Eine davon war, dass der leonesische Monarch ihnen den *Tributo de las cien Doncellas*, Tribut von 100 Jungfrauen zollen musste, 50 aus dem Adel, 50 aus dem Volk. Ramiro I. verweigerte diese Auslieferung, Abd ar-Rahman II. wollte sich das, was ihm seiner Meinung nach zustand, notfalls mit Gewalt holen und schlug Ramiros Mannen in einer ersten Schlacht in die Flucht.

Doch dann erschien dem christlichen König im Traum Jakobus und sicherte ihm für den nächsten Kampf seine Hilfe zu. Also versammelten er seine Truppen in der Nähe von Clavijo erneut und führte sie unter dem Ruf *„¡Que Dios nos ayude y Santiago!"*, möge Gott uns und *Santiago* helfen, ins Gefecht. Natürlich muss ein Apostel halten, was er verspricht: Während des Kampfes erschien Jakobus höchstselbst auf einem feurigen, weißen Ross und führte sein eigenes Schwert zur Unterstützung des christlichen Heers. Überflüssig zu erwähnen, dass sie den Kampf gewannen. Jakobus wurde zum Matamoros (🕯) und Schutzheiligen des ganzen Landes und das von ihm geführte Schwert wurde vom Orden de Santiago (s. u.) in deren Symbol, dem Cruz de Santiago (s. u.), übernommen.

🕯 **Orden de Santiago** – Santiago-Orden

Der im Jahr 1170 von Alfonso VIII. gestiftete Orden widmete sich zunächst vor allem dem Schutz der Pilger auf ihrem Weg nach nach Santiago d. C., beteiligte sich aber auch sehr eifrig an der Reconquista. Zum Dank wurde er von den kastilischen Monarchen mit so weitläufigen Ländereien und Privilegien (Steuerfreiheit, das Recht, neben den Erlösen aus landwirtschaftlichen Gütern auch die aus Brücken-, Markt- und Wegezöllen sowie Pachtzinsen zu vereinnahmen) ausgestattet, dass er ganze Regionen beherrschte. Das war freilich zunächst ein Segen für den Orden ... und wurde prompt zu seinem Untergang. Denn als die Rückeroberung abgeschlossen war und die *Reyes Católicos* seine Unterstützung nicht mehr benötigten, fiel ihr neidischer Blick sehr schnell auf seine Macht und seinen Talerbeutel. Prompt wandten sie sich an den Heiligen Stuhl mit dem Ersuchen, die Verwaltung des Ordens auf Fernando II. zu übertragen, was noch im gleichen Jahr gewährt wurde.

🕯 **Cruz de Santiago - Jakobuskreuz**
Es übernahm das Schwert, das der Heilige Jakobus der Legende nach in der Schlacht von Clavijo (s. o.) als Matamoros (🕯) geführt haben soll (Schneide nach unten) und verband es zum Zeichen der Liebe zu Jesus Christus mit einem Lilienkreuz (🕯).

Erst als sie 1085 Toledo, die damalige Hauptstadt Spaniens, verloren, bliesen die Sarazenen zum *Dschihad* … und die Christen zum „Heiligen Krieg“.

🕯 **Almansor**
Abu Amir Muhammad ibn Abdallah ibn Abi Amir (ca. 938 – 1002), der sich selbst auch *Al-Mansur bi-llah*, der mit Gott Siegreiche, nannte, war faktisch dem Kalifen von Córdoba unterstellt, was er aber, ihr merkt es an seinem sich selbst erteilten Beinamen, der nur den Kalifen vorbehalten war, nicht so eng sah; tatsächlich verlieh er sich selbst 996 den Königstitel. Dieser Almansor jedenfalls spielte während der Reconquista keine unbedeutende Rolle: 52 Feldzüge führte er gegen das christliche Nordspanien, plünderte u. a. 985 Barcelona, verwüstete 987 Coimbra so gründlich, dass es sieben Jahre unbewohnt blieb, und fiel 988 über León (Camino Francés) her. Am 10. August 997 zerstörte er auch das stark befestigte Santiago d. C., ließ aber aus Respekt das Grab des Apostels unangetastet. Die Glocken der Kirche dagegen mussten überlebende Christen als Sklaven nach Córdoba tragen, wo sie zu Lampen für die Moschee (heute *Mezquita*-Kathedrale – ein unfassbares Bauwerk!) eingeschmolzen wurden.

Dieser Krieg um die Rückeroberung der Iberischen Halbinsel dauerte an, bis 1492 die
🕯 **Reyes Católicos, Katholischen Könige**, Isabel I. und Fernando II.,
Granada, die letzte maurische Enklave, eroberten und Herrscher Boabdil „unter Tränen“ und wildem Geschimpfe seiner Frau Mutter (er solle nicht wie ein Weib betrauern, was er zuvor nicht wie ein Mann hat verteidigen können) Land und Alhambra aufgeben musste.

Geschichte und Geschichten
Portugal

Nachdem die Iberische Halbinsel endgültig wieder unter christlicher Herrschaft stand, wurde der Landstrich *Portucale* eine Grafschaft, aus der 1139 ein unabhängiges Königreich hervorging.
Dass dieses kleine Land mit seinerzeit nur 1 Mio. Einwohner zur größten See- und Kolonialmacht der damals bekannten Welt wurde, verdankte es

- **Infante Dom Henrique, Heinrich der Seefahrer.**
  Er wurde am 4. März 1394 in Porto geboren, nahm allerdings selbst an keiner der von ihm initiierten Entdeckungsfahrten Teil. Ab 1418 schickte er jedoch Schiffe aus, um einen neuen Seeweg nach Indien zu finden, der es Portugal ermöglichen sollte, seinen Handel mit Gewürzen und Bodenschätzen auszubauen und den christlichen Glauben zu verbreiten. Diesem Zweck sehr dienlich war die unter ihm entwickelte
- **Karavelle**
  Das zwei- bis viermastiges Segelschiff war aufgrund seines geringen Tiefgangs schneller und wendiger als die bis dahin üblichen Galeeren.

Im Jahr 1500 landetet Pedro Álvares Cabral erstmals in Brasilien und brachte es als Kolonie unter die portugiesische Krone, was den Staatsbeutel ... rieseln ließ, denn man fand und kultivierte Zuckerrohr. Um 1600 war Brasilien der größte Produzent der zu jener Zeit kostbaren Süßigkeit.
Nach dem Aussterben der königlichen Linie 1580 übernahm noch einmal Spanien die Krone, musste sie jedoch nach einer Revolte des Adels, die flugs einen eigenen König einsetzte, 1640 wieder abgeben. Damit gab sich Spanien allerdings nicht geschlagen.

- Im **Guerra da Restauração, Restaurationskrieg**, versuchte Spanien vergeblich, das abtrünnige Portugal wieder unter seine Herrschaft zu bekommen. Erst 1668 erkannte es mit dem Frieden von Lissabon seine Souveränität an ...

und verrenkte bald ganz sicher seinen Körper mit dem Gebiss zum Gesäß:
1696 fand man in Brasilien eine erste größere Goldader, später auch Diamanten und andere Bodenschätze. Das veränderte das portugiesische Leben komplett: Viele Menschen ließen alles stehen und liegen und schipperten über das Meer, um ihr Glück in Übersee zu suchen. Während in der Kolonie die Einwohnerzahl von 30.000 auf 500.000 explodierte (die Ureinwohner nicht mitgezählt),

entstanden in Portugal selbst Prachtbauten und so manche Kirche erhielt einen güldenen Glanz.

- In der Zentralbank Portugals sollen bis heute 382,5 t von Diktator Antonio de Oliveira Salazar (s. u.) gehortetes Gold mit einem Marktwert von 11,4 Mrd. Euro im Sparstrumpf liegen, die per Gesetz als Reserve dienen und nicht angerührt werden dürfen.

Als 1807 napoleonische Truppen einfielen, floh Familie König in seine südamerikanische Kolonie … und befand sich dort in bester Gesellschaft. Schließlich waren nicht alle Menschen freiwillig dort: 200 Vergehen wurden mit einer Verbannung nach Brasilien geahndet. 1821 kehrte König João VI. zurück. Der Thronfolger Pedro blieb in Südamerika, wurde sehr rasch flügge, nabelte sich von Vater und -land ab, rief schon im Folgejahr die Unabhängigkeit Brasiliens aus und setzte sich selbst dessen Kaiserkrönchen auf. Damit verlor Portugal seine wichtigste Kolonie und Einnahmequelle.
Die wirtschaftlichen Probleme und Abhängigkeit vom beharrlich fordernder werdenden England ließen die Rufe der Menschen nach einer Republik immer lauter werden. Doch nachdem diese nach einem Attentat an König und Thronfolger (1908), einer Militärrevolte und dem Sturz der Monarchie am 5. Oktober 1910 endlich ausgerufen wurde, wurde es erst richtig schlimm: In 16 Jahren erlebte das Land 45 Regierungen mit 8 Präsidenten sowie 26 Putschversuche und geriet ab 1932 unter

- **Antonio de Oiveira Salazar** (bis zu dessen Tod 1968) in wirtschaftliche und politische Isolation. 1974 endete die Diktatur mit einem erneuten Putsch und 1976 fanden die ersten freien Wahlen statt.

- **Fátima – eine der wichtigsten Glaubensorte des Marienkults**
  Am 13. Mai 1917 erlebten drei Hirtenkinder, Jacinta und Francisco Marto und ihre Cousine Lúcia dos Santos, die Erscheinung der Jungfrau Maria, die sie dazu aufforderte, jeweils am 13. Tag eines Monats wieder zu dieser Stelle zu kommen. Eigentlich sollte es ihr Geheimnis bleiben, aber Jacinta … floss ihr kleines Herzchen über die Lippen, so dass sich die Kunde darüber wie ein Lauffeuer verbreitete. Im September wurde der Rummel so groß, dass Maria für den nächsten Monat ein Wunder ankündigte. Zehntausende kamen und wurden Zeugen des sog. Sonnenwunders: „Die Sonne stand wie eine Silberscheibe am Himmel, während sich ein Feuerrad um sie drehte.“

Zuvor, am 13. Juli, sollen den Kindern von der Heiligen drei Geheimnisse anvertraut worden sein, von denen die ersten beiden am 13. Mai 1942 veröffentlicht wurden. Das erste Geheimnis beschreibt ein großes Feuermeer, das in der Tiefe der Erde zu sein schien und in dem Teufel und Seelen trieben – also einen Blick in die Hölle. Das zweite Geheimnis nennt Papst Pius XI. (1922 – 1939) und beschreibt ein Szenario des Ausgangs eines Krieges mit Russland, was auf das Ende des Ersten Weltkrieges bezogen wird.

Das dritte Geheimnis wurde dem Papst versiegelt übergeben und sollte nicht vor 1960 preisgegeben werden, was seine damalige Heiligkeit Johannes XXIII. jedoch nicht tat. Erst am 26. Juni 2000 wurde es enthüllt. Es beschreibt eine Situation, in der der Heiligen Vater, der „von Schmerz und Sorge gedrückt" für die Seelen der Leichen einer zerstörten Stadt betet, von Soldaten getötet wird. Dieses Geheimnis wird als Prophezeiung des Attentats auf Papst Johannes Paul II. am 13. Mai 1981 gedeutet – also genau 64 Jahre nach der ersten Marienerscheinung.

Der suchte Fátima selbst aus Dankbarkeit für sein Überleben 1982 auf und sprach bei einer weiteren Visite am 13. Mai 2000 die Kinder selig, woraufhin Papst Franziskus ihnen am 13. Mai 2017 die Heiligsprechung erteilte.

Nach Fátima führen vier ausgeschilderte Pilgerwege: der Tejo-Weg (von Lissabon am Fluss Tejo entlang), der Nazaré-Weg (direkte Verbindung mit dem Wallfahrtsort Nazaré), die Carmelita-Route (aus Coimbra) und den Nordweg, der dem Camino genau entgegenkommt.

Weil ihr in Portugal ganz oft durch Weintunnels pilgern werdet:

- **Vinho Verde**

  An den hoch nach oben gezogenen Reben, die oft wirken wie ein Tunnel, unter dem ihr hindurchpilgern dürft, wächst der Vinho verde, der grüne Wein. Nein, er wird nicht aus unreifen Früchten gekeltert, sondern er trägt diesen Namen, weil er ein bisschen so schimmert wie die Landschaft, in der er angebaut wird. Die liegt ausschließlich in der
- **Costa Verde**, dem Gebiet zwischen den Flüssen Douro und Minho, wo die großzügige himmlische Bewässerung für eine satte, dichte Vegetation sorgt.

  Die nach oben gerichtete Zucht der Reben schont den Boden und schützt die Früchte vor Fäulnis.

Geschichte und Geschichten
Galicien

Die ältesten Reste der Ursprünge dieser Autonomen Region findet man in den

- **Castros,** den etwa 1.000 runden Wehr- und Wohnanlagen auf den Hügeln entlang der Küste, die sich bis in die Eisenzeit datieren lassen.

Am meisten geprägt ist die hiesige Kultur allerdings durch die Kelten, die ab ca. 600 v. Chr. hier siedelten. Galicien war stets ein unwirtlicher, abgeschiedener, schwer erreichbarer und wenig attraktiver Landstrich, so dass die Kelten, die sich mit den hiesigen Lebensbedingungen gut arrangierten, sehr ungestört ihre Kultur leben und entwickeln konnten: Hórreos (s. u.) gehören ebenso ins Landschaftsbild wie die *Gaita*, Sackpfeife, und die *Pandeireta Galega*, Tamburin, zu den Klängen keltischer Volksmusik. Im Notfall bittet man nicht nur Gott, Jesus, Maria oder Jakobus um Hilfe, sondern greift gerne – frei nach dem Motto *„¡yo no creo en las Meigas, pero haberlas, las hay"*, ich glaube nicht an Hexen, aber es gibt sie! – auf deren Unterstützung zurück, sucht an einem *Cruceiro* Schutz vor der Santa Compana, hüpft für Glück und Gesundheit zum Fest von Johannes dem Täufer dreimal über ein Feuer und vertreibt den letzten Rest der bösen Geister mit einer hochgeistigen Queimada. *¡Salud!*

- **Hórreos – Getreidespeicher**
  Diese Getreidespeicher (vornehmlich für Mais) sind eine der besonderen Besonderheiten Galiciens. Sie sehen ein bisschen witzig aus auf ihren Stelzen, aber sie sind klug konstruiert: Obenherum sind sie vogelsicher luftig, unten stehen sie auf hohen Hacken, zusätzlich mit einer Steinscheibe vor Mäusen gesichert, und die Treppe reicht nie ganz an sie heran. Auf dem Dach tragen tragen sie fast immer sowohl ein christliches Kreuz als auch das pyramidenförmige Fruchtbarkeitssymbole *Fica*.

- **Meigas – „Hexen", wie es sie nur in Galicien gibt**
  Meigas sind keine Hexen in dem von uns benutzten Sinn des Wortes, sondern Hellseherinnen und Beraterinnen, so etwas wie die Nachfahren der Druiden. Sie wenden keine Beschwörungen an und reiten nicht auf Besen, sondern praktizieren keltische Magie, die ausschließlich auf den

vier Elementen, Wasser, Feuer, Luft und Erde, sowie der Natur basiert. Übrigens stehen viele *Cruceiros* auf Steinen, die schon vor vielen Zeiten Meigas als Versammlungsort dienten.
Das Rezept einer Meiga, um Harmonie, Kraft und Glück ins Haus zu bringen: Man nehme eine Mistel, verbrenne sie in einem Tontopf, gebe etwas Veilchenessenz und Weihrauch hinzu, rühre alles ordentlich mit einem Löffel um und gehe mit dem Gefäß langsam durch das ganze Haus/die ganze Wohnung, so dass sich der Rauch überall gut verteilt.

8 **Santa Compana**

Die Prozession von Geistern, Toten und ruhelosen Seelen ist tief im mythischen Herzen Galiciens verankert. Sie schreiten des Nachts ihrer Wege, barfuß, in Leichentuchumhänge gehüllt und mit Kapuzen auf dem Kopf. Wenn sie in Zweierreihen den Rosenkranz betend und Totenlieder singend vorüberziehen, ersterben alle Geräusche und nur ein schwacher Duft ihrer langen Kerzen bleibt in der Luft. Sie kommen, um die Seele eines bald versterbenden Menschen einzufordern, die nicht Versterbenden ihrer begangenen Verfehlungen zu gemahnen oder gar eine aus dem Jenseits heraus verhängte Strafe zu erfüllen.
Solltet ihr einem solchen Zug begegnen, sucht den Schutz eines *Crucieros* (8) oder werft euch, Gesicht nach unten, in ein auf den Boden gezeichnetes Pentagramm mit Kreis drumherum (Drudenfuß). Seht den Toten nicht in die Augen, überhört ihre Stimmen, tut einfach so, als ob es sie nicht gäbe, bewegt euch nicht - auch nicht zittern! - und erinnert euch an das, was ihr schon als Kind gelernt habt: Nehmt nichts von toten Leuten an! Sonst müsst ihr bis an euer Lebendsende der Prozession als Leithammel vorangehen. Glaubt mir: Jede Nacht in der Gegend herumzulatschen kann ganz schön anstrengend werden und mit lauter herumwackelnden und vor sich hin brabbelnden Toten hinter euch wollt ihr auf keinen Fall von Mitpilgernden gesehen werden!

8 **Queimada**

Die Queimada ist ähnlich der Feuerzangenbowle ein flambiertes Mischgetränk aus *Orujo* (Tresterbrand), Orangen-, Zitronen- und Apfelscheiben, Weinbeeren und Zucker, bei deren Zubereitung der *Conxuro* die bösen Geister (u. a. Kröten, Dämonen, Kobolde, aber auch Winde aus zerstörerischen Gesäßen) beschwört, in ihren Flammen zu verbrennen, auf dass der

Trinkende nur noch gute und volumenhaltige Geister durch seine Kehle fließen lassen kann. Ob sie wirklich ein Überbleibsel der Kelten ist, ist unklar, aber nach genug des Genusses, …. issesauchnischtwirklischwischtig.

Um 135 v. Chr. kamen die Römer und gründeten etwa 60 v. Chr. die Provinz *Gallaecia* (aus dem altgriech. *kalla* – Berg/Gallaeker – vornehmlich im Gebirge ansässiger Keltenstamm).

Bis im 9. Jh. das Grab des Heiligen Jakobus wiederentdeckt wurde, schnurchelte Galicien den Schlaf der Unauffälligkeit und spielte auch danach nur eine Rolle als Ziel christlicher Pilger, nicht aber wirtschaftlich.

Ein gerade für Pilger wichtiger Meilenstein in der Historie ist

- **Alfonso II.** ***el Casto***, der Keusche (bis 842)
  Seinen Beinamen erhielt er, weil ihn, wie es heißt, seine Jugend im Kloster so geprägt habe, dass er stets enthaltsam lebte.
  Er reiste nicht nur als erster Wallfahrer an das Grab des Apostels, sondern tat mit den von ihm eingerichteten *Hospitals* (🛈) und Kirchen viel Gutes für Santiago d. C. und die Pilgerschaft.

Ein Sprichwort sagt, *„Vigo trabaja, Pontevedra duerme, Santiago reza y La Coruña se divierte"*, Vigo arbeitet, Pontevedra schlummert, Santiago betet und A Coruña lebt, womit über das heutige Galicien alles Wichtige gesagt ist. Santiago d. C. ist die religiöse und politische Hauptstadt, das Gebiet um die Hafen- und Industriestadt Vigo (Camino de la Costa) am dichtesten besiedelt, in A Coruña (Camino Inglés) pulsiert, nicht zuletzt durch die vielen Tausend Kreuzfahrt-Touristen, das Leben und Pontevedra (Camino Central) ist mit seinen Plätzen und engen Gassen ein bisschen verträumt.

Nach dem Ende der Franco-Diktatur (1936 – 1975) wurde das Verbot des Galego aufgehoben und neben Spanisch als Amtssprache eingeführt.

Porto

Porto, manchmal auch *Oporto*, der Hafen, genannt, ist eine der ältesten Städte Europas: 800 – 500 v. Chr. war es Heimat der Kelten. Etwa im 1. Jh. v. Chr. betrieben Griechen hier einen Handelsplatz, den sie *Kalos*, schön, nannten, woraus die ihnen folgenden Römer *Portus Cale*, schöner Hafen, machten. Ab 540 wurde Porto unter den Westgoten Festung und Bischofssitz. Im Zuge der Reconquista ( ) wurde die Stadt nicht nur von den Mauren befreit, sondern zu einem Mittelpunkt der Rückeroberung.
1373 unterzeichneten Portugal und England ein Handelsabkommen, nach dem Portugal für die Lieferung von Wein das Recht erhielt, vor der britischen Küste Kabeljau zu fischen. Der 1703 geschlossene Methuenvertrag erlaubte England, zollfrei Wolltuch aus- und portugiesischen Wein zu nur 1/3 des üblichen Zolls einzuführen, was den Weinanbau und -handel beflügelte und Porto, Haupthafen nach England, Niederlassungen zahlreicher englischer Handelshäuser bescherte. Zeitweise kamen bis zu 15 % seiner Einwohner von der Insel. Während der Napoleonischen Kriege (1807 – 14) wurde die Stadt von französischen Truppen besetzt. Als die Bürger am 29. März 1809 über die 1806 errichtete Schiffbrücke *Ponte das Barcas* vor den Bajonetten französischer Soldaten flohen, stürzte diese ein. Bis zu 4.000 Menschen ertranken. Am 12. Mai 1809 besiegten britische Truppen die Franzosen und befreiten die Stadt.
Heute ist Porto, das 2001 europäische Kulturhauptstadt war, mit seiner alteingesessenen Kaufmannschaft und dem Überseehafen einer der wichtigsten Handels- und mit seiner Textil-, Lederwaren-, Metall-, Genussmittel- (Wein) und chemischen Industrie sowie einer Erdölraffinerie eine echte Wirtschafts-Metropole und zweitgrößte Stadt Portugals … mit, wie ich finde, ganz viel Flair, Charme und wunderschönen Eckchen.

⁂ Das Stadtfest *Festas de São João* macht nicht nur die kürzeste Nacht, 23./24. Juni, mit einem Feuerwerk zum Tag, sondern sorgt den ganzen Monat über für fröhliche Veranstaltungen und kostenlose Konzerte.

💣 Sonntags bis 14.00 Uhr ist der Eintritt in alle Museen der Stadt kostenlos!

Porto – Stadtbummel

Wenn ihr mögt, macht mit mir einen kleinen Bummel durch diese beeindruckende Stadt. Ich habe ihn mit 3,7 km sehr kurzgehalten und weil es ein Rundgang ist, könnt ihr ein- oder aussteigen, wo immer euch danach ist.

Sé

Im ältesten Stadtteil von Porto, der auf einem Granithügel gelegen ist, wird der Unterschied zwischen Prunk und Verfall, Armut und Reichtum besonders sichtbar. Die wuchtigen Gebäude der Kathedrale und des Bischofspalastes lassen die kleinen Häuser noch ein bisschen kleiner erscheinen und in den engen Gassen wandelt man dort, wo schon im Mittelalter Menschen herumschlurften.

Kathedrale ①

Die Bischofskirche des Bistums Porto entstand ab dem 12. Jh., aus dem die Doppelturmfassade und das Langhaus erhalten sind. Der gotische Kreuzgang stammt aus dem 14. Jh., der Chor wurde im 17. Jh. durch einen Neubau ersetzt. Aus dieser Zeit stammen außerdem Retabel, Chorgestühl sowie die Wandmalereien und *Azulejos* (s. u.) des Kreuzgangs, die Erweiterung der Apsis, die Kapelle Santíssimo Sacramento und deren Altar.

Talha dourada – wenn man vor lauter Gold kein Holz mehr sieht

Ihr werdet sie in Portugal ganz oft finden: Hochaltäre, die ihren Namen verdient haben, bis unter die Decke reichen und reich mit Blattgold überzogen sind. Sie machen richtig was her … waren tatsächlich aber eine relativ günstige Dekorationsform. Weil die Schnitzereien überzogen sind, brauchte man für sie kein besonderes kunsthandwerkliches Können, und an Gold aus Brasilien mangelte es nicht.

Azulejos

Die Glasurtechnik stammt wie sein Name (*az-zulaig* – Kachelwerk) als Mitbringsel der Mauren aus dem persischen Raum, wurde von einheimischen Handwerkern übernommen und so weiterentwickelt, dass ihre detaillierten Bilder zuweilen unfassbar ausdruckstark sind.

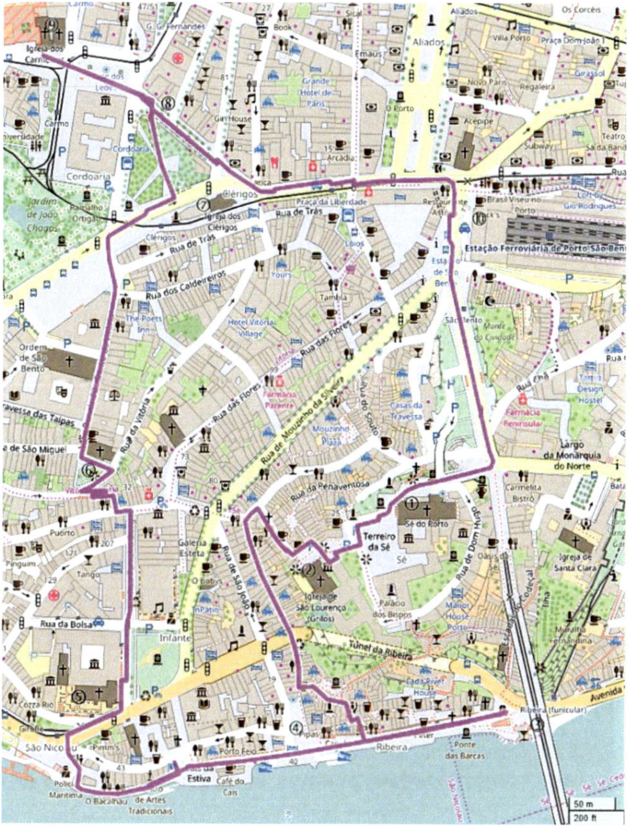
Igreja dos Carmo
Aliados
Villa Porto
Praça Dom João I
Os Corceis
Grande Hotel de Paris
Novo Paris
Regaleira
Girassol
Acepipe
Teatro Sá da Bandeira
Subway
Arcadia
Gin House
Carmo
Cordoaria
Jardim de João Chagas
Ramalho Ortigão
Clérigos
Igreja dos Clérigos
Praça da Liberdade
Rua de Trás
Brasil Viseu no Porto
Loft by Gio Rodrigues
Estação Ferroviária de Porto São Bento
Rua dos Caldeireiros
The Poets Inn
Hotel Vitória Village
Rua das Flores
Tambla
São Bento
Ordem de São Bento
Travessa das Taipas
Rua da Vitória
Farmácia Parente
Rua de Mouzinho da Silveira
Rua do Souto
Casas da Travessa
Mouzinho Plaza
Farmácia Peninsular
Largo da Monarquia do Norte
Rua Chã
Rua de São Miguel
Rua da Penaventosa
Carmelita Bistrô
Terreiro da Sé
Sé do Porto
Sé
Rua de Dom Hugo
Igreja de Santa Clara
Puorto
Tango
Galeria Esteta
Rua de São João
Igreja de São Lourenço (Grilos)
Palácio dos Bispos
Manor House Porto
Rua da Bolsa
Infante
Túnel da Ribeira
Muralha Fernandina
Casa River House
Avenida
Ribeira (funicular)
Ribeira
Ponte das Barcas
São Nicolau
Porto Feio
Estiva
Café do Cais
O Bacalhau
Polícia Marítima
50 m
200 ft

Kirchplatz

Auf dem Kirchplatz findet ihr eine sehr schöne, gedrehte, steinerne Säule, den *Pelourinho*, und habt einen ziemlich erhebend erhabenen Blick auf die Häuser beidseits des Flusses.

8 ***Pelourinho* – Schandpfahl/Pranger**

Pranger findet ihr in Portugal häufig, waren sie doch ein Zeichen der eigenen Gerichtsbarkeit der Städte. Böse Buben wurden an ihn gefesselt und nicht nur öffentlich dem Spott, den Beschimpfungen, Beleidigungen und ihrer Schande ausgeliefert, nein, Passanten war es außerdem erlaubt, den Verurteilten mit … allem Möglichen zu bewerfen und zu schlagen.

☛ Ihr folgt den gelben Pfeilen an einem auf alt getrimmten Turm vorbei,
ⓘ in dem sich die Touristeninformation, ☎ 223 325 174, ⧗ täglich 10.00 – 18.00, befindet,
☛ zum darunter liegenden Platz und werft dort schnell einen Blick auf den
☿ schönen Brunnen, bevor ihr
☛ links eine Treppe hinuntersteigt zur

Igreja de São Lourenço/Convento dos Grilos ②

Die ab 1577 aus Spenden von Jesuiten erbaute Kirche sollte eigentlich das religiöse i-Tüpfelchen einer Klosterschule werden. 1709 wurden die Arbeiten an ihr auf Betreiben der ansässigen Kaufleute eingestellt. Die fürchteten nämlich, dass ihre Sprösslinge vom Glanz der adligen Klosterschüler dazu verführt werden könnten, ihr Leben lieber auf den Holzbänken des Klosters zu fristen als das so fein aufgebaute Geschäft fortzuführen. Nachdem 1759 der Jesuitenorden in Portugal verboten und enteignet worden war (das ist eine lange Geschichte, die mit nicht ausreichender Unterwürfigkeit des Ordens der Krone gegenüber begann und mit der Bezichtigung endete, er sei für ein Attentat auf den König 1758 verantwortlich gewesen), zogen die Brüder des augustinischen Barfüßerordens *Grilos* in den Konvent ein.
In ihr befinden sich der sehr goldige Altar Nossa Senhora da Purificação sowie das Museum für sakrale Kunst und Archäologie,
⧗ Mo. 13.30 – 16.30, Di. – Fr. 9.00 – 12.00/14.00 – 16.30, Sa. 10.00 – 12.00/14.00 – 17.30, So. geschlossen.

☛ Es geht so links wie möglich bergab durch den Stadtteil

Ribeira

Ribeira ist das portugiesische Wort für Flussufer und bezeichnet die gesamte historische Altstadt von Porto incl. dem Fluss Douro und seinen Barcos Rabelos (s. u.), die 1996 von der UNESCO als Weltkulturerbe aufgenommen wurde. Einst ein Kleine-Leute-Viertel mauserte es sich mit seinen engen Gassen zu einem Vergnügungsviertel mit Lokalen, Souvenirläden und Restaurants. Besonders das „Chez Lapin" (an den Alminhas da Ponte (s. u.) durch die Kaimauer, links und am Ende rechts) wird häufig von Fußballern des FC Porto und Künstlern besucht. Bei all dem Gewusel: Nehmt euch Zeit, schlendert ein bisschen, denkt euch hier oder da ein paar Menschen weg und schafft Platz für seinen ganz besonderen Charme.

✌ Montagsabends gibt es in vielen Bars besondere Angebote.

Douro

In Spanien heißt er Duero und ist mit 897 km der drittlängste Fluss der iberischen Halbinsel. Er entspringt in der spanischen Provinz Soria, durchfließt Nordspanien und -portugal und mündet hier in den Atlantischen Ozean. Während der Reconquista (🕯) bezeichnete er zeitweise die Grenze zwischen dem christlichen Königreich León und dem islamischen *al-Andalus*.

Barcos Rabelos

Sie wurden in den Weinanbaugebieten am oberen Douro beladen und brachten ihre feuchtfröhlich geistige Fracht in die Portweinkellereien von Vila Nova de Gaia. Die Segel hatten sie eigentlich nur aus Schönheitsgründen; meist ließen sie sich einfach mit dem Fluss treiben oder wurden getreidelt (gezogen). Heute liegen sie nur noch als Augenschmaus im Wasser.

Ponte Dom Luís I. ③

Die Bogenbrücke über den Douro verbindet Porto mit der Schwesterstadt Vila Nova de Gaia. Auf der oberen Ebene fährt die Stadtbahn, auf der unteren, die an der oberen aufgehängt ist, passieren Autos. Fußgänger dürfen auf beiden Etagen lustwandeln. Entworfen wurde sie von einem Ingenieur, der mit Gustave Eiffel in Paris turmgebaut hatte. Sie wurde am 31.10.1886 von Dom Luís I. eingeweiht, trägt seither seinen Namen und zählt als Teil der Altstadt Portos seit 1996 zum UNESCO Weltkulturerbe.

Ponte Dona Maria II./Ponte Pensil

An den beiden 18 m hohen Steinsäulen war eine am 02.05.1841 eingeweihte Hängebrücke angebracht, die nach 45 Jahren von der Ponte Dom Luís I. abgelöst wurde.

☞ Während ihr an der Uferpromenade entlangschlendert, beachtet bitte neben einem Durchgang durch die Kaimauer die

Alminhas da Ponte – Seelchen der Brücke

Das in die Uferbefestigung in der *Ribeira* eingelassenes Flachrelief aus dem Jahr 1897 erinnert an die vielen Menschen, die beim Einsturz der *Ponte das Barcas* 1809 (s. S. 41) ihr Leben verloren.

ℹ **Alminhas**, kleine Seelen, sind Andachtsstätten (Bildstöcke, Stele, Schreine oder kleine Kapellen), an denen für die armen Seelen gebetet wird.

Praça da Ribeira ④

Der Platz mit dem Würfel ist einer der ältesten der Stadt. Auf ihm wurde schon 1353 um Wein, Getreide, Wachs, Honig, Vieh, Holz und Tücher gefeilscht. 1491 wurden die Gebäude von einem Brand zerstört und mit Arkaden wieder aufgebaut. Aus dieser Zeit stammt auch sein Steinplattenpflaster. In den 1980-er Jahren wurde bei archäologischen Arbeiten ein Brunnen aus dem 17. Jh. ausgebuddelt und als **Cubo da Ribeira** neu gestaltet. In einer Nische darüber steht eine Statue von Johannes dem Täufer.

Postigo do Carvão

Von den einst 18 Durchgängen der im 14. Jh. erbauten, 3.000 Schritte langen und bis zu 30 Fuß hohen Stadtmauer **Murhala Fernandina** (14. Jh.) ist nur dieser erhalten.

☞ Ab dem nächsten Platz, **Larto do Terreiro**, heißt die Kaimauer

Muro dos Bacalheiros

Zu dieser Mauer fand ich die Geschichte des

8 **Bacalhau à Gomes de Sá**:

Im Haus Nr. 114, einst einem großen Lager für *Bacalhau* (s. u.), wurde im 19. Jh. Gomes de Sá in eine reiche Kaufmannsfamilie hineingeboren, der sich, als das Vermögen seiner Familie geschwunden war, als Koch in einem Restaurant verdingte. Dort rührte und brutzelte er, probierte, schmeckte ab und hatte – schwupps! – ein Rezept für einen Kabeljau-Auflauf ersonnen, der so gut war, dass die Menschen dem Wirt schier die Bude einrannten. Nachdem das Lager einem Feuer zum Opfer fiel, musste er sein Geheimrezept verkaufen.

8 ***Bacalhau*** (port.)/***Bacalao*** (span.) – **Stockfisch**

Der gesalzene Kabeljau ist auch in Spanien sehr beliebt. Zu Portugal allerdings gehört es wie die Nase ins Gesicht. Es handelt sich dabei überwiegend um Kabeljau, der 150 Tage lang möglichst nur durch Wind und Sonne getrocknet und anschließend mit reinem Meersalz eingerieben wird. Für diese Tätigkeit gibt es sogar einen eigenen Berufsstand, nämlich den der *Bacalhoeiros*. Vor der Zubereitung muss er zwei bis drei Tage in immer wieder frisches Wasser eingelegt werden, um das Salz herauszuspülen. Entstanden ist die Idee, Fisch durch Salz haltbar zu machen, während der Entdeckerzeit als Mundvorrat für die Seeleute. Ein Sprichwort sagt, dass es für ihn mehr Rezepte gibt, als das Jahr Tage hat.

☞ An der R. Nova Alfândega findet ihr die Station der

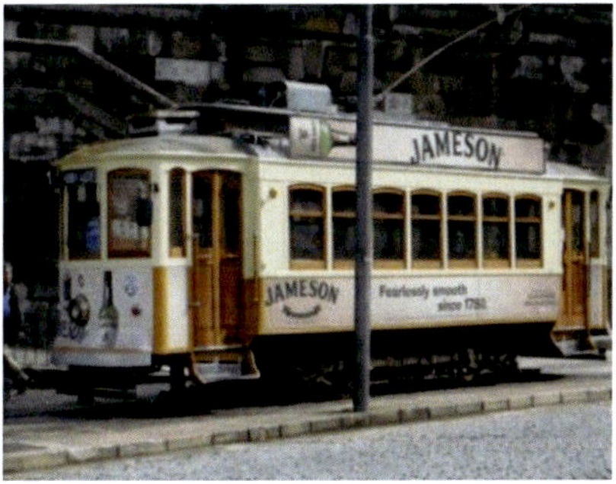

Eléctrico ⑤

Porto war die erste Stadt in Portugal, die eine elektrische Straßenbahn einführte. Schon 1895 tuckerte die erste Linie los und befuhr 1950 182 Schienenkilometer. Ab den 1960-er Jahren wurde sie zwar mehr und mehr durch Busse und die Metro ersetzt, aber die Linien 1 (von hier zur Mündung des Douro), 18 und 22 (ihre Rundkurse von Batalha nach Carmo/Universität eignen sich hervorragend für eine kleine Stadtrundfahrt) sind geblieben. 6,--/Einzelfahrt, 8,--/Hin- und Rückfahrt, 12,--/2-Tage-Ticket.

☛ Die etwas erhöhte Kirche dahinter ist absolut pompös, aber sehenswert!

Igreja de São Francisco ⑤
Sie wurde 1383 – 1425 erbaut und ersetzte ein bescheideneres Gotteshaus des hiesigen Franziskanerklosters (ab 1223). Im 17. Jh. wurde ihr Innenraum mit Blattgold verziert (es sollen 200 kg sein!). Dabei sind die Schnitzereien selbst mit weggedachtem Glitter halsknödelig schön! 1833 wurde sie von allen guten Mönchen verlassen und dient nur noch zu musealen Zwecken.
Gleich nebenan beherbergt die **Igreja dos Terceiros Franciscanos**, 1792 ebenfalls als Franziskanerkirche erbaut, das Klostermuseum mit Katakomben.
⧗ 9.00 – 18.00, 8,-- (incl. Museum und Katakomben), Audioguide möglich.

☛ Die R. do Infante Dom Henrique führt stadteinwärts vorbei an der

Igreja Paroquial de São Nicolau – Kirche des Heiligen Nikolaus
Sie wurde im 17. Jh. an Stelle einer zu klein gewordenen Kapelle errichtet, fiel 1758 allerdings einem Brand zum Opfer und wurde bis 1762 neu erbaut.

☛ Um die erste Ecke links herum liegt der

Palácio da Bolsa – Börsenpalast
Er entstand 1842 – 1850. Der Saal Salao arabe (1860 – 1879) erinnert ein bisschen an die Alhambra in Granada (Camino Mozarabé).

☛ Am oberen Ende des **Jardim Infante Dom Henrique** (Heinrich der Seefahrer (⑧)) mit dessen Standbild findet ihr den

Mercado Ferreira Borges
1885 – 1888 als Markthalle errichtet diente seine Metallkonstruktion mal als Armenküche, mal als Garage oder Gewächshaus. 1983 renovierte man den imposanten Bau und richtete darin ein Kulturzentrum ein, in dem seit 2010 Musik-Events aller Stilrichtungen stattfinden.

☞ Ihr passiert das Gebäude links, geht am Ende der Straße links und sofort rechts eine schmale Treppe hinauf zum Aussichtspunkt

Miradouro da Vitoria ⑥, genießt von hier den Weitblick

☞ und kommt durch die R. de São Bento da Vitoria zur

Igreja de São Bento
Die beeindruckende Kirche des 1596 gegründeten Benediktinerklosters wurde 1707 geweiht. Auch in ihr findet ihr Talha douradas (🕯) sowie zwei Ebenholz-Kanzeln (17. Jh.). Auf den Paneelen an der Rückwand des Chors werden Geschichten aus dem Leben des Heiligen erzählt.

☞ Am Ende der Straße werft ihr einen Blick auf den Brunnen **Fonte da Porto do Olval** und schlendert dann rechts an den Spezialitätengeschäften vorbei. Nicht nur der draußen hängende *Bacalhau* (s. o.) ist klasse! Schaut mal rein!

🕯 **Portuenser - *Tripeiros***
Weil wir gerade beim Essen sind, habe ich noch ein kleines Schmankerl für euch: Die Menschen aus Porto nennt man nicht nur Portuenser, sondern auch *Tripeiros*, Kuttel(fr)esser! Diesen Spitznamen bekamen sie, als Infante Dom Henrique (🕯) zum Sturm auf die arabische Handelsstadt Cueta blies. Er tat dies mit einem solchen Enthusiasmus, dass die Portuenser gar nicht anders konnten, als sich mitreißen zu lassen: Sie stellten nicht nur Schiffe mit entsprechender Ausrüstung zur Verfügung, sondern spendeten auch die besten Fleischstücke. Sie selbst behielten lediglich die Innereien wie Kutteln (Pansen der Wiederkäuer) und machten sie als *Tripas a Modo do Porto* zu einer Spezialität.

Ich denke, die zu probieren ist Geschmackssache. Wenn ihr sie nicht mögt, probiert lieber die

🕯 **Francesinha**
Das Toast-Sandwich wird mit gekochtem Schinken, Linguiça (scharfe grobe Mettwurst, vergleichbar mit der *Chorizo* in Spanien) und Fleisch gefüllt, mit Käse überbacken und in einer Bratensoße und mit *Batatas fritas* (Pommes frites) serviert.

Igreja/Torre dos Clérigos ⑦

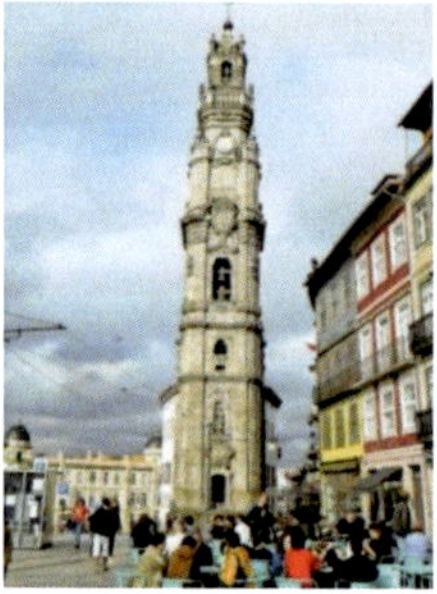

Die Kirche wurde zwischen 1732 und 1750 von der Bruderschaft Irmandade dos Clérigo Pobres erbaut. Der Turm (1754 – 1763) ist mit 76 m der höchste Kirchturm Portugals und ein Wahrzeichen Portos. Seine 255 Stufen können für 8,-- € bestiegen werden.
⧗ tägl. 9.00 – 18.30 Uhr.

☞ Durch die Einkaufspassage gegenüber kommt ihr zur

Livraria Lello ⑧

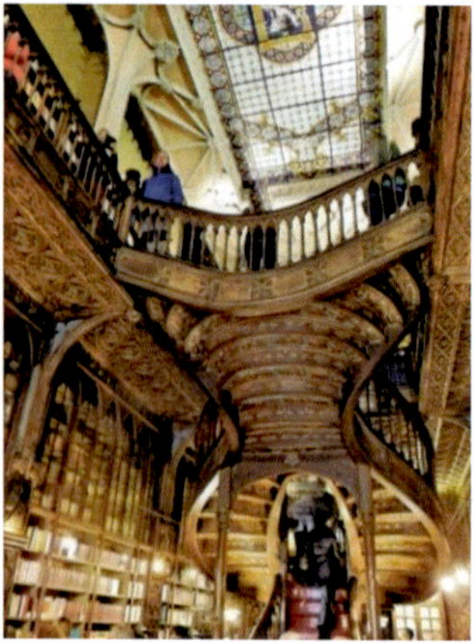

Dieses Buchgeschäft ist schon von außen eine echte Schönheit, beim Betreten aber ...! – Nein, die Verkäufer tragen keine Koboldohren und auf den Bodenschienen fahren keine Loren zu mit Galleonen vollgestopften Verliesen, aber wenn man sich die vielen Menschen auf der Treppe (nein, sie bewegt sich nicht!) wegdenkt, ist man schon ganz schön heraus aus der Muggelwelt. Tatsächlich hat J. K. Rowling Anfang der 1990-er Jahre in Porto gelebt, Englisch unterrichtet und genau hier bestimmt guuute Ideen gehabt.
Schon 1869 wurde hier eine Buchhandlung, die *Livraria Chardron,* eröffnet. Unter dem heutigen Namen wird sie seit dem 13. Januar 1906 geführt. Inzwischen hat sie alles an Titeln (z. B. die des „Lonely Planet“ und des „The Guardian“) abgeräumt, die es als schönstes und bestes Buchgeschäft überhaupt so abzuräumen gibt.
⧗ tägl. außer Feiertage 9.30 – 19.00 Uhr, 10,-- (Achtung, lange Warteschlange!)

☛ Aus ihr heraustretend wendet ihr euch nach rechts über die

Praça de Gomes Teixeira mit Brunnen **Fonte dos Leões**

Auch wenn die Praça bei den Bewohnern Portos sehr beliebt und für die Studenten so etwas wie ihr Wohnzimmer ist, sagt in Porto niemand, dass er zu diesem Platz geht, sondern nur *„vou aos Leões"*, ich gehe zu den Löwen.

Der Brunnen ist mit seinen 8 m Durchmesser und 6 m Höhe nicht nur einer der berühmtesten, sondern auch der größten der Stadt, stammt aus den 1880-er Jahren, wurde aber nicht, wie man denken könnte, von der Stadt Porto selbst errichtet, sondern von einem französischen Wasserversorger, der sich mit dem Erwerb einer Konzession dazu verpflichtete, einen *monumental*-en Brunnen zu schaffen, der nicht teurer als 3.600.000 Reis (nach dem Umtauschwert 325,13 € - für damalige Verhältnisse aber wirklich viel Geld) sein durfte.

☛ Schräglinks gegenüber findet ihr die

Igreja Carmelitas (links) und Igreja do Carmo (rechts) ⑨

Obwohl beide Kirchen den Karmeliterinnen gehörten, können sie unterschiedlicher gar nicht sein: Links die auch innen schlichte ursprüngliche Ordenskirche (1628), rechts verbirgt sich hinter der spätbarocken Fassade ein ziemlich imposanter Innenraum des Rokokos (18. Jh.). Ihre Seitenwand ist vollständig mit Azulejos (🕯) bedeckt.

☛ Wenn ihr wieder zurückgeht, an der Livaria Lello vorbei und geradeaus die die R. dos Clérigos, in die die Igreja dos Clérigos hineinblickt, hinunter, kommt ihr zur **Praça Liberdade** mit dem **Reiterstandbild von Dom Pedro IV** und an der **Igreja de Santo António dos Congregados** (17. Jh.) rechts zur

Estação São Bento ⑩

Erbaut wurde der Bahnhof 1916 an Stelle eines Benediktinerklosters, von dem er seinen Namen erbte. Was ihn so besonders macht, ist seine mit 20.000 Azulejos (🕯) bestückte Halle, die Geschichten der Stadt erzählen.

☛ Geradeaus deute ich noch schnell auf die

Muralha Velha
Sie hatte ursprünglich vier Tore, wurde im 12. Jh. zwar noch restauriert, im 14. Jh. allerdings von der Muralha Fernandina ersetzt.

Zwei Punkte haben nicht in diesen Rundgang gepasst:

Funicular dos Guindais
Sie wurde 1861 erbaut, ist 281 m lang und führt mit bis zu 45 % Gefälle bergab/-auf. Damit gehört sie zu den steilsten Seilbahnen der Welt.

Vila Nova de Gaia (auf der anderen Seite des Douro)
Durch den Zuzug von See- und Handelsleuten wuchsen im 18. Jh. die beiden Siedlungen *Vila de Gaia* (erstmals 1255 erwähnt) und *Vila Nova de Rei* (erstmals 1288 erwähnt) so zusammen, dass sie sich am 20. Juni 1834 zur heutigen Stadt verbanden, die 1841 mit Stadtrechten ausgestattet wurde. Portos Schwesterstadt ist das Zentrum des Portweinhandels.

🍷 **Vinho do Porto - Portwein**

Ab dem 13. Jh. wurde der *Vinho de Lamego* (Stadt südl. des Douro), der Vorgänger des Portweins, produziert. 1678 tauchte erstmals die Bezeichnung *Porto* in Zolldokumenten auf, dessen Qualität allerdings verbesserungsfähig war. Nur Mönche waren in der Lage, Wein so auszubauen, dass er nicht die Lippen nach vorne kräuselte. In einem Kloster entdeckten englische Kaufleute den sog. *Priest-Port*, dessen Geheimnis darin bestand, dass die Gärung des Weins durch zufügen von Ethylalkohol (aus dem Brand von Obst, Getreide, Kartoffeln, Zuckerrüben oder Zuckerrohr) gestoppt wurde und der noch nicht vergorenen Restzucker der Trauben erhalten blieb, der dem Portwein seinen süßen Charakter gibt … und behaupteten flugs, es sei ihre Idee gewesen, dem Wein Brandy zuzufügen, damit er auf der Fahrt nach England nicht sauer würde.

Portwein wird mindestens drei Jahre gelagert, und zwar ausschließlich in den Weinkellereien von Vila Nova de Gaia. Viele von ihnen bieten Führungen mit Verkostung an. Kredenzt wird er als Aperitif, zum Dessert oder auch als Kehlenfreudchen zwischendurch.

Herbergen

🏠🏠 26/4, K/M, W/T, ⧗ ganzjährig 14.30 – 20.00, 18,--
Albergue de Peregrinos do Porto, R. Barão de Forrester, 954 (s. S 141), ☏ 220 140 515, www.albergueperegrinosporto.pt, 72,--/4Z

🏠♿☕ Res., 124 Plätze, K, W/T, B,⧗ ganzjährig ab 18.00, ab 22,--
An der Jugendherberge Pousada de Juventude (s. S. 56) kommt ihr mit dem Camino de la Costa auf Seite 55 vorbei.

🏠🏠 Res., 20 Plätze, K, W, ⧗ ganzjährig, nur auf Anmeldung, 15,--
Zum Refugio de Peregrinos Senhora da Hora (s. S. 143) folgt ihr bitte der Wegbeschreibung auf Seite 141.

Von den unzähligen Unterkünften Portos gehören zu den preiswertesten und zentralsten:

🏠🛏 Travel & Live Porto Hostel, R. de Santa Catarina, 486, ☏ 910 605 669, ab 14,--, ab 39,--/DZ

🏠 Hostel Market, R. Fernandes Tomás, 794, ☏ 223 189 112, ab 18,--

🏠🛏 Supernova Hostel, R. Guedes de Azevedo, 217, ☏ 910 042 494, ab 20,--, ab 72,--/DZ, ab 92,--/3Z

🏠🛏 Best Guest Porto Hostel, R. de Mouzinho da Silveira, 257, ☏ 222 054 021, ab 19,--, ab 60,--/DZ

🏠🛏 Nice Way Porto Hostel, R. de Samaio Bruno, 12, ☏ 220 991 947, ab 22,--, ab 59,--/DZ

🏠🛏 Being Porto Hostel, R. de Belomonte, 13, ☏ 222 011 977, ab 27,--, ab 78,--/DZ

🏠🛏 The Passenger Hostel, Praça Almeida Garrett – Estação de São Bento, ☏ 963 802 000, ab 29,--, ab 92,--/DZ, ab 117,--/3Z, ab 151,-- /4Z

🏠🛏 Porto Lounge Hostel & Guesthouse, R. do Almada, 317, ☏ 222 085 196, ab 22,--, ab 53,--/DZ, ab 116,--/3Z

Kathedrale – Wegteilung
Caminos Central/Camino de la Costa

(0,3 km)

Beginnen möchte ich an der Kathedrale (s. S. 42), weil es einfach schön ist, einen Pilgerweg in einem so besonderen Gotteshaus zu beginnen. Außerdem bekommt ihr hier, wenn ihr noch keins habt,

- ein Credencial (🂠) und
- * euren ersten Stempel und seid damit ab sofort richtige Pilger! Sollte dort niemand am Schalter sein, erhaltet ihr euren ersten Stempel in Sichtweite in einem neu gebauten, auf alt getrimmten Turm in der
- ⓘ Touristeninformation. An ihr vorbei steigt ihr
- ☞ linksgeradeaus an der **Igreja de São Lourenço** (s. S. 44) hinunter,
- ☞ folgt der R. de Santa Ana, an ihrem Ende
- ☞ links – halbrechts der R. de Bainharia zu ihrem Ende an der R. de Mouzinho da Silveira.

Weil die meisten Pilgernden mit dem *Camino de la Costa* beginnen, aber alle mit dem *Camino Central* das Santiago d. C. erreichen, beginne ich mit den Wegbeschreibungen an der Küste und bitte euch, zum Start auf dem Zentralweg zu Seite 141 zu blättern.

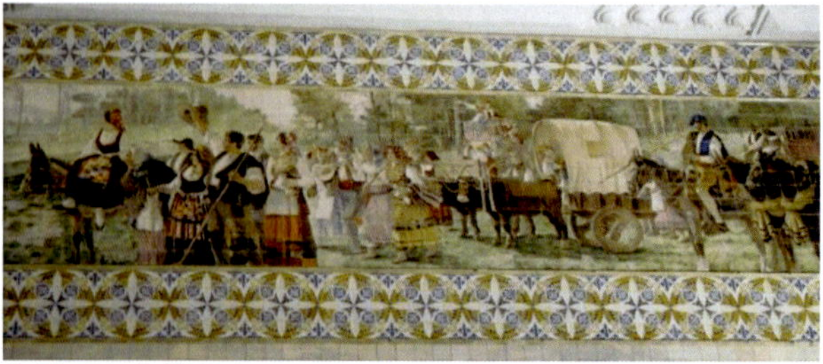

Azulejos, Estação São Bento

Porto – Labruge

(23,9 km, ⇧ 70 m, ⇩ 130 m)

Karte CPCo01

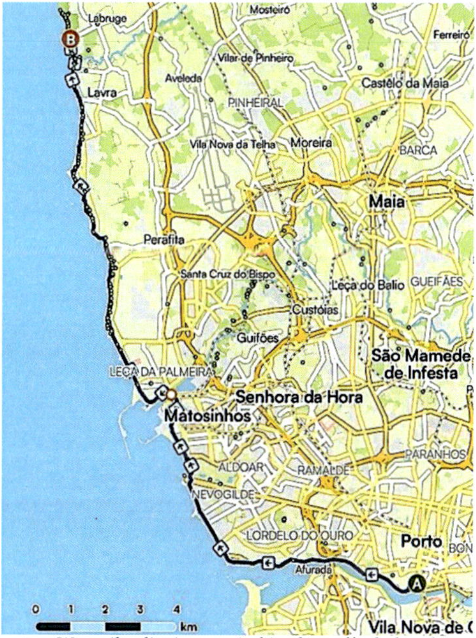

Weil das erste Kapitel eigentlich gar kein richtiges Kapitel ist, zähle ich die Kilometer hier fortlaufend weiter.

Ab der Douro-Mündung werdet ihr euch sehr lange und noch mehr sehr schön auf Holzstegen durch Dünen bewegem. die an manchen Stellen ein bisschen von dicken Sandhaufen erobert wurden und hier und da durchaus auch das eine oder andere neue Brett gebrauchen könnten. Wenn ihr die Augen ein bisschen offenhaltet, könnt ihr die vielen Eigenheiten der Dünen entdecken, ihre sehr spezielle Flora und interessanten Strukturen. Immer könnt ihr den faszinierenden Blick aufs Meer genießen und, gerade dort, wo der Camino den Trubel der Städte hinter sich lässt, aus ganzem Herzen runter- und auf dem Weg ankommen.

So schön der Blick aufs Meer auch ist, so solltet ihr euch durchaus auch ein bisschen umschauen. Gerade auf dieser Etappe gibt es wirklich viel zu entdecken.

Die R. de Mouzinho da Silveira endet

☞ links an der R. do Infante D. Henrique, mit der ihr

☞ rechts zur **Igreja de São Francisco** (0,6 km, s. S. 48) stupfelt.

Vor der Kirche findet ihr die Station der **Eléctrico** (). Sie fährt sozusagen auf dem Camino zur Flussmündung. Wenn ich euch einen Tipp geben darf: Eine Fahrt mit ihr ist klasse und sehr viel schöner als der Fußweg!

☞ Zu Fuß pilgert ihr immer parallel zu den Schienen flußab.

Res., 124 Plätze, K, W/T, WiFi, ganzjährig ab 18.00, ab 15,--
Zur Jugendherberge Pousada de Juventude, R. Paulo da Gama, 551, ☏ 226 163 059 microsites.juventude.gov.pt, porto@movijovem.pt., nach einer langen, hohen Steinmauer (4,5 km) rechts eine Treppe hinauf und links – links, gegenüber von einem Hochhaus.

☿ **Capela-Farol de São Miguel-O-Anjo** (5,4 km). Sie stammt aus dem Jahr 1527. Der Leuchtturm selbst ist einer der ältesten in Europa.

Ab der Mündung des Rio Douro (6,1 km)

☞ schlendert ihr immer an den Stränden entlang. Die gelben Pfeile bleiben stets in Sichtweite der Wellen, während die Außenbezirke Portos fast übergangslos mit der Stadt

+ **Matosinhos** verschmelzen.

In einem großen Kreisverkehr am Ortsanfang (8,9 km) hält die

☿ **Reiterstatue von João VI**, König von Portugal und Brasilien, die Zügel fest in seiner linken Hand und einen Globus in der rechten Hand.

☿ Im **Forte de São Francisco Xavier** befindet sich eine Kunstausstellung.

Der nächste Kreisverkehr (9,3 km) wird überspannt von der

☿ **Anémona**. Die 2005 von einer hiesigen Künstlerin geschaffene Hommage an die Seefahrt und Fischerei, mit und von der die Menschen hier seit jeher leben, erinnert vielleicht eher an eine an Leuchtturmpfählen aufgehängte Riesenqualle als an eine Seeanemone. Allerdings stammt der Begriff Anemone vom altgriechischen *anemos*, Wind, was ja nun wirklich hervorragend zur Luftigkeit der Installation passt.

Zum Caruma Surf Hostel, R. Brito e Cunha, 413, ☏ 961 905 950, ab 25,--, ab 45,--/DZ, ab 55/3Z, verlasst ihr diesen Kreisverkehr in Richtung „Matosinhos Sul“, 3. Straße rechts, 1. Straße links.

Direkt am nächsten Kreisverkehr (10,3 km) befindet sich die

☿ **Tragédia do Mar**,
Diese Darstellung von Fischerfrauen, die verzweifelt auf die gesunde Rückkehr ihrer Männer hoffend auf die See hinausblicken, hat mich sehr berührt. Aber am liebsten mag ich ihre Füße! (Hallo, ich bin Pilger und liebe Füße!)

ⓘ✱ In der Pilger- und Touristeninformation gleich daneben erhaltet ihr Hinweise zum Camino und sehr gerne auch einen Stempel.

Nur wenige Meter weiter passiert ihr den Steinpavillon

☿ **Zimbório do Senhor do Padrão**, der seit 1971 zu den Nationalmonumenten zählt. Auf einer Informationstafel steht, dass hier einer Legende zufolge am 3. Mai 124 die Figur des Bom Jesus de Matosinhos an Land gespült wurde. Dazu gibt es eine kleine Geschichte:
Joseph Arimathea und Nikodemus waren beide Anhänger von Jesus und schlugen sich über religiöse Fragen diskutierend (die Nächte galten für Rabbiner als die beste Zeit, über wichtige Fragen des Glaubens zu sinnieren) so manche Nacht mit ihm um die Ohren. Sie waren es auch, die seinen Leichnam vom Kreuz nahmen. Dabei prägte sich Nikodemus, der ein begnadeter Holzschnitzer war, die Gesichtszüge Jesu gut ein und verewigte sie in einer Skulptur. Bevor er sein Werk vollenden konnte - ihm fehlte noch ein Arm - hörte er draußen verdächtige Geräusche und warf

aus Angst vor Häschern die Figur weit hinaus aufs Meer. Den Arm stellte er später fertig und warf ihn in die gleiche Richtung. 93 Jahre lang trieb die Figur vor sich hin und wurde am 3. Mai 124 in Matosinhos an Land gespült. 50 Jahre später kam auch der Arm geschwommen und konnte angefügt werden.

⌂ Hostel Fishtail Sea House, R. do Godinho, 224, ☏ 229 380 345, ab 24,--, ab 48,--/DZ, ab 67,--/3Z, ab 86,--/4Z, die Straße vor dem Zimbório do Senhor do Padrão hinauf.

Ihr

☛ überquert mit der Straße den Rio Leça (11,6 km) auf einer imposanten

☿ **Klappbrücke** (2007), die in 42 m Höhe den Hafen überspannt. Im Gegensatz zu Zugbrücken wird hier das bewegliche Brückenstück, die Klappe, nicht nach oben gezogen, sondern bewegt sich horizontal und wird mit einem Gegengewicht ausbalanciert.

Auf der anderen Seite der Brücke, in

+ **Leça de Palmeira**,

☛ kehrt ihr zurück zur Promenade.

☿ **Farol da Leça/Farrol da Boa Nova** (14,1 km)
Er ist mit 46 m der Zweithöchste Portugals und strahlt seit 1927 etwa 52 km weit auf die See hinaus.

Nun kommen die Holzstege! Genießt sie! Und falls sie euch zu viel werden: Egal, für welche Route ihr euch entscheidet, ihr werdet später auf diesem Camino noch viel, viel, wirklich viel Zeit auf Pflastergassen verbringen und euch vielleicht zu ihnen zurücksehnen.

☿ Der **Obelisco da Memória** (18,6 km) erinnert an die Landung von Dom Pedro IV. Mit 7.500 Soldaten machte er sich daran, das Land vom absolutistischen Regime seines Bruders Miguel zu befreien, was eine einjährige Belagerung der Stadt Porto zur Folge hatte.

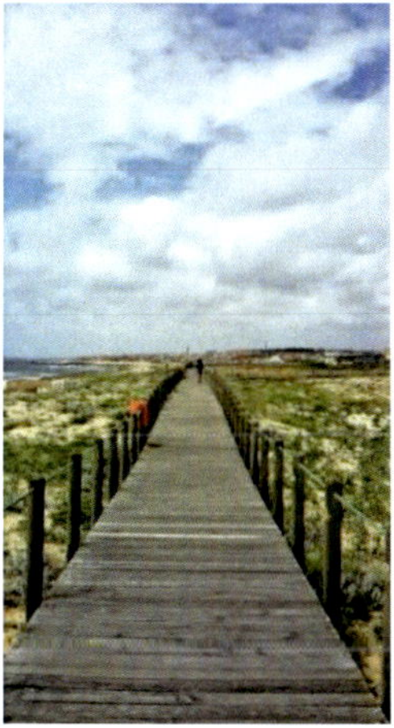

🍵 Wenn ihr euch erfrischen möchtet und die Strandbars geschlossen oder nicht euer Geschmack sind, geht ein bisschen hinauf in die Orte.

Ihr erreicht einen Kreisverkehr (22,2 km) mit einem lang nach oben gezogenem Etwas und Stelzen und etwas rundem. Mit der 2013 eingeweihten Skulptur

☿ **Atmosfera**, Atmosphäre, stellt der Bildhauer Rui Anahory „Leben, Luft, Wasser und das Blut von Mutter Erde in einer transparenten Konzeption und geschwungen und wild nach dem Beispiel der Windungen und Pfade der Natur" dar. – Heideröslein!

Eigentlich erwähne ich sie nur, weil ich diese großartige Interpretation einfach klasse finde und damit ihr nicht verpasst, nur wenige Schritte weiter einen Blick auf die

☿ **Tanques Romanos Núcleo Museológico**, einer römischen Fischsalzanlage. zu werfen.

Ihr schlendert vorbei an den bunten Fischerhäuschen von

🍵 **Praia de Angeiras** (23,1 km).

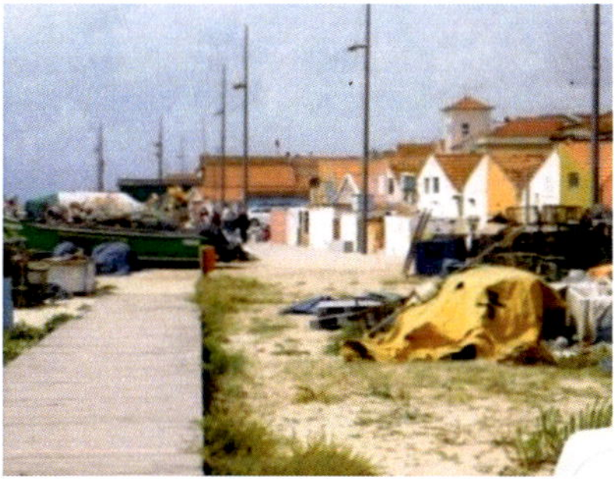

Res. , ganzjährig, 11,50

Der Orbitur-Campingplatz (+ 530 m), R. de Angeiras, 4455-039, 229 270 571, ist zwar keine Herberge, aber hier werdet ihr in Zwei-Pilger-Containern zu *Pilgrims in the Box*. Zu ihm verlasst ihr die Stege nach den Fischerhäusern und vor dem Wendehammer mit der Straße rechts in die R. António Feijó

Nehmt eine Reservierung wegen des Sonderpreises **nur** telefonisch oder an infoangeiras@orbitur.pt mit dem Stichwort „Pilgrim" vor. Buchungen über ein Portal können nicht zum Pilgerpreis abgewickelt werden!

Für ein Pilgermenü müsst ihr einen Voucher kaufen …

… aber in der Bar links gegenüber der Pforte war bei mir das Menü billiger und sehr lecker!

So, und wo geht es ohne Camping weiter? – Na klar! Am Wasser! Auf einem Holzsteg

überquert ihr den Rio Onda (23,4) nach

Labruge und kommt schießlich an einen Kreisel, der auch ohne Skulptur durchaus seinen Zweck erfüllt.

Hier stapft der Camino weiter am Meer entlang ins nächste Kapitel.

50/5, K/M, WiFi, ganzjährig 14.00 – 22.00, 15,--

Zur Albergue de Peregrinos São Tiago (+ 900 m), R. de Labruge, 1720, 229 284 686, jflabruge@gmail.com, Aufenthaltsraum, in einer ehemaligen Grundschule geht ihr rechts die Av. da Liberdade hinauf bis zum Ende der Bäume in der Mitte, das Eckhaus nach der Kreuzung links.

Labruge - São Mamede

(⇧ 2,6 km, 20 m, ⇩ 10 m)

Karte CPCo02

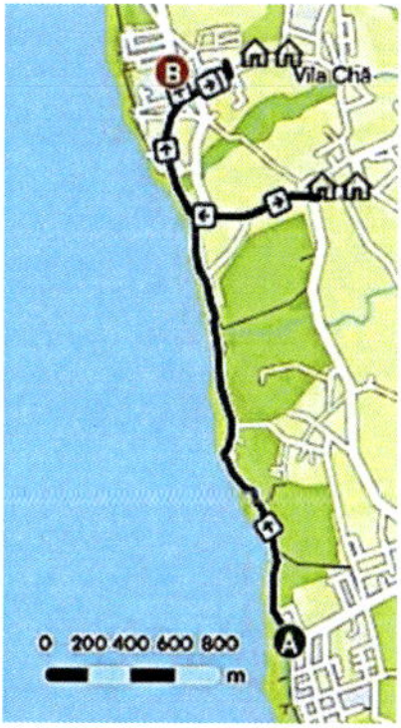

Ihr folgt der Küstenlinie vorbei an der

☿ **Capela St. Paio** (1623, 0,9 km),

passiert am Ortseingang von

⌂⌂ **Praia de Vila Chã** eine

☿ Lancaster III der britischen Royal Air Force, die wegen Treibstoffmangel am 13.08.1944 abstürzte. Die sieben Besatzungsmitglieder wurden von hiesigen Fischern gerettet.

Später rutschen die Häuser dichter aneinander (2,1 km).

⌂⌂ Res., 8/1, K/M, W/T, ⧗ 01.03. - 31.10., 13.00 – 21.00, ab 25,-- incl. Frühstück

Zur Albergue Trendy Villas (+ 600 m), R. Cimo de Vila, 347, ☎ 914 445, 530, gemeinsames Abendessen möglich, geht ihr hier rechts die R. da Praia hinauf.

Der Camino drückt sich

☞ mit der R. do Facho durch die zuweilen sehr eng anmutenden Häuser,

☞ kreuzt die R. das Flores (2,6 km) und führt euch anschließend (2,6 km)

☞ links weiter mit der R. do Facho direkt an einer

Bar und einem Minimarkt vorbei ins nächste Kapitel.

⌂⌂ 20/2, K/M, ⧗ ganzjährig 14.00 – 21.00, 10,--

Zur Albergue de Peregrinos São Mamede de Vila (+ 300 m), Travessa do Sol, 40, ☎ 934 379 460, alberguesmamededevilacha @gmail.com, biegt ihr nicht links ab, sondern wechselt geradeaus in Richtung „Porto" auf die R. dos Merenses, geht die zweite Straße, Tv. do Sol, links und in der Linkskurve nach rechts.

São Mamede - Vila do Conde

(7 km, ⇧ 10, ⇩ 30)

Karte CPCo03

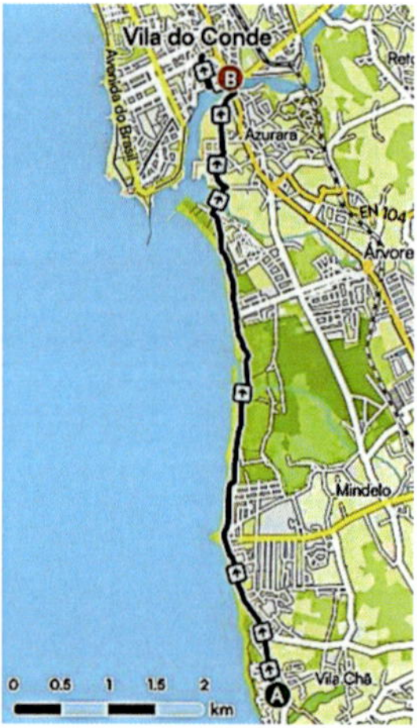

Mit der R. do Facho pilgert ihr durch Äcker, Gärten und die nächsten Häuser, dann nähert ihr euch wieder den Dünen und ihren Holzstegen (0,8 km). Dort bleibt ihr so dicht wie möglich an den Wellen, bis die gelben Pfeile nach einer Reihe von Mehrfamilienhäusern und den Resten der

- ☿ **Moinho de Vento da Azurara** (5,4 km, sie sehen aus wie ein abgebrochenes Türmchen)
- ☞ eine Pflasterstraße hinaufführen, nach den ersten Mauern (5,7 km)
- ☞ links in die R. Francisco Gonçalves Monteiro einbiegen und (6,1 km) etwas
- ☞ nach links versetzt in Laufrichtung mit der R. da Junqueira zur Av. Mouzinho de Albuquerque (6,8 km) kommen und
- ☞ mit dieser den Fluss Ave überbrücken.

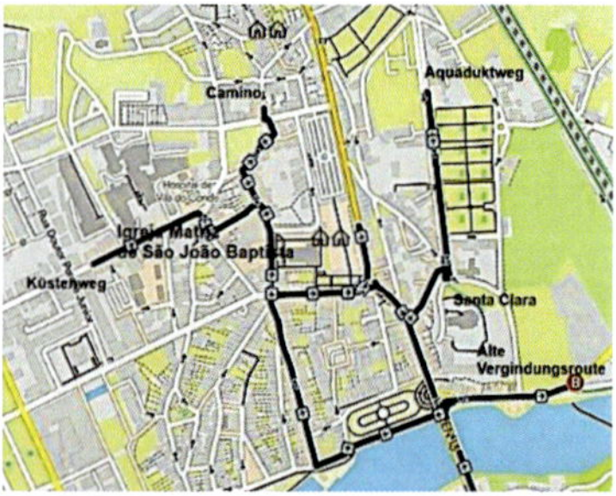

Vila do Conde – die Stadt des Grafen

Schon die Römer ließen sich dort, wo sich heute das Mosteiro de Santa Clara befindet, in einem Kastell über dem Fluss nieder. Erstmals erwähnt wird der Ort 953. Im 15. und 16. Jh. war der Hafen einer der wichtigsten des Landes, was dazu führte, dass 1487 hier ein königliches Zollamt, *Alfândega Régia*, eingerichtet wurde und um den Rio Ave zahlreiche Werften entstanden.

⁂ Festas de São João, 21. Juni
Der Johannistag wird in Vila de Conde auf ganz spezielle Weise gefeiert: Nahezu alle Balkons werden mit rotem und gelbem Lametta geschmückt und … die Menschen … hauen sich mit weichen Plastikhämmern auf den den Kopf. – Fragt mich nicht warum!

Möchtet ihr gerne auf den Camino Central wechseln, findet ihr die beiden Verbindungsrouten auf Seite 282!

Für hier Übernachtende:

Ihr folgt einfach der Hauptstraße Av. José Régio/N-13 geradeaus.

⌂⌂ 25/3 K/M, W/T, ⧗ ganzjährig 14.00 – 22.00, 10,--
Die Albergue Santa Clara (+ 300 m), R. 5 de Outubro, 221, ☏ 252 104 717, alberguesantaclara@cmviladoconde.pt.

⌂⌂ 15/3, M,⧗ ganzjährig 14.30 – 20.00, 20,--
Zur Albergue Casa da Laura (+ 750 m), R. General Lemos, 21, ☏ 935 470 990, casadalauraviladoconde@gmail.com, ab 50,--/DZ folgt ihr der Straße an der Albergue Santa Clara und einem großen Parkplatz vorbei und geht dann die übernächste Straße links.

⌂ Zum Venceslau Wine Boutique Hostel (+ 700 m), R. das Mós, 13/15, ☏ 252 646 362, ab 20,--, ab 50,--/DZ, geht ihr dort, wo ihr links zur Casa Laura abbiegt, halbrechts.

Mit dem Stadtbummel kommt ihr außerdem zu:

⌂ Res., K/M, W/T, 15/3,⧗ ganzjährig, ab 18.00, ab 18,-- incl. Frühstück
Pousada de Juventude de Vila do Conde, Av. Bento de Freitas, 460, ☏ 926 739 229, pousadasjuventude .pt

++ *Centro Hospitalar*, Praça Dr. António José de Almeida, ☏ 252 299 100, ⧗24/7.

Für ganz eilige Ammeerentlangweitergehenwollende:

Wenn ihr sofort links mit dem Fluss zum Meer lauft, kommt ihr vorbei an:

☿ **Nau Quinhentista**
einer Nachbildung der Segelschiffe des 16. Jh., und dem

☿ **Forte de São João Baptista (17. Jh.)**
das die Stadt mehr als 200 Jahre lang vor Angriffen und Piraten schützte.

✋ Noch kürzer geht es am Ende der Grünanlage ein Stück stadteinwärts und mit einer der nächsten Straßen kerzengerade zur Promenade.

Camino

So richtig ganz korrekt und offiziell führt der Camino

☛ links an der Grünanlage **Praça da República** vorbei, biegt dann

☛ rechts – links in die Calçada do Lidador ab, bleibt mit der R. do Lidrador

☛ in Laufrichtung, kreuzt die R. 25. Abril in die R. da Igreja und erreicht die

☿ **Igreja Matriz de São João Baptista** (s. u.).

Stadtbummel

Ich finde, die Stadt ist einfach zu schön, um nur schnell durch- oder umrannt zu werden. Darum lade ich euch zu einem kleinen Bummel ein, der euch an den schönsten Stellen vorbeiführt:

☛ Dazu folge ich von der Brücke kommend erst einmal der Hauptstraße Av. José Régio/N-13 zu einer Treppe (rechts). Sie führt hinauf zum

☿ **Mosteiro und Igreja de Santa Clara**
Vor dem im Jahr 1318 gestifteten Karmelitinnenkloster standen an dieser Stelle ein römisches Kastell und später eine gräfliche Burg.
Die **Capela da Conceição** aus dem Jahr 1525 birgt prächtige Sarkophage aus dem 16. Jh., darunter die des Stifterpaares Dona Teresa Martins de Meneses und Dom Afonso Sanches.
Das Klosterleben endete bedingt durch die portugiesische Kirchenreform (🕯) 1892 mit dem Tod der letzten Nonne.

☿ **Aqueduto de Santa Clara**
Das Aquädukt mit seinen einst 999 Bögen und 7 km Länge zählt seit 1910 zu den Monumentos Nacional. Seine Aufgabe war es, Wasser aus einer Quelle im nordöstlich gelegenen Terroso über Beiriz nach Vila do Conde zu transportieren. Lasst euch nicht täuschen: Es sieht zwar römisch aus, ist es aber nicht. Eine erste Bauphase wurde schon sehr bald 1636 eingestellt, weil man feststellen musste, dass die Berechnungen des Gefälles nicht stimmten. Erst 1705 wurden die Arbeiten wieder auf- und das Aquädukt 1714 in Betrieb genommen.

Am unteren Ende der Treppe kommt ihr

☞ im weiteren Verlauf der Hauptstraße Av. José Régio/N-13 gleich an einen etwas größeren Verkehrsknoten, biegt dort

☞ links auf die R. 25. de Abril ein und erreicht mit der nächstmöglichen R. da Igreja

☞ rechts und dem offiziellen und ganz korrekten Camino die

☿ **Igreja Matriz de São João Baptista**

Die Kirche mit manuelinischem (♁) Hauptportal wurde 1500 – 1514 von französischen Künstlern von der Biscaya als Wehrkirche erbaut. Sein beeindruckender Glockenturm stammt aus dem 17. Jh. Wenn ihr euch in seinem dreischiffigen Innenraum an den Altären und der Kanzel aus vergoldetem Holz aus dem 17. und 18. Jh. sattgesehen habt, solltet ihr auch einen Blick auf die Decken und Gewölbe werfen!

Ihr Hauptportal im Rücken findet ihr auf dem Platz **Praça Vasco da Gama** gegenüber den

☿ ***Pelourinho*** (♁)

Der gedrehte Säulenschaft des Schandpfahls endet – diese Beschreibung ist so treffend und herrlich kitschig - „mit dem Arm der Gerechtigkeit, der das Schwert der Macht des Staates schwingt“. Allerdings wage ich zu bezweifeln, dass die an ihm Gerichteten an dieser schwulstigen Beschreibung ebenfalls ihren Spaß gehabt hätten.

☿ Werft auf diesem Platz auch einen Blick in die die kleine Kapelle **Capela de Nosso Senhor da Agonia** mit ihren Azulejos (♁)!

Die Praça Vasco da Gama endet gegenüber an die R. da Misericórdia, die euch nach

☞ rechts vorbei an einem sehr schönen

☿ ***Cruzeiro*** (♁) zum

++ zum Centro Hospitalar (s. o.) bringt.

☞ Dort links durch die Avenida Doutor Artur Cunha Araújo und Av. Bento de Freitas kommt ihr vorbei an der

⌂♿⇆ Pousada de Juventude de Vila do Conde (s. o.)

hinunter an die Küste und zur Wegalternative am Meer.

Vila do Conde - Póvoa de Varzim

(5,2 km, ⇧ 30 m, ⇩ 20 m)

Karte CPCo04 (a: Küstenvariante/b: offizieller Camino)

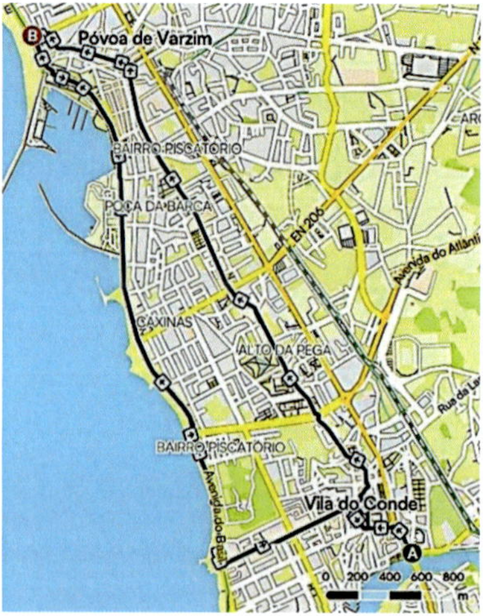

Die offizielle Route (rechter Weg) führt ausschließlich auf Straßen und durch Häuser. Darum wurde uns von einer älteren Dame herzlich empfohlen, doch einfach am Meer zu bleiben – eine guuute Idee! Darum habe ich hier zwei Wege für euch:

Camino (rechter Weg, 5,2 km)

Er folgt an der

- ☿ **Igreja Matriz de São João Baptista** (0,7 km, s. S. 65) der
- ☞ R. da Igreja geradeaus, biegt an ihrem Ende
- ☞ rechts in die R. da Costa ein, knickt mit ihr an einem Kreuz (0,8 km) nach
- ☞ links ab, kreuzt mit ihr die R. Conde Dom Mendo (0,8 km), wechselt an einem Plätzchen (0,9 km)
- ☞ linksgeradeaus in die Tv. do Laranjal und folgt dieser zunächst an einer Verzweigung (1 km)
- ☞ linksgeradeaus zur R. dos Benguidos (1,1 km) und der nunmehr nach
- ☞ rechts und
- ☞ geradeaus über einen Kreisel (1,4 km) hinweg, an dem wohl ein mehr oder minder nackter Professor einer ebenso mehr oder minder nackten Studentin von einem Dreieck zum anderen versucht, deren Kopf mit

Wissen zu füllen (ich denke, so müssen sich engagierte Lehrende in manchen Fällen tatsächlich fühlen). Nun marschiert ihr munter drauflos, knickt an einem Miniminiminikreiselchen (2,1 km) ein bisschen nach

☞ linksgeradeaus ab, folgt immer euren Stiefelspitzen, ob durch breite Straßen, ob durch enge Gassen, kreuzt alles, was es so zu kreuzen gibt, und erreicht endlich die **Praça do Almada** (4,4 km) mit

☿ ***Pelourinho*** (♁) in

⌂⌂⇄++☕♁ **Póvoa de Varzim** (s. u.).

Dort biegt ihr

☞ links in die R. Dr. Sousa Campos ein und bummelt gleich durch die Einkaufsstraße der Stadt, die R. da Junqueira. Vorbei an

☿ an einem **Jakobsmuschelbrunnen** und der **Igreja de São Tiago** kommt ihr zu einem Plätzchen (4,9 km), das ihr

☞ rechtsgeradeaus – rechts in die R. de Alegria überquert.

⌂⌂ Die Albergue São José de Ribamar (s. u.) findet ihr in der nächsten Straße rechts auf der linken Seite.

Wegalternative am Meer (linker Weg, 5,6 km)
Ihr geht entweder direkt an der Brücke oder mit meinem Stadtbummel (s. S. 64) zurück zum Meer (1,6 km) und folgt der Promenade vorbei an der

☿ **Igreja Nosso Senhor dos Navegantes** (3,3 km), die aussieht wie der Bug eines Schiffes.

⌂⌂⇄++☕♁ Póvoa de Varzim

Urkundlich tritt Póvoa de Varzim erstmals 953 als *Villa Eurazini* (der Name geht auf den früheren Herrn der Ländereien hier zurück) in Erscheinung. Im Jahr 1308 erhielt es Stadtrechte, allerdings mit der Auflage, eine „funktionierende Ortschaft“, *Póvoa,* zu errichten, was der ehemaligen Siedlung nicht schwerfiel, denn während der Zeit portugiesischer Entdeckungsreisen erlebte es als Hafenstadt einen steten Aufschwung. Eben diese Entdeckungsreisen führten allerdings auch zu einem Bevölkerungsschwund im 16. und 17. Jh., weil sich die *Senhores* lieber auf See oder in Brasilien herumtrieben, anstatt daheim mit der Gattin für ausreichend Nachwuchs zu sorgen.
Ab Mitte des 17. Jh. kam mit der Hochseefischerei und der Salzgewinnung wieder Schwung ins póvoanische Leben. Im 18. Jh. mauserte sich die Stadt zu

einem der bedeutendsten Fischfangzentren Portugals und brachte es zu beträchtlichem Wohlstand, der sich in zahlreichen Bauten ausdrückt. Ab 1874 schepperte hier bereits die Pferdestraßenbahn *Americano* durch die Gassen des in jener Zeit bei Wohlbegüterten sehr beliebten Kurorts.
Auch wenn ihr Aussehen inzwischen von Wohnblöcken und Hochhäusern geprägt ist und die Stadt inzwischen überwiegend vom Fremdenverkehr und dem Spielcasino lebt, werdet ihr feststellen, dass sie stark von den schwierigen Umständen des Lebens der Seeleute und ihrer Familien geprägt und im Grunde ein Fischerdorf geblieben ist, das ein bisschen an Herrn Tur Tur, den Scheinriesen bei Jim Knopf, erinnert: Von weitem ist sie fast beängstigend, aber je näher man kommt, desto kleiner und heimeliger wird sie.

Rund um die Promenade gibt es ganz, ganz viel zu entdecken:

☿ Die Kirche **Igreja Nossa Senhora da Lapa** (4,5 km) befindet sich am Hafen. Das eher bescheidene Gotteshaus wurde 1770 – 1772 von, ihr denkt es euch schon wegen des Leuchttürmchens, Fischern errichtet, die hier in schweren Zeiten, als z. B. der Fischfang nicht so viel hergab oder 1892 ein Gewitter vielen von ihnen das Leben kostete, Trost und Zuflucht suchten.

⌂➪ Das Hostel Sardines & Friends (+ 500 m), R. da Ponte, 4, ☏ 962 083 329, ab 18,--, ab 38,--/DZ, findet ihr nach dieser Kirche am Kreisel halbrechts, am Kreisel danach rechts und dann halblinks in der Fußgängerzone.

☿ Die Fischerfrauen des **Homenagem às Mulheres do Mar** haben nicht nur sehr ausdrucksstarke Gesichter, sondern auch schöne, knuffelige Füße (hatte ich schon erwähnt, dass ich Pilgerin bin und Füße liebe?).

☿ Das **Monumento a São Pedro** am Kreisverkehr zeigt Petrus in einem Boot.

☿ Die Himmelstüren **As Portas do Céo**

☿ Schaut euch vor allem die Azulejo-Wand **Painéis de Azulejos** (8) am Ende des Hafens (5,3 km) an: Wie schafft man es, so viel Sorge, Gram und Leid auf Fliesen zu bannen?

⌂⌂ 36/4, K/M, ⧗ ganzjährig ● außer montags 14.00 – 20.00, 10,--

Zur Albergue São José de Ribamar, Av. Mouzinho de Albuquerque, 332, ☏ 252 622 314, albergueribamar@gmail.com, geht ihr am Casino und dem Platz danach vorbei und an seinem Ende an einer

+ Apotheke rechts, auf der linken Seite.

Von der Herberge aus geht ihr

++ zum *Centro Hospitalar* Póvoa de Varzim, Largo da Misericórdia, 4490-421, ☏ 252 690 600, ⧗ 24/7, die Straße ca. 600 m weiter zu einem Kreisel, rechts einer Kirche,

☿ zum Muschelbrunnen und die **Igreja de São Tiago** die Straße wenige Meter zurück, biegt nach der Kirche links – links ein und schlendert dann immer geradeaus und zur

☿ **Praça do Almada** mit Schandpfahl ***Pelourinho*** (🛈) einfach noch ein Stückchen weiter.

Weil es so gut zu den wehmütigen Azulejos (🛈) am Hafen passt:

🛈 **Fado** – ein Lied von (unglücklicher) Liebe und Sehnsucht
Sein Name stammt vom lateinischen *fatum*, Schicksal, was für sich spricht. Diese für Portugal so typischen Lieder, in der mindestens jeder zweite Takt ein schwermütiger Seufzer ist, wurden ursprünglich in anrüchigen Kneipen der Armenviertel Lissabons gespielt. Im 19. Jh. wurde *Fado* vom Bürgertum übernommen. Das wohl wichtigste Wort in den Texten ist *Saudade*, Sehnsucht ... nach der großen Liebe, nach besseren Zeiten ...

Painéis de Azulejos am Hafen von Póvoa de Varzim

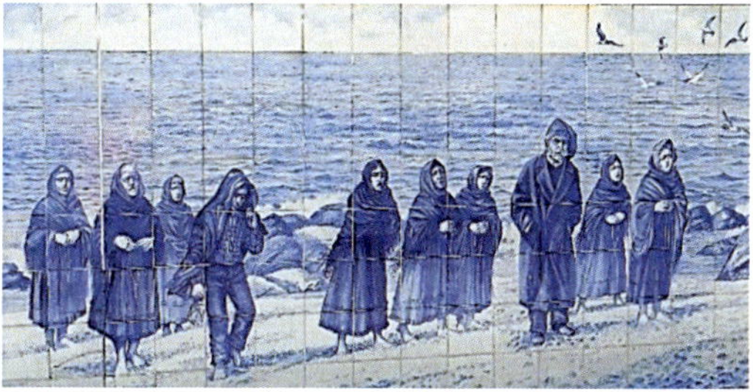

Póvoa de Varzim - Aguçadoura

(6,4 km, ⇧ 20 m, ⇩ 20 m)

Homenagem às Mulheres do Mar

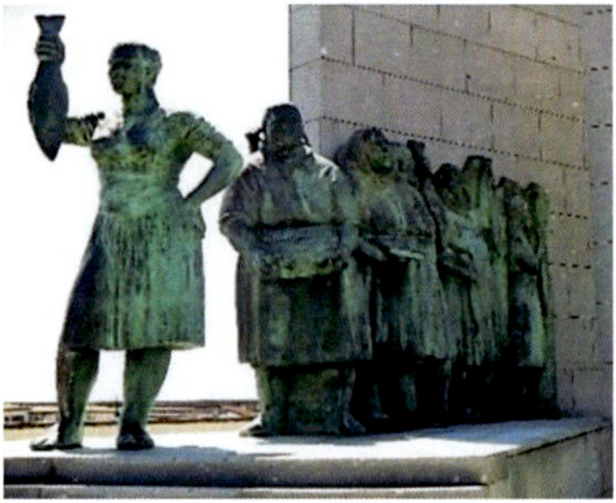

Diesen Weg zu beschreiben ist ganz einfach: Links Meer, rechts Land, vorne Santiago d. C., mal auf der Promenade entlang der Straße, mal auf Stegen.

Zu Alojamento Casa Fragosa (+ 85 m), Av. Dos Pescadores, 640, ☎ 962 365 756, ab 26,--, ab 63,--/4Z, ab 73,--/ Apartment, bleibt ihr, wenn ihr nach 2,1 km wieder auf die Holzstege wechseln könnt, einfach an der Straße, dann gleich links.

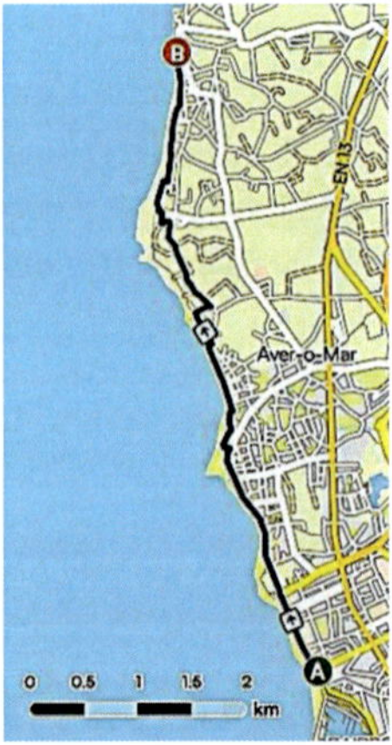

Zum Alojamento Blue Ocean (+ 100 m), R. da Praia, 372, ☎ 962 992 543, ab 20,--, ab 40,--/DZ, geht ihr vor einer Strohgedeckten Windmühle rechts und die nächste Straße links.

24 Plätze, K/M, W/T, ⧗ ganzjährig 15.00 – 20.00, 15,--

Die Albergue de Aguçadoura, R. da Praia, 186, ☎ 252 034 493, alberguegucadoura @gmail.com ist direkt am Strand an einem Parkplatz.

Karte CPCo05

Aguçadoura – Apúlia

(7,3 km, ⇧ 20 m, ⇩ 10 m)

Etwa 2 km nach der Herberge kommt ihr an einen großen Parkplatz.

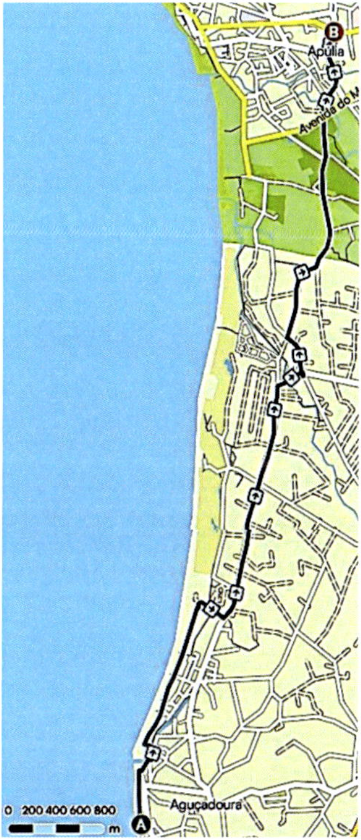

☝ Hier könnt ihr auch am Fußballfeld entlang weiter meerwärts bleiben. Wenn ihr geradeaus euren Rucksack gegen eine Golftasche eintauschen müsstet, biegt ihr rechts ab und kommt mit der nächsten Straße links wieder auf den Camino zurück.

Der Camino

- ☞ rutscht indes hier ein bisschen vom Meer weg, bleibt mit der nächsten Kopfsteinspur, R. Rio Alto (2,2 km),
- ☞ links aber nahe an seiner Seite und lässt euch durch Felder und Gewächshäuser traben, bis die Straße nach rechts abknickt (4,1 km).

☝ Res. , ganzj., 11,50 Zum Camping Orbitur – Rio Alto (+ 600 m), ☎ 252 615 699, inforioalto@ orbitur.pt (s. S. 60!) geht ihr geradeaus.

Karte CPCo06

Die Muscheln folgen den abknickenden Kopfsteinen, biegen an der nächsten Kreuzung (4,3 km, rechts geht es nach Plantidias)

☛ links ab, zeigen in den nächsten Pflasterweg (4,6 km) –

✋ ☕✱ wenn ihr mögt, macht einen kleinen Zwischenstopp im Casa do Moinho links von euch – nach

☛ rechts und erreichen nach einem Fußballplatz eine zweispurige Straße (6,5 km).

⌂ Res., W, ⧗ 12.00 – 20.00, ab 25,--
Zum Alojamento Home of Pilgrims d'Apúlia (+ 800 m), Rua do Açude, 22, ☏ 351 912 862 174, ab 43,--/DZ, geht ihr hier links und die nächste Straße rechts.

Der Camino folgt gegenüber

☛ halbrechts der gepflasterten R. do Pinhal und führt an deren Ende (6,8 km)

☛ links mit der R. da Igreja an der Kirche (7,1 km) vorbei -

links findet ihr ein WC – nach

⌂ ☕+ Apúlia

An einer etwas größeren Kreuzung zeigen Schilder rechts nach Porto und Braga und die Pfeile geradeaus ins nächste Kapitel.

✋ ⌂ Res., 9 Plätze, K/M, W/T, ⧗ ganzj. außer 06.08. – 28.08. ab 14.00, 15,--
Zur Albergue Santiago da Costa (+ 700 m), Av. da Praia, 67, ☏ 961 885 803, alberguesantiago-dacosta@gmail.com, geht ihr an dieser Kreuzung links an einem

Supermärktchen vorbei.

✋ Nur wenige Meter weiter die Straße hinunter ist eine Bäckerei, bei der schon früh die Kaffeemaschine zischt.

Apúlia - Esposende/Marinhas

(10,3 km, ⇧ 30 m, ⇩ 20 m)

Weg am Meer (5,2 km)
Wenn ihr möchtet, könnt ihr direkt an der Küste an sehr schönen Windmühlen (1,5 km) vorbeischlendern, die dort in Reih und Glied stehen. Dazu geht ihr an der Kreuzung

- ☛ links an der Albergue Santiago da Costa vorbei zum Meer,
- ☛ folgt der untersten Straße, Av. Marginal Cedovém bzw. den Holzstegen und bleibt nach einem Waldstück
- ☛ rechts mit der R. São João de Deus (3,5 km) am Rand der Bäume. An einer Kreuzung (4,5 km)
- ☛ geradeaus bringt euch die R. Artur Sobral zur N13 (4,8 km).

Zum Camino und zur Jugendherberge geht ihr nach rechts zur **Igreja do Senhor Bom Jesus de Fão** (5,2 km, s. 3,2 km u.), zur Brücke über den Cávado nach links (s. u. bei 4,2 km).

Camino (auf der Karte rechts)
Die Kreuzung, an der ich das letzte Kapitel beendet habe,

- ☛ überqueren die Pfeile in die R. da Agra und folgen ihr und ihren eigenen spitzen Spitzen aus dem Ort hinaus in die Felder, kreuzen (1,1 km) die R. do Cruzeiro dos Mouros nach
- ☛ schräglinks in einen Wirtschaftsweg, der an einer Schule und einem Sportplatz vorbei direkt nach

Fão führt.

An der ersten Kreuzung (2,7 km)

- ☛ rechts in die R. da Santo António und an einem Friedhof (2,9 km)
- ☛ links erreicht ihr die zweispurige N-13 (3,1 km), auf die ihr nach
- ☛ links einschwenkt.

Weiter an der N13 entlang und die zweite Straße links kommt ihr zum
The Spot Hostel Ofir (+ 400 m), R. dos Veigas, 14, ☏ 916 467 751, ⧗ 15.00 – 20.30, ab 18,--. ab 45,--/DZ, 4,--/Frühstück.

🏠↩ zum Hostel do Alto (+ 400 m), R. Eng. Alexandre Losa Faria, 4, ☎ 912 652 602, ab 20,--, ab 37,--/DZ, links in die R. Artur Sobral, rechts in die R. de São José, die zweite links.

Der Camino verlässt die Straße allerdings ganz bald (3,2km) wieder

☛ rechtsgeradeaus zur

☿ * **Igreja do Senhor Bom Jesus de Fão**

Diese Wallfahrtskirche wurde ab dem frühen 18. Jh. auf den zum Teil noch erhaltenen Resten einer Vorgängerkirche aus dem 17. Jh. erbaut. Auf seinem Hochaltar findet ihr die Darstellung Senhor dos Passos, Herrn der Schritte, eine Passionsszene von Jesus beim Tragen des Kreuzes.

🏠♿ Res., 88 Plätze, W/T, ⧗ab 18.00, ab 16,--

Zur Jugendherberge Hi Ofir - Pousada da Juventude (+ 120 m), Almeda do Bom Jesus, ☎ 253 982 045, ab 30,--/DZ, geht ihr sofort rechts, am Fluss.

Karte CPCo07 (a: Küstenvariante/b: offizieller Camino)

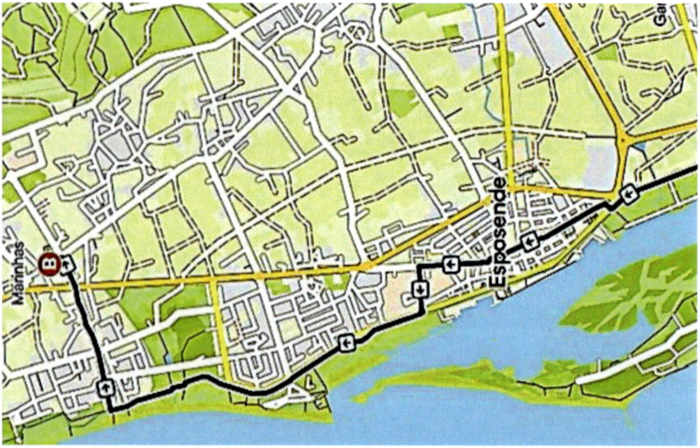

An der Kirche vorbei folgt ihr immer euren Nasen, haltet aber die Augen,
nachdem ihr sie von einem Glas oder einer Tasse gelöst habt, nach rechts offen, damit ihr eine
* rote Telefonzelle (3,6 km) nicht überseht, in der jeweils einem Stempel für den Camino und den Pilgerweg nach Fátima ( ) bereit liegt.

Forsch durch die enge Gasse gedrückt kommt ihr an einem kleinen
Supermarkt vorbei zum nächsten Plätzchen (3,7 km), an dem sich ebenfalls eine rote Telefonzelle (aber mit Büchern drin) und eine
öffentliche Toilette befinden. Am Ende (3,8 km) bleibt ihr
dicht am Fluss und steigt eine Treppe (3,9 km) hinauf zur Brücke,
oder ihr geht links zur N-13.

Gleich nach der Brücke (4,2 km) dürft ihr
links einen Bogen der Straße abkürzen.
Der riesige gelbe Pfeil auf der Straße ist gar nicht zu übersehen und führt vorbei an einem sehr schönen
*☺( ) Pilger-*Point* (4,5 km) mit Essen- und Getränkeautomat zur R. da Ponte D. Luis Filipe (4,7 km).

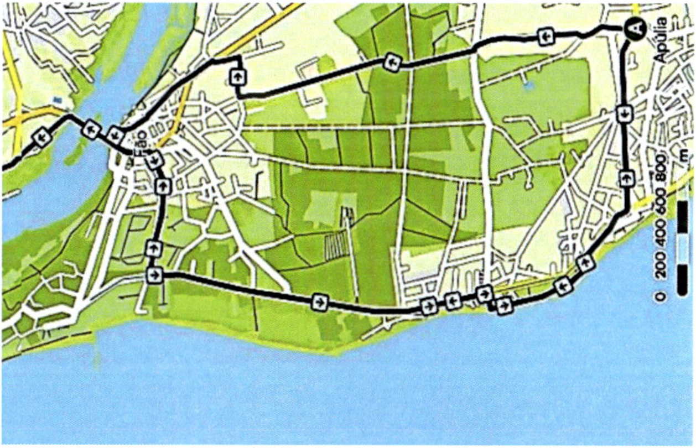

✋ ⌂⇆ Res.,16 Plätze K/M, WiFi, ⧗ ab 14.00, ab 16,--
Zur Herberge Sleep and Go (200 m), Av. de São Martinho, 7, ☏ 932 005 800/253 173 121, ab 40,--/DZ, geht ihr die nächste Straße rechts.

In Laufrichtung erreicht ihr einen Kreisel (5,4 km).

☿ Links gegenüber findet ihr in einer kleinen Grünanlage einen sehr schönen Muschelstein.

☿ Auch das riesige Schild, das euch in allen möglichen Sprachen *Bom Caminho* wünscht, ist gar nicht zu übersehen.

Rechs neben dem Schild (also einmal diagonal durch die Grünanlage) geht ihr durch die

☛ gepflasterten R. Narciso Ferreira und schlendert vorbei an einem Friedhof,

☿ einem Schandpfahl ***Pelourinho*** (♁, links) und dem

⌂ Hostel Eleven, R. Narcisco Ferreira, 57, ☏ 253 039 303, ab 16,--

zur kreuzenden R. Rodrigues Faria (6 km)

✋ Hier links und die übernächste Gasse rechts findet ihr:

⌂⇆ Inn Esposende Sports Hostel, R. Conde Agrolongo 22, ☏ 932 466 542, innesposende.com, ⧗ 15.00 – 19.30, ab 14,--, ab 37,--/EZ, ab 42,--/DZ

⌂⇆ Hotel Esposende GuestHouse, R. Conde Agrolongo, 29, ☏ 932 832 818, ⧗ 14.30 – 20.00, ab 22,--, ab 37,--/EZ, ab 40,--/DZ.

⌂⇆++☕🍎 Esposende

Funde lassen auf eine schon vorchristliche Besiedlung des Gebietes schließen, das im 5. Jh. zum Sueben- und später zum Westgotenreich gehörte.

Erstmals erwähnt wird der Ort 959. Als der Erzbischof von Braga im 13. Jh. anderen Gemeinden zur Unabhängigkeit verhalf, ließ er Esposende aus. Nach einigen Anläufen und mit etwas Unterstützung wurde es schließlich aber ebenfalls eigenständig und am 19. August 1512 sogar zur *Vila,* Kleinstadt. Da Esposende neben Ackerbau und Viehzucht auch mit dem Schiffbau und der Salzgewinnung einen guten wirtschaftlichen Stand im Seehandel hatte, erlebte es in der Entdeckerzeit einen regen Aufschwung.

☞ Gegenüber links findet ihr in der Kirche

☿ **Santa Casa Misericórdia** eine Figur des Heiligen Jakobus.

☞ Geradeaus bummelt ihr durch die Einkaufsstraße der Stadt zur

☿ **Igreja Matriz** (6,3 km)
An ihrer Stelle befand sich bereits im 1. Jh. eine Kapelle und im 16. Jh. eine Vorgängerkirche, die jedoch durch einen Neubau 1758 und verschiedenen An- und Umbauten im 19. Jh. vollständig ersetzt wurde. Bemerkenswert im Innenraum sind die bunten Glasfenster und Azulejos (🕯).

☞ An ihrem Hauptportal vorbei folgt ihr der Av. Dr. Henrique Barros Lima zum

++ *Hospita*l de Esposende (6,7 km), Av. Dr. Henrique Barros Lima, 37, ☏ 253 969 480, ⌛24/7 (langer, eingeschossiger Bau hinter einem Metallzaun, rechte Straßenseite).

💣 Achtung! An der Markierung dort (nach links) rennt man gerne mal schnell vorbei, landet auf der N-13 und die ist nicht schön!

Ihr geht also an diesem Krankenhaus

☞ lllliiinks!!!! die sehr nett mit einem Mittelstreifen und

☺ Ruhebänken angelegte Av. Rocha Gonçalves hinunter zur Uferpromenade Av. de Banhos (7 km), vorbei am

☿ **Fuerte de São João Baptista** (7,9 km)
Es wurde zwischen 1699 und 1704 unter Pedro II. erbaut. Ihr unregelmäßig sternförmiger Grundriss hatte eine Bastion (Verteidigungsturm) an jeder Spitze, ein sechseckiges Wachhaus und eine Kapelle. Durch die Errichtung des Leuchtturms sowie eines Gebäudes für den Leuchtturmwärter wurde die ursprüngliche Form allerdings stark reduziert. Heute dient sie als Ausstellungs- und Veranstaltungsort.

Am Ende dreht die Straße (8,4 km) nach rechts ab. Ihr aber wechselt dort

☞ geradeaus auf einen Steg, biegt an einem Steinkreuz (9,2 km)

☞ rechts in die Av. da Praia ein, geht mit ihr an einem

🍎 Supermarkt (9,6 km) vorbei ganz hinauf und

☞ überquert die N-13 (6,8 km) nach

⌂⌂ Esposende Marinhas.

Hier mit der N-13 nach links kommt ihr leider ohne Bürgersteig zu

⌂ Marinhas Bed & Breakfast (+ 1,3 km), Av. 19 de Agosto, 5049, ☏ 253 100 843, ab 21,--, ab 52,--/DZ

⌂ Maré de Passos – Tide de Steps Guest House (+ 2,1 km), Estrada Nacional 13, 3, ☏ 960 405 103, ab 28,--

Folgt von dort weiter der N-13 und geht nach einer Bar rechts die R. São Bartolomeu und R. da Quinta ganz hinauf und biegt am Ende links wieder auf den Camino ein.

Ein Schild schickt euch hier direkt in eine

(+) Rot-Kreuz-Ambulanz. Nee, ne?! –

Doch! Aber nur, um den Schlüssel abzuholen oder am nächsten Morgen abzugeben. Zum Vielbettgelege selbst geht ihr

☞ weiter geradeaus an der Kapelle vorbei die Straße hinauf und die nächste Straße

☞ links, Haus mit eckigem Torbogen auf der rechten Seite.

⌂⌂ 34/2, K/M (s. u.), W, ganzjährig bis 22.00, 14,--

Albergue de Peregrinos de São Miguel, Av. Padre Francisco Dias Cubelo Soares, ☏ 253 964 720/967 611 200, Aufenthaltsraum, großzügiger Außenbereich.

⌂ 16/2, 17,--

Zum Hostel Costa Selvagem, R. Conde de Madimba, 3, ☏ 913 212 250, 30,--/EZ, 45,--/DZ, 3,50/Frühstück, folgt ihr der Straße und dem Camino geradeaus und rechts um die Ecke.

Esposende/Marinhas - Castelo do Neiva

(8,1 km, ⇧ 100 m, ⇩ 70 m)

Falls euch das Rauschen der Wellen langsam langweilig wird, ist diese Etappe genau das Richtige für euch, denn die gelben Pfeile begleiten euch über ein sehr abwechslungsreiches und schönes Wegstück – freilich mit einigem Pflaster, aber auch Abschnitten, auf denen Gehen einfach Spaß macht. Wenn man mit dem Kopf bei den Augen bleibt, vergisst man ganz, dass die Füße unten ... spürbar sind! Zum Meer führen nur Stichwege, die euch an der Felsküste leider nicht weiterbringen.

✋ Für den Notfall: Die N-13 ist, bis ihr sie überquert, unweit links von euch.

Die Av. Padre Francisco Dias Cubelo Soares endet an einer Kirche (0,2 km) an der ihr

☛ rechts in die R. Conde de Madimba abbiegt. Das nächste Pflastergässchen, R. de S. Jão de Monte (0,6 km),

☛ links bringt euch eingepfercht zwischen Häusern und Mauern zum

☿ **Cruzeiro** und der **Capela São João** (0,9 km), an deren

☛ rechten Seiten ihr vorbeigeht.

Ihr pilgert immer munter voran durch Häuser, Äcker, Bäume, stets auf Pflaster, gaaanz viel an Mauern entlang und in **Mar** an einem sehr schönen

Ʊ Pilgertrinkbrunnen (2,7 km) vorbei. Erst an einer Kreuzung mit Stop-Schild (3,2 km) biegt ihr

☛ rechts auf die R. Padre Almeida ab.

✋ In diese Bar solltet ihr, wenn ihr mögt, zumindest einmal hineinsehen: Nach 110 m zeigt ein Schild nach links hinunter zum

☕ Café O Lampião an der N13 (+ 80 m).

Ihr folgt der R. Padre Almeida sowie ihrer Verlängerung, der R. Padre Avelino Alves Sampaio, durch **Belinho**, findet unterwegs ein

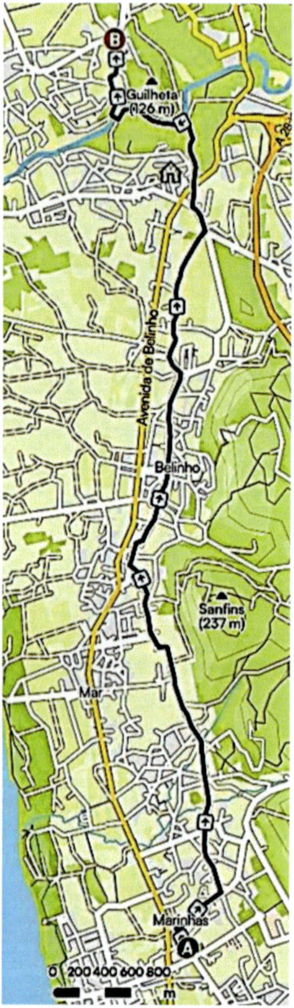

🍷🍎 kleines bewirtetes Lebensmittelgeschäftchen (4,5 km) sowie wenige Schritte weiter hinter der **Capela de Santo Amaro**

🚻 eine öffentliche Toilette.

Bald danach stupfen eure Nasenspitzen in **Antas** an ein Tor (4, 7 km). Dort biegt ihr

☞ links in die R. José Gonçalves Pereira Barros ein, bleibt dann erneut immer in Laufrichtung und stoßt am Ende auf die

☿ **Figur des Heiligen Jakobus** (5,9 km) Sie wurde vom in Belinho in einer Bildhauerfamilie aufgewachsenen Claudio Alves aus einem galicischen Granitblock geschaffen.

Nun dreht der Weg

☞ links auf die R. Padre Aplinário Rios/RM-546 ein und nach einem Wegekreuz die zweite Möglichkeit, Tv. do Ferreiro,

☞ rechts von ihr ab zur N-13 (6,3 km).

🏠♿ Res., K/M, ⌛ 16.00 – 19.00, ab 17,50 Albergue Ultreya, R. 25 de Abril, 45, ☎ 922 276 684, ab 35,--/EZ, ab 41,--/DZ.

Karte CPCo08

Ihr

☞ überquert die N-13 (6,3 km) zur wirtschaftswegigen R. da Carvalha. Wenn euch hier ein Auto entgegenkommt, müsst ihr über es drüber klettern!

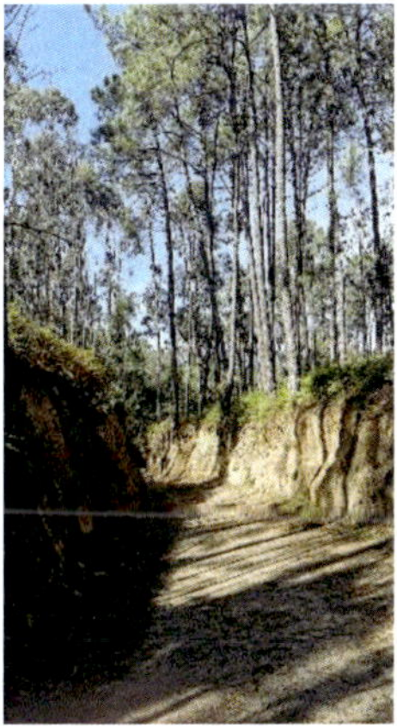

Nach einem kurzen Stück Pflaster verschwindet ihr im Schatten der Bäume (6,6 km) und wechselt am Camino-Stein

☿ **Hito del Camino** (6,7 km)

☞ links in einen Wanderweg, der euch am Rio Neiva entlang und sehr schön durch einen Wald pilgern lässt, in dem Märchen geboren werden. Ihr überquert das Flüsschen auf der schmalen

☿ Steinplattenbrücke **Ponte do Sebastião** (7,4 km), steigt

☞ rechts und (7,7 km)

☞ rechts stramm bergauf und wendet euch am Ende in **Castelo do Neiva** (8,1 km, gegenüber steht eine kleine Kirche) nach

☞ rechts.

⌂⌂ 20/1, ⧗ 01.03. – 31.10., 14,--
Albergue de Peregrinos D. Nausti, Av. de Moldes, 565, ☏ 962 471 251, 45,--/DZ.

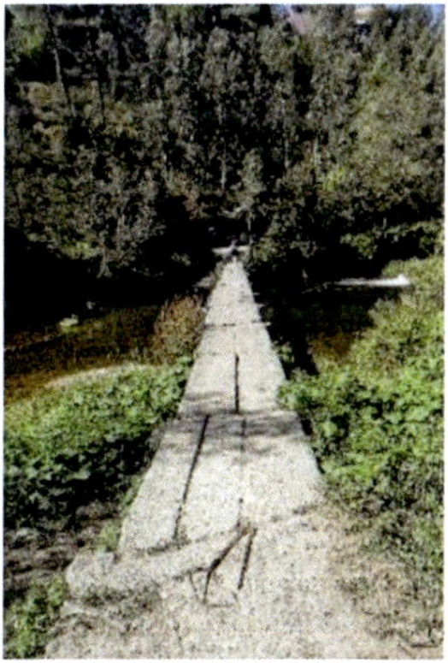

Zum Einkaufen folgt ihr bitte dem Camino im nächsten Kapitel.

Nein, zum Restaurant (+ 350 m) müsst ihr nicht wieder den Camino zurück, zum dortigen Hinweis hinunter und dann wieder hinauf, sondern geht einfach eine Straße nach dem ankommenden Camino links! (Fragt nicht!) (S und S, ich hab euch trotzdem lieb!)

Castelo do Neiva – Vila Nova de Anha

(8 km, ⇧ 100 m, ⇩ 130 m)

Auf dieser Etappe führt euch der Camino zuweilen ein bisschen verzwickt durch Dörfer, gibt euch aber auf sehr lauschigen Waldwegen und an und in sehr schönen Kirchen ganz viel Platz, eure Gedanken zu hören.

Nach 150 m machen die Pfeile mit der übernächsten Möglichkeit
- ☛ rechts einen kleinen Schlenker, führen aber
- ☛ mit Schlagseite nach links wieder auf die eben verlassene Straße zurück (0,5 km) und
- ☛ mit ihr zu einem Kreisel an der EN-13-3 (0,6 km).

☟ ☼ Links gibt es in 280 m einen Supermarkt und eine sehr schöne
☿ **Santiago-Statue**.

Die Muscheln kreuzen die Straße nach
- ☛ schrägrechts in eine Pflastergasse und folgen (0,8 km) einer Asphaltspur
- ☛ rechts hinauf vorbei an einem
- ☿ **Bildstock des Heiligen Jaköbchens** zur

☿ ✱ **Igreja de São Tiago de Castelo de Neiva** (1,1 km)
Ihre Bedeutung verdankt die Kirche einer in einer Wand gefundenen Inschrift aus dem 9. Jh., die darauf hinweist, dass sie Santiago geweiht wurde. Sie zählt zu den ersten Belegen dafür, dass der Apostel bereits zu jener Zeit diesseits des Flusses Minho verehrt wurde.
☿ Überseht bitte auch nicht den Jakobus, der vor der Kirche steht.

Anschließend tippeln die Muscheln
- ☛ über den Parkplatz vor dem Friedhof und
- ☛ rechts-rechts fast ganz um eben diesen herum, bevor sie (1,8 km)

☞ links abbiegen. An der nächsten Verzweigung (2,1 km) seht ihr schon von oben

☞ rechts unten einen Camino-Stein stehen, an dem ihr

☞ links am Ende durch Häuser zu einer kleinen verschobenen Kreuzung (2,8 km) kommt. Abermals

☞ links verschwindet ihr erneut in … ganz fremdartige Bäume mit sehr glatten Stämmen und einem ganz eigenartigen Duft.

Eukalyptus

Sein Anbau ist sehr umstritten: Einerseits waren diese nördlichen Landstriche nicht sehr bewaldet, andererseits wurden von ihm heimische Baumarten (u. a. Korkeichen), Laub- und Mischwälder weitgehend verdrängt.

Eukalypten werden in nur 10 Jahren bis zu 30 m hoch und verbrauchen ausgewachsen bis zu 500 l Grundwasser am Tag, die sie mit Saugwurzeln auch aus weiter entfernten Reservoirs schlürfen.

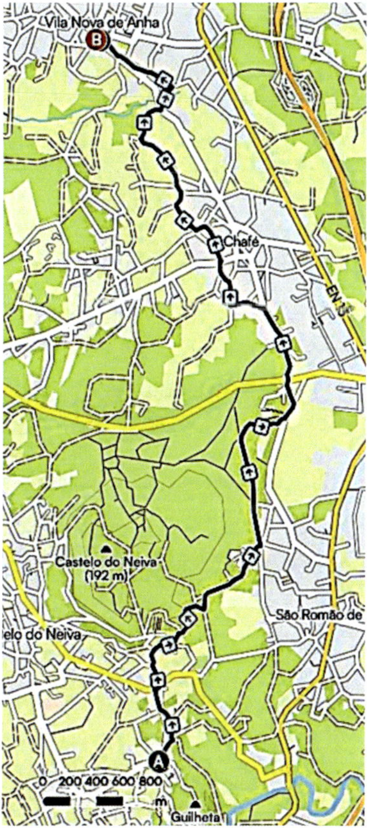

Karte CPCo09

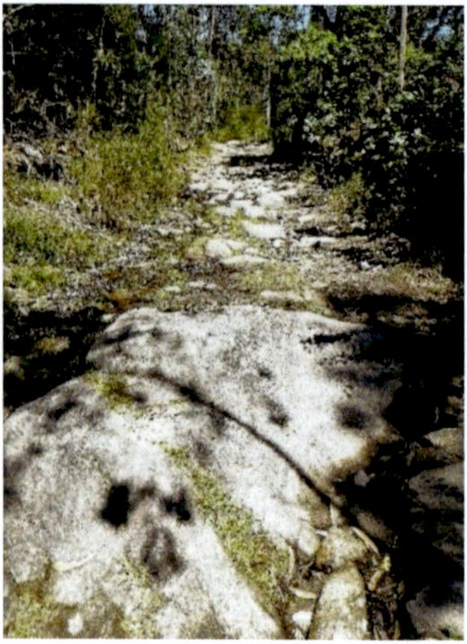

Während der Grundwasserspiegel sinkt, erhöhen ihre ätherischen Öle die Waldbrandgefahr. Als Monokultur wird Eukalyptus fast ausschließlich für die Zellstoffindustrie angebaut. Ihr pilgert also durch Wälder aus Schreib- und Toilettenpapier.

Nachdem die ausgewachsenen Stämme mit Traktoren aus der Erde gerissen wurden, muss der Boden mehrere Jahre brachliegen, um den Humus (ca. 25 t pro Hektar) auszuspülen. Erst dann kann die nächste Generation angepflanzt werden.

Da es in Europa kein Tier gibt, das sich in Eukalyptuswäldern wohlfühlt, fallen sie als Lebensraum für Tiere und Insekten aus.

Dieser Forstweg wird zuweilen zu einer richtig schönen Corredoura (🕯). In einer Rechtskurve (3,6 km) bleibt ihr

☞ rechts an einer Trockenmauer und erreicht schließlich (4 km) mit einer zweispurigen Straße

☞ links das ehemalige Kloster

☿ **São Romao de Neiva** (4,1 km).
Ein Dokument erwähnt eine kirchliche Einrichtung an dieser Stelle bereits im Jahr 1024. Um 1087 entstand hier eine von Mönch Quendano gegründete Benediktinerabtei Durch die portugiesische Kirchenreform (🕯) endete das Klosterleben. Um 1916/1917 wurde es bei einer Auktion für 33 Contos (etwa 165,-- € - für damalige portugiesische Verhältnisse ein Vermögen!) von Manuel Gomes da Costa Castanho, der in Brasilien zu einigem Reichtum gekommen war, ersteigert, an seine Kinder vererbt und befindet sich auch gegenwärtig in Privatbesitz.

☿ Sehr imposant ist auch die lange Treppe zur Kapelle **Senhora do Crasto**. Ihre 189 Stufen (wenn ich mich nicht verzählt habe) sind ein Kreuzweg, auf dem die einzelnen Stationen der Hinrichtung Jesu auf Azulejo (ℹ)-Bildern dargestellt werden.

Die Pfeile folgen der Straße nach
☛ links an einem
☺ Rastplätzchen mit Wasserstelle vorbei und
☛ geradeaus über einen Kreisverkehr (4,3 km) hinweg nach
Chafé.

Nach der Kapelle **Capela do Senhor do Socorro** (4,7 km) und am Ende einer langen Mauer mit Feld dahinter (4,9 km) führt der Camino
☛ links in den engen Cam. da Rebadeira, bleibt (5 km)
☛ linksgeradeaus mit dem Cam. Monte Sul in Laufrichtung, biegt am Ende
☛ rechts in den Cam. do Campo da Horta ab und hält (5,3 km)
☛ halbrechts mit der R. de São Sebastião auf die Pfarrkirche zu, dreht aber just an der Kreuzung vor ihr (5,5 km)
☛ links in die Estr. da Amorosa ab.

Jetzt wird es ein bisschen fisselig, aber die Markierung ist wirklich sehr gut und ihr bleibt immer in Laufrichtung, nur eben mal ein bisschen links- und mal ein bisschen rechtsherum: Es geht nunmehr stets nächstmöglich (5,6 km) und vor einer
Bar
☛ rechts (Cam. do Campo do Forno) - rechtsgeradeaus (5,7 km Can. de Entre Quintas) - links (5,9 km, Cam. da Escola) - rechts (6 km, Cam. do Pardinheiro) – rechts (6,2 km, Cam. do Pardinheiro) – links (6,3 km, Cam. do Ribeira) – rechts (6,4 km Cam. do Noval), links (6,5 km, Cam. da Ribeira).

Nach einer Rechtskurve (6,9 km)
☛ kreuzt ihr eine „richtige Straße" Av. 9 de Julho de 1985 (7,2 km) –
wenn eure Füße eine Pause auf Asphalt brauchen: Links kommt der Camino wieder auf sie zurück (dort bei 8 km) –
in die Pflastergasse R. do Noval und haltet (7,3 km)
☛ links mit der R. da Casa Fábrica fröhlich auf einen Kirchturm zu.

☿ ✱ **Igreja de São Tiago** (8 km)

Vorne links begrüßt euch Jakobus. Aber schaut euch vor allem die Azulejos (⁸) mit dem Abendmahl an! – Hallo?!, das sind Fliesen! Das ist das, was in euren Badezimmern hängt!

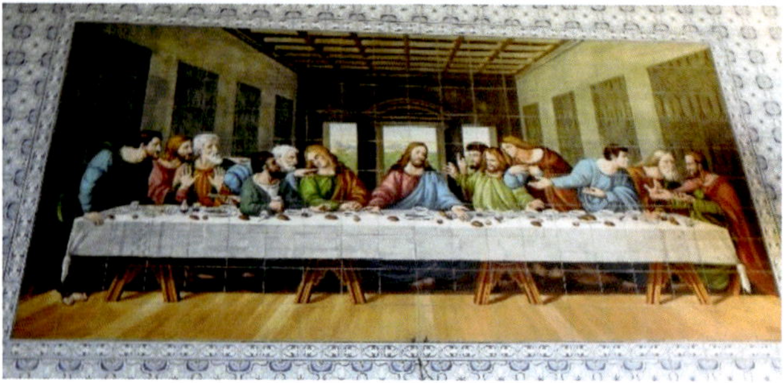

☞ Links stoßt ihr bald wieder auf die Av. 9 de Julho de 1985 (8 km), die
☞ rechts die Hauptstraße wird von

Anha

Dieser Ort taucht erstmals Ende des 9. Jh. als *Ānia* in Dokumenten auf, wurde zu einer Gemeinde und erhielt unter Dom Alfonso II. *o Gordo*, der Dicke, um 1220 den Namen *Santiago de Anha*.

Nachdem ihr ein Steinkreuz passiert habt, gibt es auf der rechten Seite eine Einmündung rund um einen Laternenmast.

Dort trabt der Camino nach rechts ins nächste Kapitel.

⌂⌂ Res., M, ab 20,-- incl. Frühstück

Zur Albergue Casa da Carolina (+ 500 m), Av. 9 de Julho 1985, 1590, ☏ 969 004 514, casadacarolina19@gmail.com, Abendessen möglich bleibt ihr auf der Hauptstraße.

Vila Nova de Anha – Viana do Castelo

(4,6 km, ⇧ 70 m, ⇩ 100 m)

Karte CPCo10

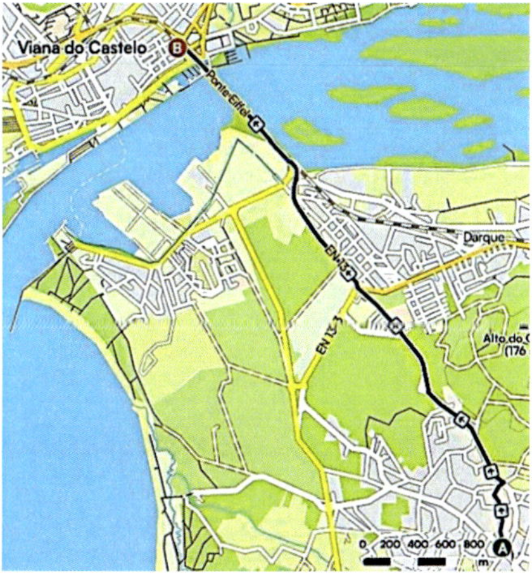

An der Einmündung rund um einen Laternenmast verlassen die Muscheln die Hauptstraße nach

☞ rechts – links in die R. Dom José de Alpuim und quetschen sich mit deren Pflaster immer die Stiefelspitzen voran durch Häuser und Mauern, bis sie am Ende (0,6 km) mit einer Asphaltstraße –

☿ der hochherrschaftliche **Paço de Anha** gegenüber wurde 1504 als Weingut gegründet. In ihm versteckte sich 1580 während der Thronfolgekrise Antonio von Crato, außerehelicher Sohn von Dom Luis I. Er rief sich 1580 selbst zum König von Portugal aus, konnte seinen Thronanspruch aber nicht durchsetzen. –

☞ links auch noch die letzten Höhenmeter hinaufsteigt. Unterwegs könnt ihr

U an einem Waschhäuschen (0,8 km)

☿ unter dem Sternenhimmel ein bisschen verschnaufen.

Nach der Kuppe führt euch kurz ein grobfelsiger Fußweg (1,4 km)

☞ rechts von der Straße herunter, bevor er

☞ stur geradeaus auch mal über einen schmuddeligen Schottersandweg auf die Brücke zuhältt. Wenn ihr mögt, könnt ihr an einem kleinen

☺ Rastplatz am Kreisel noch einmal kurz verweilen.

☿ **Ponte Eiffel**

Entworfen und errichtet wurde sie von Gustave Eiffel. 1878 wurde sie in Betrieb genommen und trägt euch mit einer Länge von mehr als 1,1 km über den Río Lima.

Seid bitte vorsichtig und stolpert nicht über die Stöpsel am Boden!

Am besten geht ihr auf der linken Seite, denn dort führt am Ende eine Treppe hinunter.

55/4, M, ⧗ ganzjährig außer Weihnachten, Neujahr und Ostersonntag 13.30 – 18.00, 15,--

Zur Albergue S. João da Cruz dos Caminhos, R. do Carmo, 1, ☏ 258 822 264, www.alberguedeviana.pt, ab 35,--/EZ, ab 60,--/DZ, unterquert ihr die Brücke und geht ihr links zum **Convento de Nossa Senhora do Carmo** (zwischen einer Schule und einer Kirche). Dort meldet ihr euch an. Die Herberge selbst befindet sich weiter links, rechts um die Ecke herum.

ZuAlojamento Villa Margarida (+ 250 m), R. José Espegueira, 71, ☏ 966 882 629, ab 22,--, ab 42,--/DZ, folgt ihr der Straße rechts der Bahntrasse und geht nach der Igreja de Nossa Senhora do Carmo halbrechts.

++Zum Hospital de Santa Luzia (1 km), Estr. De Santa Luzia 50, ☏ 258 802 100, ⧗ 24/7, folgt ihr der Straße rechts der Bahntrasse und geht, nachdem die in einem Tunnel verschwunden ist, an der

Talstation der Seilbahn zu Santa Luzia vorbei und am Kreisel rechts.

Res., 40 Plätze, K/M, WiFi, ⧗ ganzjährig, ab 20,-- incl. Frühstück

Die Jugendherberge Pousada da Juventude de Viana do Castelo, R. de Limia, ☏ 258 838 458/925 665 071, vianacastelo@movijovem.pt, ab 44,--/DZbefindet sich flussauf direkt am Rio Lima.

Ich finde Viana do Castelo so schön, dass ich es nicht in zwei Kapitel zerreißen möchte. Lest also bitte einfach weiter!

Viana do Castelo – Wegteilung Camino de la Costa/Camino por Litoral

(1,5 km)

Karte CPCo11

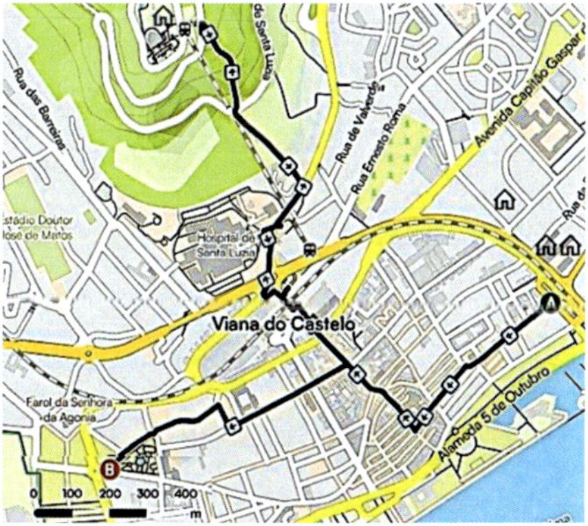

Viana do Castelo

Gegründet wurde diese Stadt als *Viana da Foz do Lima*, Viana an der Mündung des Flusses Lima, 1258 von Alfonso III. Schon bald kam sie zu großem Reichtum, der freilich von Spaniern und Piraten nicht unbemerkt blieb. Eben dieser Alfonso III. wusste sich allerdings gegen deren diebische Überfälle zu wehren und ließ flugs eine Festung an der Flussmündung errichten, die über Jahrhunderte als Bollwerk die ganze Region schützte. 1848 erhielt der Ort das Stadtrecht.

2009 war Viana do Castelo die erste portugiesische Stadt, die Stierkämpfe zum Wohle der tierischen Protagonisten abschaffte. Zumindest versuchte man es. Am 19. August 2012 wurde der Stadtteil Areosa vom Gericht dazu verurteilt, doch ein solches Spektakel abzuhalten. (Mir fielen bei dieser Formulierung fast die Finger ab, aber ich gab mein Neutralstes.)

Heute ist Viana do Castelo ein Fischereihafen mit einer sehr schönen Altstadt. In ihren engen Gassen findet man Paläste, die bezeichnend sind für die Architektur der Renaissance und der Manuelinik (s. u.) des 16. Jh.

⁂ Am Wochenende nach dem Maria Himmelfahrt (15. August) feiert man ihr zu Ehren der Schutzheiligen *Nossa Senhora da Agonia* ein großes Fest mit Prozessionen durch die mit Blütenteppichen ausgelegten Straßen der Stadt, die von den „kleinen Schurken“ *Gigantones* und *Cabeçudos* begleitet werden, riesigen menschlichen Figuren, die zur Musik tanzen und die Zuschauer mitreißen.

Ich werde mich in meinen Beschreibungen von den vielen Sehenswürdigkeiten so kurz wie möglich auf die meiner Meinung nach wichtigsten beschränken, die noch dazu den Vorteil haben, dass sie (fast) genau auf dem Camino liegen und damit hervorragend an die Wegbeschreibung der nächsten Etappe anknüpfen.

Vorwegnehmen möchte ich nur die Kirche

☿ **Santa Luzia** (+2,1 km)

Sie schaut aus einer Höhe von 228 m wohlwollend auf die Stadt, das Tal des Rio Lima und das Meer herunter.

Ihre Vorgängerin, eine kleine mittelalterliche Kapelle, war der Hl. Lucia von Syrakus gewidmet, der Patronin der Blinden (ihr Attribut, ein Augenpaar auf einem Tablett, finde ich ein bisschen gruselig). Zu ihr stieg ab 1882 der Karavellen (⛵)-Kapitän Luis de Andrade e Sousa hinauf, um um die Heilung seines Augenleidens zu bitten. Sein Wunsch wurde erfüllt, er erhielt sein Sehvermögen zurück, gründete 1884 die Bruderschaft von Santa Luzia und baute eine Straße zur Kapelle hinauf … die freilich bald nicht mehr als angemessen erschien.

Also machte man sich ab Februar 1904 daran, unter der Leitung von Miguel Ventura Terra die heutige Kirche zu errichten. 1926 wurde das alte Gotteshäuschen abgerissen und der fertiggestellte Chor geweiht.

Dass die 1943 fertiggestellte Fassade sehr an die von Sacré-Cœur de Montmartre in Paris erinnert, kommt nicht von ungefähr: Miguel Ventura Terra hatte 1886 – 1894 in Paris studiert, also genau in der Zeit, in der auch Sacré-Cœur entstand. Das Erscheinungsbild beider Kirchen entsprach also den bevorzugten Stilrichtungen der damaligen Pariser Epoche: neoromanisch, neogotisch und sehr symmetrisch.

Das bunte Rosettenfenster ist das größte auf der iberischen Halbinsel und das zweitgrößte der Welt.

⧗ 9.00 – 17.00

Zu ihr hinauf steigt ihr am Hospital (s. o. bzw. an ✋✋ auf S. 94) eine ca. 600 m lange Treppe hinauf oder ihr lasst euch von der längsten Standseilbahn Portugals, Funicular de Santa Luzia, weniger anstrengend und in nur 7 Minuten hinaufschockeln. ⧗01.10. – 31.05. 10.00 – 17.00, 01.06. – 30.09. 10.00 – 20.00.

Dort oben könnt ihr auch übernachten:

⌂⇄♿ Res., 38/5, K/M, W/T,⧗ganzjährig 14.00/18.30 – 19.30, ab 22,--
Albergue de Santa Luzia, Monte de Santa Luzia, , ☏ 258 823 173/ 961 660 300, www.templosantaluzia.org, ab 60,--/DZ.

Stadtbummel mit dem Camino

Mit dem Rücken zur Treppe, mit der ihr von der Brücke heruntergestiegen seid, biegt der Camino

☛ schrägrechts gegenüber in die R. Gontim ein.

☿ **Capela das Almas** (0,3 km, rechts)
Ihre Geschichte reicht zwar ins 13. Jh. zurück, ihr heutiger schnuckelig barocker Bau stammt allerdings aus dem 18. Jh.

☛ Geradeaus kommt ihr mit der R. Mateus Barbosa so richtig ins historische Zentrum der Stadt.

✋ Wenn ihr an der nächsten Straße nach rechts guckt, seht ihr die

☿ **Capela das Malheiras** (1758)
So schief kann ein besonderes Beispiel für portugiesischen Rokoko sein!

☛ Weiter geht ihr aber geradeaus durch die R. de São Pedro.

☿ **Casa dos Costa Barros** (linke Gassenseite)
Es stammt aus dem 16. Jh., dem Zeitalter der Entdecker. Schaut euch mal das Fenster an – das ist Manuelinik für Schulbücher!

🕯 **Manuelinik** oder **Emanuelstil**
Der frühe Kolonialstil Portugals (eine Form der Spätgotik) wurde nach Dom Manuel I. *O Venturoso*, der Glückliche (1469 – 1521, einer der bedeutendsten Könige Portugals und großer Kunstliebhaber) benannt. Inspiriert wurde der Stil unverkennbar von den Reisen der Seefahrer. Entsprechend geprägt ist er durch Wappen und maritime Ornamente wie Schiffstaue und allem, was irgendwie nach Meer und Seefahrt aussieht.

☞ Die nächste Gasse, R. Sacadura Cabral, rechts bringt euch zur

☿ **Kathedrale Igreja Matriz** (0,6 km)

Ihre Türme würden mit ihren Zinnen zu jeder Burg passen! Dass das Portal reich verziert ist, seht ihr von ganz alleine, aber sind euch auch die Köpfe aufgefallen, z. B. die an den unteren Enden der Zinnen? Erbaut wurde die Kirche im 15. Jh. Zwei heftige Brände 1656 und 1809 haben sie allerdings so beschädigt, dass sie einige Jahre gar nicht mehr genutzt wurde. Erst nach grundlegenden Instandsetzungsarbeiten können seit 1835 wieder in ihr Messen gefeiert werden.

✋ Bevor ich der Straße weiter folge, möchte ich euch noch etwas zeigen: Durch die Gasse gegenüber der Kathedrale, R. do Poço, und an ihrem Ende ein bisschen nach links kommt ihr zum

☿ **Hospital Velho**

In diesem alten *Hospital* (8) wurden schon im Jahr 1468 Pilgernde auf ihrem Weg nach Santiago d. C. versorgt.

☞ An der Kathedrale vorbei öffnet sich die Gasse in wenigen Schritten zur

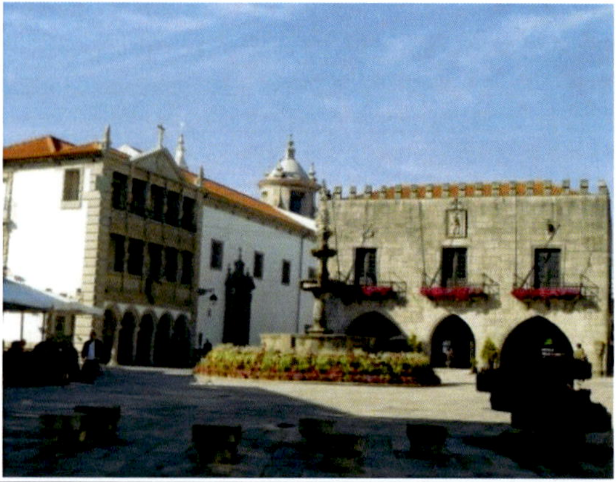

☿ **Praçca da República**
Sie wurde ebenfalls von Dom Manuel I. (s. o.) angelegt und ist einer der schönsten mittelalterlichen Plätze Portugals.

☿ Der dreischalige Brunnen **Chafariz** (1553 – 59) war als einzige Trinkwasserquelle seit jeher das Zentrum allen Geschehens.

☿ In den Arkaden des Rathauses **Paço do Concelho** wurde Brot verkauft, während im ersten Stock der Stadtrat tagte.

☿ **Igreja da Misericórdia**
Im 16. Jh. erfreute sich die Irmandade da Misericórdia, eine Bruderschaft der Barmherzigkeit, eines solchen Zulaufs, dass die Vorstehenden beschlossen, dieses *Casa das Verandas*, das Haus der Balkone, zu bauen. Entworfen wurde es von João Lopes, auch *„o Moço"*, das Kerlchen, genannt, der seine Freiheiten zu nutzen wusste: Er nahm ein bisschen Renaissance, ein bisschen Manierismus, streute ein paar italienische und flämische Einflüsse hinein, trat einen Schritt zurück und beschloss: So ist es schön! 1589 wurde sie fertig und sie ist schön, ganz schön schön.
Von außen könnt ihr sie euch gut ansehen, für ihren Innenraum mit imposanten goldenen Altaren an blau-weißen Azulejo (♁)-Wänden (ich kenne ihn leider auch nur von Fotos, aber die sind wirklich beeindruckend!) sind ihre Öffnungszeiten, ⧗ Mo – Fr. 10.00 – 12.00/15.00 – 17.00, Sa. 10.00 – 13.30, So. 11.00 – 13.00, für Pilgernde leider ein bisschen eng.

☛ Weiter geht es mit der Gasse an der linken Seite der Igreja da Misericórdia, Passeio das Mordomas da Romaria, zur nächsten Kreuzung.

✋ Geradeaus kommt ihr zum

☿ **Convento da Caridade** (19. Jh.)
Ein bisschen muss ich mir schon Mühe geben, die Geschichte dieses Konvents neutral zu erzählen:
1502/1510 überlegten sich die hiesigen Adligen, wie sie wohl ihre unverheirateten Töchter … (ich gebe mein Neutralstes) standesgemäß und tugendhaft unterbringen könnten. Also gründeten sie mit Unterstützung der Stadträte den Convento Santa Ana und stellten ihn und ihre Lieben unter die Obhut von Benediktinerinnen.
Ihr heutiges Aussehen erhielt die Kirche im 18. Jh., die übrigen Gebäude im 19. Jh.

Seit der Verstaatlichung des Klosters 1905 (s. Kirchenreform (🕯)) befindet sich in ihm eine Seniorenresidenz (ich finde, dieser Ausdruck ist hier durchaus auch durch das Gebäude mehr als angemessen).

✋✋ Am linken Rand des Gebäudekomplexes gibt es einen Fußweg. Mit ihm, einer Brücke über die Eisenbahn und am Kreisel geradeaus kommt ihr zum Hospital de Santa Luzia, der Standseilbahn und dem Fußweg zur Kirche hinauf.

Mit dem Camino geht ihr allerdings hier

☛ links mit der R. Cãndido dos Reis zur dreieckigen Grünanlage **Jardim Dom Fernando**.

Hier habt ihr für euren weiteren Weg die Wahl zwischen Camino de la Costa (nächstes Kapitel) und Camino por Litoral (s. S. 292).

Der Camino führt euch quasi als Höhenweg durch die vorstädtischen Dörfer und auf sehr engen pflastrigen Gassen durch die hohen Mauern ländlicher Gefilde. Er ist wirklich schön, aber die Kopfsteine können auf Dauer wirklich anstrengend sein.
Wenn euch mehr nach Meer ist, weicht hier gerne auf den Camino por Litoral aus und genießt die Windmühlen!

Ihr habt jederzeit die Möglichkeit, die Wege zu wechseln, denn es führen immer wieder Wege und Straßen zur Küste und umgekehrt findet ihr den Muschelweg meist nächstmöglich landeinwärts der Nationalstraße und der Bahntrasse.

✋ Bevor ich im nächsten Kapitel den gelben Pfeilen folge, möchte ich euch noch auf die Kirche **Sentuario de Nossa Senhora da Agonia hinweisen** (s. S. 292).

Viana do Castelo – Carreço/Paço

(8,7 km, ⇧ 120 m, ⇩ 80 m)

Die Muscheln führen euch am unteren rechten Zipfel der Grünanlage **Jardim Dom Fernando** nach

☞ rechts mit der R. do Assento zu und

☞ durch eine Fußgängerunterführung (0,2 km) der N-13 und Eisenbahntrasse, gehen mit der Straße gegenüber, R. de São José, kurz nach

☞ rechts und bringen euch nächstmöglich (0,3 km)

☞ links durch die R. da Portela de Cima zu und

☞ durch eine weitere Unterführung (0,4 km). Ihr folgt

☞ links der R. Dom Moisés Alves Pinho vorbei an der **Igreja dos Santos Martires** (0,6 km) und wechselt immer mit der Nase nach vorn in die R. dos Sobreiros (0,8 km) und Av. de Areosa (1,9 km).

Vor einer langen und nicht sehr ansehnlichen Mauer (2,1 km) in **Areosa** verlassen die Pfeile die Straße vorübergehend –

✋ geradeaus geht also auch und hat weniger Kopfsteine, ist aber langweiliger –

☞ links in die sehr enge R. José Pedro und gleich danach

☞ rechts in die auch nicht breitere R. Estreita. Nach einer engen Linkskurve bleibt ihr (2,4 km)

☞ rechts mit der R. Jerónimo Vieitas Costa in Laufrichtung und zwisselt euch an deren Ende (2,5 km)

☞ rechts – links – rechts zu einer Verkehrsinsel mit

Ʊ Brunnen (2,6 km),

☞ links – rechts mit der R. da Barrosa weiter durch Häuser und Mauern und kommt schließlich an einer Kreuzung (3 km)

☞ geradeaus mit der R. do Reinha zurück auf die Av. de Areosa (3,1 km).

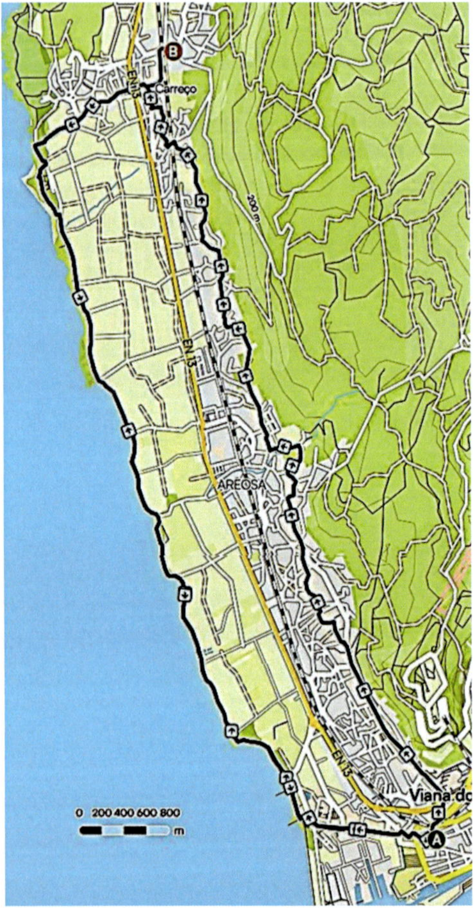

Karte CPCo12
(a: Küstenvariante/
b: offizieller Camino)

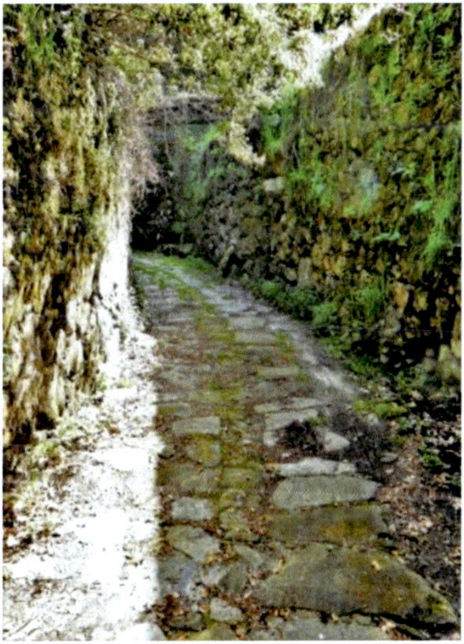

An einem Verkehrsknötchen rund um ein rostiges abstraktes Gebilde aus Metallschrott (3,2 km) schlupft ihr

- ☞ geradeaus in die sehr kuschelige R. Entre Quintas, steigt an deren Ende (Haus *Casa das Mos*, 3,6 km) kurz die R. da Saudade
- ☞ rechts hinauf, bleibt aber gleich darauf mit der Trav. da Saudade
- ☞ links unten, biegt nach wenigen Metern
- ☞ links in die Tv. das Pereiras ein und folgt anschließend einer Mauer (3,9 km) nach
- ☞ rechts.

An der Wassermühle

- ☿ **Moinho de Rodizio** – am schönsten sind die alten, zerfallenen Mauern –
- ☞ überquert ihr ein fröhlich hüpfendes Bächlein (4,2 km) auf einer teils ursprünglichen, teils geflickten Steinbrücke.
- ☞ Links kommt ihr gleich an einem sehr imposanten Tor des
- ☿ **Pazo boa Viagem** vorbei (16. Jh., heute Hotel).

Bald danach (4,4 km) biegt ihr

- ☞ rechts in die geteerte R. do Malhão ein, bleibt (4,6 km)
- ☞ links in Laufrichtung und könnt bequem die Aussicht genießen. Wenn der Asphalt nach links abknickt (5,4 km), bleibt ihr
- ☞ geradeaus auf … – nee, das ist jetzt wirklich keine Straße mehr!

Mit einem Linksbogen erreicht ihr eine Verzweigung mit Grün (5,6 km), folgt

☛ linksgeradeaus der R. da Garita, haltet euch gleich darauf erneut
☛ linksgeradeaus in die R. do Jogo, wählt an einer Verzweigung mit vier Möglichkeiten (6 km) die
☛ zweite auf der rechten Seite, R. de Caneja, verliert (6,3 km)
☛ linksgeradeaus mit der R. do Salgueiro ein bisschen an Höhe, gewinnt diese aber mit der nächsten Gasse, R. da Cova do Ladrão
☛ rechts wieder, bleibt anschließend
☛ rechtsgeradeaus und landet an einem Grundstück, dessen Mauer halbhoch aus einem riesigen Felsen besteht.

Jetzt geht es sehr entspannt unterhalb eines Pinienhaines entlang und mit viel Licht, Luft und (hoffentlich) Sonne, bis ihr die wieder enger werdenden Mauern von

Carreço erreicht.

Nun (7,5 km) gibt es zwei kurze Wegvarianten:

- Die Wegvariante, die sich für mich sicherer anfühlt, führt euch an der nächsten kreuzenden Straße
  - ☛ links mit einer Brücke über die Bahntrasse, quetscht sich dann sofort
  - ☛ rechts an der rechten Seite des ersten Hauses durch einen wirklich sehr engen Durchgang und geht unten nach
  - ☛ rechts zu einem
  - ☺ Pilgerrastplätzchen.
- Die Wegvariante, die mir ein bisschen schief in meinem doch sehr deutschgeprägten Magen liegt, kehrt der Bahnüberführung
  - ☛ rechts den Rücken zu, biegt sofort
  - ☛ links in die R. do Moreno ein und kommt
  - ☛ links – links zu den Gleisen zurück, um sie
  - ☛ ganz und gar nackelig und ohne irgendetwas zu eben diesem
  - ☺ Pilgerrastplätzchen zu überschreiten.

Die Av. da Igreja (7,8 km) bringt euch

☞ rechts noch ein wenig ansteigend zur Kirche **Igreja Paroquial de Carreço** (7,9 km) und steigt an ihrem Hauptportal durch die Anlage vorbei an einem Steinkreuz (1877) hinunter zur Av. Nossa Sra da Graça (8 km).

Res., 28 Plätze, K/M, W/T, 11.30 – 22.00, ab 24,--
Die Albergue Casa do Adro, Av. Nossa Senhora da Graça, 446, ☏ 966 557 617, ab 52,--/DZ, Aufenthaltsraum, Pool, Matratzen in zwar ein bisschen engen, aber sehr privat nur an den Füßen geöffneten Kabinen, befindet sich gleich links von euch.

☞ Rechts führt der Camino
an einer Bar mit Lädchen (in der Gasse etwas zurückgesetzt) zur dann nächsten abzweigenden Straße (8,2 km).

Wenn ihr mögt, macht hier einen kleinen Abstecher (+ 1 km) zum Leuchtturm **Farrol de Montedor.**. Dazu geht ihr am Ende der Straße ein Stuck rechts auf der N-13 und haltet dann links mit der Av. do Farol auf den Leuchtturm zu. Von ihm aus seewärts geguckt erspäht ihr eine Windmühle; eine weitere befindet sich etwas weiter links.

Die gelben Pfeile schicken euch hier allerdings nach

☞ rechts in Richtung „Excola Primaria" und „Jardim Infantil" und am Ende (8,6 km)

☞ rechts erneut über die Bahntrasse, biegen in die zweite Gasse, Av. do Paço (8,7 km)

☞ links ein und führen euch vorbei an der **Capela de S. Sebastião** zur

Res., 20/2, K/M, W/T, ganzjährig 11.00 – 21.00, ab 21,--
Albergue Casa do Sardão, Avenida de Paço, 769, ☏ 961 790 759, alberguedosardao@gmail.com, ab 60,--/DZ.

Carreço/Paço – Caminha

(18,1 km, ⇧ 150, ⇩ 210 m)

Dieser Teil des Caminos führt euch durch sehr enge Pflastergassen und märchenhafte Corredouras (♁). An den sehr tief in den Stein gefressenen Rillen ist erkennbar, wie alt diese Wege sind. Geht sie also mit Bedacht und genießt die Wälder aus Pinien, Eukalyptus (♁) und wildem Farn… und wundert euch nicht, wenn ihr euch von Feen beobachtet fühlt.

Ihr folgt der Straße, wechselt, wenn sie nach links abbiegt (0,4 km),
- ☛ in die R. do Canto, biegt an deren Ende (0,5 km)
- ☛ rechts in die – ja, sie heißt wirklich Rua! – R. de Fonte Nova ein und verlasst diese in einer Linkskurve (0,7 km)
- ☛ in eine Corredoura (♁), die euch durch ein Waldstück führt.

Wenn ihr wieder zu Häusern kommt, erreicht ihr eine
- 💣 etwas tückische größere Verzweigung von Dorfgassen (1,6 km), die wirklich dazu verleitet, der Nase bergab zu folgen und damit falsch zu gehen.

Hier geht ihr
- ☛ rechts an einem Haus vorbei folgt der Mauer
- ☛ rechts von euch um die Ecke in eine weitere Corredoura (♁), pilgert nach einer Linkskurve (2 km)
- ☛ rechts mit den Caminhos do Mirandeiro/da Perre/da Maruja zum Cam. de Gateira (2,4 km). Mit ihm kommt ihr
- ☛ rechts gleich zu einer umkreiselten Laterne, die ihr
- ☛ linksgeradeaus in den Cam. do Barroso an eurer rechten Schulter lasst und – schwupps! – verschwindet ihr abermals sehr lauschig im Wald.

☿ **Convento São João de Cabanas** (3 km)
Gegründet wurde das Benediktinerkloster im Jahr 564. Die Gebäude wurden allerdings während der maurischen Ära zerstört, nach der Reconquista (♁) wieder auf- und im 17. Jh. um- und ausgebaut.

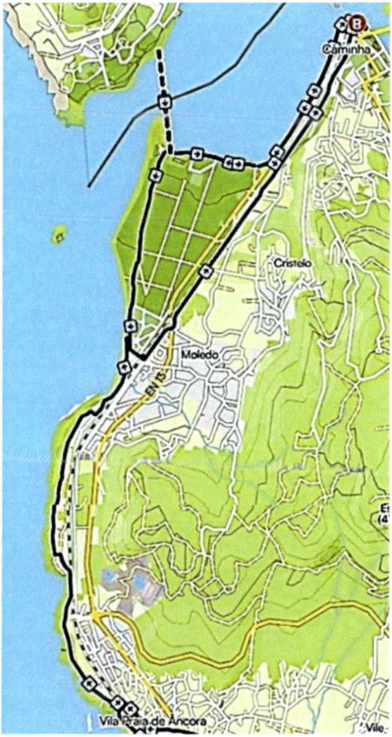

2019 erwarb die schweizer lyrische Sängerin Nathalie d'Ornano das Anwesen, das inzwischen zu den Imóvel de Interesse Público, Gebäude öffentlichen Interesses, dem historischen Kulturerbe zugerechnet wird, lebte dort zwei Jahre, renovierte es, machte es für Besucher wieder zugänglich und

Im Jahr 1897 gelangte es in Privatbesitz und wurde u. a. vom Dichter Pedro Homem (1904-1984) bewohnt, von dem sich einige Werke gebrannt auf Azulejos (🕯) im Gebäude befinden. Das Fröhlichste, das ich gefunden habe, handelte von „Glück, ich hab dich geschnappt wie einen Hund am Hals …" – Hm.

Karte CPCo13 (a: Küstenvariante/ b: offizieller Camino)

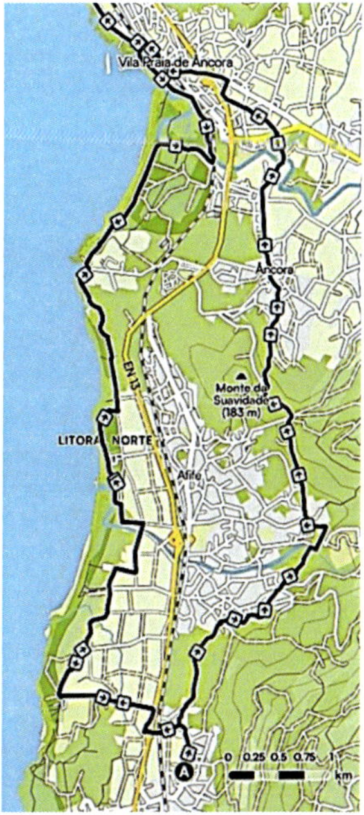

☕ sorgte so dafür, dass ihr euch dort erfrischen und die Bäume bewundern könnt, auf denen Farn wächst.

Hier überquert ihr ein nettes Flüsschen, wendet euch sofort nach

☛ rechts und lustwandelt den Muscheln hinterher weiter über altes Gepflaster zum Fahrweg Estr. Aveliro Ramos Meira, mit dem ihr

☛ links wieder zu Häusern kommt. Jeweils die erste Möglichkeit

☛ rechts (Cam. de Santo Ovidio) – links (Cam. das Presas) – rechts (Cam. da Pedreira) bringt euch zu einer Linkskurve, von der aus ihr

☛ eine Treppe hinauf zur **Capela Nossa Senhora do Amparo** (3,7 km) steigt.

☛ An ihr vorbei balanciert ihr auf langen Steinplatten über ein Stück sehr feuchten Untergrund, genießt erst die Aussicht, dann den Wald, haltet euch an einer spitzen Verzweigung (4,3 km)

☛ rechtsgeradeaus und nehmt an einer mehrfingrigen Verzweigung (4,6 km)

☛ den zweiten Weg von links. Anschließend (5,1 km) hängt ihr etwas nach

☛ rechts über und erreicht schließlich in **Barreiros** die R. do Socorro (5,7 km), der ihr fröhlich nach

☛ links folgt. Einen kleinen Schlenker (6 km) nach

☛ rechts kann man machen, muss man aber nicht. Was man auch nicht muss, aber sollte, ist ein kleiner Stopp an einem sehr schönen

☿ *Cruzeiro* (♁), denn die Aussicht von hier auf Vila Praia de Âncora ist wirklich klasse.

Weil ihr ja nun wisst, wo ihr hinwollt, ist der Rest ziemlich einfach: Immer darauf zu! Die anfangs zweispurig asphaltierte R. do Calvário -

☕ dort, wo ihr auf sie stoßt, ist rechts eine Bar –

☛ verlasst ihr in

☚ **Âncora** in einem Linksknick und an einem weiteren sehr schönen

☿ *Cruzeiro* (♁, 7 km)

☛ geradeaus in die R. da Torre,

☛ überquert den Rio Âncora (7,4 km) mit der Steinplattenbrücke Puenta da Torre, haltet euch gleich

☛ links, balanciert an der

☿ **Moinho da Cegonha** (7,5 km), Storchenmühle, abermals auf Steinplatten

☛ über den Ribeiro das Escalas (7,5 km),

☛ kreuzt die zweispurige N-305 (7,7 km) in die R. da Barrosa, bleibt, wenn die Hauptfahrspur als R. do Paraiso nach links abknickt (7,8 km), mit ihr

☛ geradeaus und folgt euren Stiefelspitzen über einen Kreisel (8,1 km) hinweg durch die R. Pontault Combault. Wenn die geradeaus zu einer Sackgasse wird (8,4 km), kommt ihr

☛ rechts mit der R. Pontault Combault am

++ Centro de Saúde de Vila Praia de Âncora (8,5 km), 291, ☏ 258 959 070, ⧗Mo. – Fr. 8.00 – 20.00
vorbei, biegt an deren Ende (8,5 km)

☛ links in die R. Miguel Bombarda ein, unterquert mit ihr die Nationalstraße und landet ganz genau auf der

☿ **Praça Republica**, dem Dreh- und Angelpunkt von

Vila Praia de Âncora

Die Pfeile lassen euch meerwärts durch die

☛ Einkaufstraße R. de 5 de Outubro schlendern und führen euch

☛ gegenüber von Haus Nr. 94 (9,5 km) über die Gleise zum Strand.

Hostel D'Avenida, Av. Dr. Ramos Pereira, 353, ☏ 965 226 360, ab 15,--, ab 55,--/DZ

☿ **Forte de Lagarteira**
Es stammt wie drei andere Küstenfestungen aus der Zeit des Guerra da Restauração, Restaurationskrieg (🕯).

Jetzt dürft ihr sehr gerne, während ihr ganz dicht am Meer vor euch hin pilgert, euren Gedanken nachhängen … oder aufs Wasser gucken … oder beides.

Wenn ihr nach den ersten Häusern von **Moledo** direkt an Gleise kommt (13,1 km), halte ich kurz an.

Eine etwa 1 km längere Alternative zum etwas langweiligen Weg nach Caminha hinein ist, hier geradeaus am Meer entlang und durch einen Pinienwald zur Spitze der Mündung des Rio Minho zu gehen (16 km).

⌂♿☕ Res., WiFi, ⧗ ganzj., 11,50
Campingplatz Orbitur, ☎ 258 921 295 (⛴ s. S. 60)

⛴ Von dieser Landspitze legen auch Wassertaxis nach A Guarda und Valença ab (s. u.).

Am Wasser entlang kommt ihr zur N-13 (17,1 km) und erreicht an ihrer Seite den Fähranleger (18,8 km) oder rutscht zum Camino, dem Stadtzentrum und den Unterkünften eine Straße nach rechts auf.

Die Pfeile schlupfen derweil

☞ rechts unter Gleisen hindurch und führen euch euch

☞ links auf der Av. Santana – wenn ihr gerade an die schmusemusikigen Gitarrenklänge von Carlos Santana denkt, dürft ihr auch gerne ein bisschen schmusetänzeln – durch

☞☕Ö **Moledo.**

Einen Kreisel (14,3 km) verlasst ihr

☞ in Richtung „Cristelo", folgt dem Asphalt erst auf der rechten, dann (16,1 km) auf der linken Seite der Bahntrasse und betretet Caminha sehr

☿ nett durch eine alte Steinpforte.

⌂☞ 14/2, K/M, W/T, ⧗ 15.03. – 15.11. 14.00 – 19.00, 15,-- - 17,--
Albergue Bom Caminha, R. de Benemérito Joachim Rosas, 25 -29, ☎ 963 528 441, stay@bomcaminha.com, ab 32,--/EZ, ab 38,--/DZ

Caminha

Hier hinterließen schon die Römer ihre Spuren. Dokumentiert ist der Ort seit dem 5. Jh. als *Camenae*. Weil es nach der Unabhängigkeit des Königreichs Portugal ab 1139 Grenzort war, bekam es im 12. Jh. eine Befestigung, von der Reste auf der Flussseite sowie der heutige Uhrenturm (s. u.) erhalten sind, und 1284 das Stadtrecht. Der historische Ortskern mit seinen schmalen Gassen steht unter Denkmalschutz.

An der **Praça Conselheiro Silva Torres** (17,7 km) findet ihr alle wichtigen Bauwerke der Stadt Mauer an Mauer:

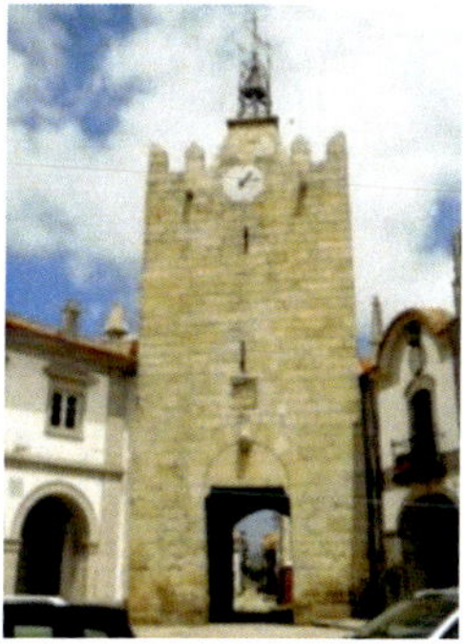

☿ Das Rathaus **Solar dos Pitas** stammt aus dem 15. Jh.

☿ Der Uhrenturm **Torre do Relógio**, ursprünglich *Portas de Viana*, ist der einzige von einst 13 Türmen der Befestigung, der erhalten blieb. Seine Uhr erhielt er 1673.

☿ Die Geschichte der Pfarrkirche **Igreja da Misericórdia** führt auf das Jahr 1488 zurück. Ihre Azulejos (⚱) stammen aus dem 17. und 18. Jh.

- Hier fuchtle ich mal kurz mit den Zeigefingern:
  - An der gegenüberliegenden Seite der Praça Conselheiro Silva Torres geht ihr durch die R. da Corredoura und nach
    - \+ einer Apotheke links durch die Av. São João de Deus zur
    - ⌂⌂ 27/4, K/M, ⧗ ganzjährig 15.00 – 22.00, 10,--
      Albergue de Peregrinos de Caminha, Av. Padre Pinheiro, 36, ☏ 914 290 431, alberguecaminha@caminhosantiagoviana .pt.
      Die Schlafräume befinden sich im Keller eines Kindergartens.
    - ++ Zum Centro de Saúde, R. Eng. Luís Agostinho de Pereira Castro, 12, ☏ 258 719 300, geht ihr die Straße vor dieser Herberge rechts.
    - ⌂ Zum Residencial Arca Nova, Largo Dr. Sidón Pais, 35, ☏ 935 390 402, ⧗ 14.00 – 18.00, ab 18,--, ab 40,--/EZ, ab 55,-- DZ, ab 80,--/3Z, bleibt ihr an der Apotheke geradeaus auf der R. Corredoura, am nächsten Platz links.
  - Mit dem Rücken zum Torre do Relógio geht ihr rechts und durch die Fußgängerstraße R. Visc. Sousa Rego zur
    - ⌂ Res., 16/2, K/M, W/T, ⧗ 15.03. – 30.10., 14.00 – 19.00, ab 16,--
      Albergue Bom Caminha, R. de Benemérito Joaquim Rosas, 25.
  - Mit dem Rücken zum Torre links durch die R. São João geht es zur Verbindungsroute nach Valença.

Mit den gelben Pfeilen schlendert ihr

☛ durch den Torbogen und die Altstadtgassen Caminhas.

16/3, M, ganzjährig 14.30 – 18.00, ab 21,--
Zur Albergue de Peregrinos Santiago de Caminha, Tv. de São João, 20, ☏ 962 974 936, 4,50/Frühstück, geht ihr die dritte Gasse links.

Zum Hostel Olá Vida, Trav. do Teatro, 5 – 7, ☏ 926 677 900, ab 24,--, ab 84,--/DZ, ab 102,--/3Z, ab 120,--/4Z, geht ihr die vierte Gasse rechts.

Wenn kein Moses greifbar ist, der das Wasser für euch teilt:

Wassertaxi an der Landspitze vor Caminha (Campingplatz, s. o.)

- Taxi Boat peregrinos, www.taxiboatperegrinos.com, ☏ 913 254 110, ruckzuck auf die spanische Seite des Flusses, 6,--
- Taxi Boat Capitão Mário, ☏ 931 636 360, Wing Foil Center, Praia Foz do Minho

Fähre

Zur Fähre geht ihr durch den Torbogen und die Altstadt hinunter zum Fluss.

Die Fahrtzeiten sind tideabhängig! Bei Ebbe geht nix! Den aktuellen Fahrplan erguckelt ihr unter www.telemarinas.com/nuevos-horarios.

Wassertaxi rechts des Fähranlegers

- Taximar, taxisburroperegrinos.com, taximarbardoferry@gmail.com, ☏ 915 955 827, 6,--
- Ferryboat de Caminha Santa Rita de Cássia, xacobeotransfer.com, ☏ 613 011 226

Auf dem Wasser nach Valença

Taxi Boat peregrinos (s. o.) bietet auch Fahrten nach Valença an. Diese dauert etwa eine Stunde und kostet bei mindestens 5 Teilnehmern ca. 45,--/Person (bei weniger Personen entsprechend teurer).

Caminha – A Guarda

(3,7 km, ⇧ 80 m, ⇩ 40 m via Camino)

Vergesst nicht, die Uhr eine Stunde vorzustellen! Willkommen an den Rias Baixas (🕯)!

Anlandung am Fähranleger (3,7 km, oberer, rechter Weg, offizieller Camino)
Wenn ihr die Fähre verlasst, könnt ihr euch am

- ✱ Ticketschalter euren ersten spanischen Stempel geben lassen, geht
- ☛ links vorbei am stark renovierungsbedürftigen *Castelo* und sofort danach
- ☛ rechts die Straße hinauf zu einem kleinen Kreisel rund um einen Camino-Stein (0,3 km).

Dort folgt ihr dem gelben Pfeil nach

- ☛ links und steigt die Straße O Palomar ganz hinauf zur zweispurigen Carretera de Camposancos (0,7 km).
- ☛ Links – rechtsgeradeaus und gleich darauf an einem sehr schönen
- ☿ *Cruceiro* (🕯)
- ☛ rechts gewinnt ihr *schnell* und zuweilen wirklich beengt an Höhe.

Wenn die Straße wieder abfällt (1 km), bleibt ihr

- ☛ linksgeradeaus bergauf. Nach dem letzten Haus (1,3 km)
- ☛ rechts erwartet euch ein schmaler Weg, der euch zu einem

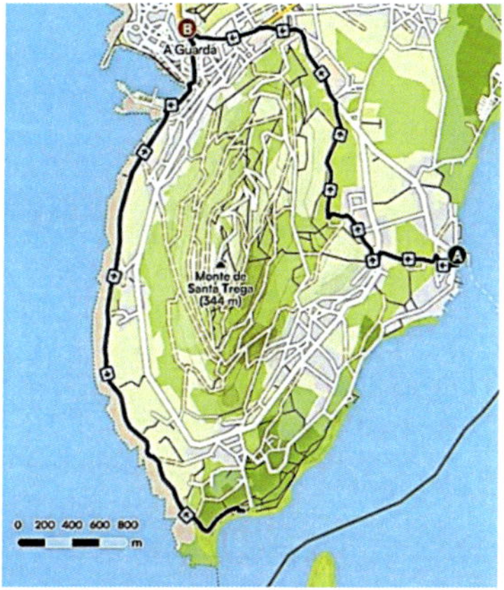

Karte CPCo14
(a: Anlandung mit dem Taxiboot/
b: Anlandung am Fähranleger)

☿ sehr verwunschenem Brunnen führt. Wenn euch hier ein Frosch über den Weg hüpft, … Wer weiß, vielleicht ist es einen Versuch wert!

Die Pfeile zeigen an ihm

☛ eine Treppe hinauf und folgen dem Weg nach

☛ rechts zur Av. Paseo de Portugal (2,3 km), auf die ihr

☛ links einschwenkt. Vorbei am

++ Centro de Saúde de A Guarda (2,8 km), Av. Paseo Portugal,

☏ 986 614 450, ⧗Mo. – Fr. 8.00 – 20.00, biegt ihr am Ende (3,1 km)

☛ links in die R. Galicia ein und erreicht mit ihr die

⌂⌂ 36/2, K/M, ⧗ ganzjährig 16.00 – 22.00, 10,--
Albergue de Peregrinos de A Guarda, R. Puerto Rico, 7, ☏ 619 258 075. Am nächsten Morgen verlasst ihr die Herberge nach links und geht sofort linksgeradeaus eine Abfahrt hinunter zur R. San Bernardo und pilgert dort am Fuß einer zweiseitigen Treppe ins nächste Kapitel.

Zur

⌂ Albergue O Peirao und den

Restaurants und Läden geht ihr aus der Herberge heraus nach rechts, dann erneut rechts und immer bergab in Richtung Hafen.

Anlandung mit dem Taxiboot von der Landspitze aus (4,3 km, linker Weg)

Geht einfach immer an der Küste entlang, aber nehmt euch ein bisschen Zeit, um die

☿ keltischen Zeichenteile auf den Bäumen zu bewundern, die sich immer von einem ganz bestimmten Punkt aus wie ein Puzzle zusammenfügen und euch zeigen: Ihr seid in Galicien (s. S. 38)!

Nur wenige Schritte oberhalb des Hafens kommt ihr zum

☿ **Convento de San Bieito da Guarda**
Der Gründungsbrief des von vier Brüdern gegründeten Benediktinerkonvents datiert auf den 7. September 1561, die Weihe erfolgte 1567. Das Klosterleben endete 1984.

☟ ⌂ Res., 16/1, K/M, W/T 01.02. – 30.11. 14.00 – 19.00, ab 20,--

Zur Albergue O Peirao, R. Oliva, 43, ☎ 682 190 102, albergueopeirao@gmail.com geht ihr am Platz vor dem Kloster in die Straße oberhalb des kleinen Spielplatzes.

Vom Platz vor dem Kloster führt eine nicht eben wenig anstrengende

☞ Treppe hinauf zur **Praza do Reló** mit Uhrenturm

☿ **Torre del Reloj**, der im Mittelalter als Wehrturm Teil der Stadtmauer war und 1730 eine Uhr erhielt, sowie der

ⓘ Touristeninformation und – schwupps! – seid ihr

☞ rechtsgeradeaus wieder auf dem Camino. Am Ende der Straße kurz

☞ rechts kommt ihr an der **Igrexa de Santa María** vorbei und verschwindet

☞ rechts-links in der R. da San Bernardo.

☟ Die nächste Straße rechts bringt euch zur R. Puerto Rico, an der ihr links ⌂⌂ die Albergue de Peregrinos (s. o.) findet.

☟ Zum Weitergehen folgt ihr den gelben Pfeilen geradeaus zu einer Stelle, an der von rechts eine zweiseitige Treppe herunterkommt, und blättert dort ins nächste Kapitel.

A Guarda

In diesem Fischerdorf landen nicht nur Steinbutt, Seeteufel und Wolfsbarsch erst in den Netzen, dann in der Küche und schließlich auf dem Teller, sondern vor allem auch *Langostas*, Langusten, was ihm den Spitznamen *Capital de la Langosta*, Hauptstadt der Langusten, eingebracht hat.

Cetárea Redonda

Gezüchtet werden Hummer, Krebse und Langusten in in die Klippen eingelassene Becken, die ein bisschen wie deplatzierte Swimmingpools im Meer aussehen und an denen ihr in der nächsten Etappe vorbeikommt.

Auf dem **Monte de Santa Tecla**, dem Berg auf der Landzunge zum Fluss, befindet sich nicht nur ein toller Aussichtspunkt, sondern vor allem das **Castro de Santa Trega**, das aus dem 1. Jh. v. Chr. stammt und das am höchsten gelegene Nordspaniens ist. Gleich daneben haben Christen im Mittelalter eine kleine Kapelle, die **Ermida de Santa Trega**, errichtet, zu der im August eine Wallfahrt hinaufführt.

☟ Ihre Schutzheilige soll gegen Kopfschmerzen helfen, für Füße ist sie leider nicht zuständig. Also: Trinkt euch die Schmerzen schön und wenn euch am nächsten Morgen der Schädel brummt, hilft sie euch vielleicht doch.

A Guarda - Viladesuso

(16,5 km, ⇧ 140 m, ⇩ 160 m)

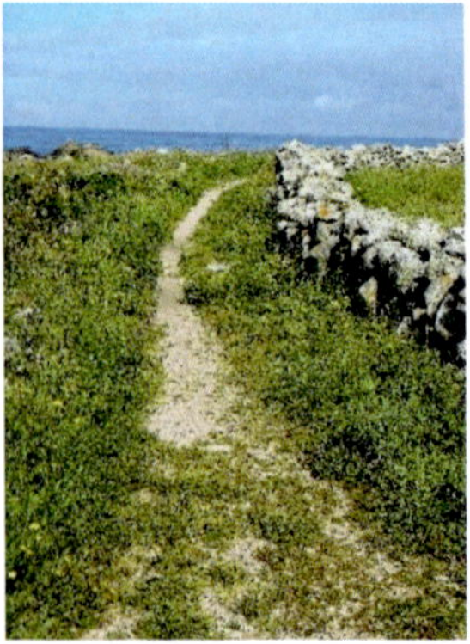

Der Weg beginnt traumhaft schön mit einem Fußweg direkt an der schroffen Felsküste entlang und durch mit Trockensteinmauern eingefasste Wiesen und Äckern. Später führen euch die Pfeile immer wieder und leider zuweilen auch für längere Strecken auf die PO-552, wo ihr allerdings auf einem deutlich abgegrenzten Fuß- und Radweg marschieren dürft.

💣 Bis Oia (13 km) hatte bei mir die einzige Bar morgens noch geschlossen. Achtet also bitte darauf, dass ihr unterwegs nicht aus Verzweiflung Salzwasser schlürfen müsst.

Beginnen möchte ich dieses Kapitel dort, wo von der R. Puerto Rico eine zweiseitige Treppe zur R. San Bernado herunterkommt. Nur wenige Schritte weiter knickt der Camino

☛ halblinks in die R. da Guía ab und führt euch vorbei an der sehr netten

☿ **Capela da Virxe da Guía** (0,2 km, 16. Jh.) zur R. Baixada á Praia, an der er nur kurz

☛ rechts ein bisschen zur Tra. Cachiños hinauf rutscht, um an deren Ende

☛ hinunterzusteigen zur R. Baixada á Praia. Bald darauf lustwandelt ihr auf einem sehr schönen Fußweg direkt an der Küste entlang und vorbei an der einen oder anderen Cetárea Redonda (🏛). An einem alleinstehenden Gebäude (2,4 km) –

☝ ihr könnt aber auch gut unten am Wasser bleiben und kommt am Ende automatisch zur PO-552 und dem Camino –

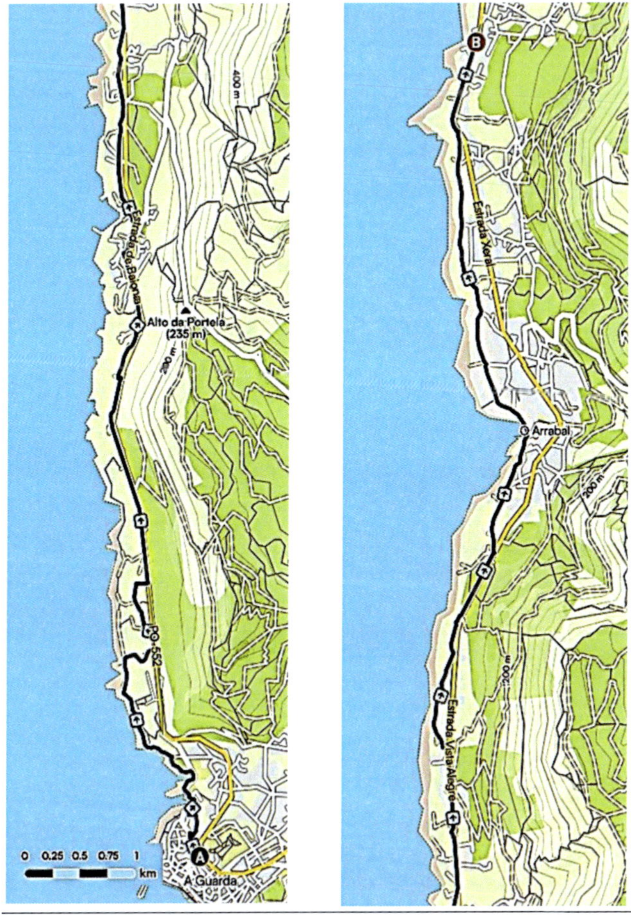
400 m
Estrada de Baiona
Alto da Portela
(235 m)
200 m
PO-552
A
A Guarda
0 0.25 0.5 0.75 1
km
B
Estrada Xeral
O Arrabal
200 m
200 m
Estrada Vista Alegre

☛ rechts und kurz vor der PO-552
☛ links lassen euch die gelben Pfeile in einen Forstweg pilgern, der zwischen Pinien und Eukalyptus (♁) zu einem Fußweg wird. An seinem Ende führen sie euch
☛ auf die PO-552 (3,6 km) zurück, nach dem 42-km-Schild und einem Parkplatz (5,4 km)
☛ von ihr herunter, rücken in
Portecelo wieder ein bisschen an sie heran, lassen euch aber zunächst sehr entspannt parallel zu ihr weiterpilgern, bevor sie euch erneut
☛ auf sie zurückführen (8,7 km) und euch fröhlich
☛ von ihr herunter (9,8 km),
☛ auf sie drauf (11 km) und zum vorerst letzten Mal
☛ von ihr herunter (11,7 km) hüpfen lassen.

☿ * **Ermita de San Sebastián**
Die im 15. Jh. dem Heiligen Antonius gewidmete Einsiedelei wurde im Jahr 1770 wieder aufgebaut und nunmehr dem Heiligen Sebastian geweiht.
An alle, die es wie ich wirklich vermissen: Hier gibt es echte Kerzen, also so richtig mit Wachs und Docht und Flamme dran und ganz mit ohne Elektrisch!

In **Oia** (11,6 km) endet der Fußweg und ihr habt endlich die Gelegenheit, euren Wasser-, Koffein- oder auch Zuckerhaushalt wieder aufzufüllen.

☿ **Monasterio de Santa María la Real de Oia**
Es gibt Hinweise darauf, dass sich an seiner Stelle bereits im 7. Jh. ein Kloster befand. Belegt ist der Anschluss einer klösterlichen Gemeinschaft an den Zisterzienserorden im Jahr 1185, worauf die Errichtung dieser Kirche ab 1190 folgte.
Ihr etwas wehrhaftes Aussehen verdankt sie dem Umstand, dass diese Klosterkirche die einzige Spaniens ist, die sich so dicht am Meer befindet und entsprechend gegen Piraten und Angreifer gewappnet sein musste. Besonders im 17. Jh. gab es heftige Übergriffe von türkischen Berbern.

Nachdem sie diesen standgehalten hatte, verlieh Philipp IV ihr den Titel „*Real*“, königlich.
Im Laufe der Jahrhunderte erfuhr sie einige bauliche Veränderungen und erhielt im 18. Jh. eine etwas barock aufgefrischte Fassade sowie ihren beeindruckenden Glockenturm.
Außerhalb der Führungen, ⌛Mi. – So. 11.30, 13.00, 16.30, 18.00 und 19.30, 7,--, dürft ihr leider nur durch ein kleines Guckloch linsen, seht aber nicht viel, weil es drinnen dunkel ist (genau hier würde ich mir wirklich ein bisschen mehr elektrisch wünschen).

☛ Unterhalb der Kirche pilgert ihr mit einem Wirtschaftsweg an der Küste entlang und schließlich
☛ zurück zur PO-552 (15,7 km).

⌂⌂♿ Res., 20/1, K/M, W/T⌛ ganzjährig 11.30 – 1.00, ab 16,--
Alojamiento Camino Portugués Oia (16,5 km), R. Serrallo, 12, ☏ 986 136 906, alojamientocaminoportuguesoia@gmail.com, ab 25,--/EZ, ab 35, /DZ.

An einer Tankstelle (16,5 km) solltet ihr euch noch rasch mit dem Nötigsten versorgen; die einzigen halbwegs verlässlichen Einkaufsgelegenheiten bis Baiona findet ihr an den Campingplätzen hinter Mougas.

Gleich nach der Tankstelle halbrechts findet ihr außerdem die
⌂♿ Res., 16/2, K, W/T⌛ ganzjährig 14.00 – 19.00, ab 16,--
Albergue de Estrela (0,2 km), Estrada Vella, 2, ☏ 649 286 110.

Rías Baixas/Rías Bajas
Die tief in das Land reichenden Buchten erinnern an die norwegischen Fjorde, sind aber im Gegensatz zu ihnen keine von Gletschern gebildeten Meeresarme, sondern Flussmündungen, in denen sich bei Flut das Süßwasser einen Vorgeschmack auf die Unendlichkeit des Ozeans holt. Ihr befindet euch an den *Rías Baixas/Rías Bajas*, die von der portugiesischen Grenze bis zum Kap Finisterre reichen. Weil an ihnen der Atlantik weniger rau und kalt ist, gibt es an ihnen viele schöne Badestrände.

Viladesuso – Baiona - San Pedro de Ramallosa

(20,3 km, ⇧ 310 m, ⇩ 310 m)

Karte CPCo16 (a: Küstenvariante links/
b: offizieller Camino rechts)

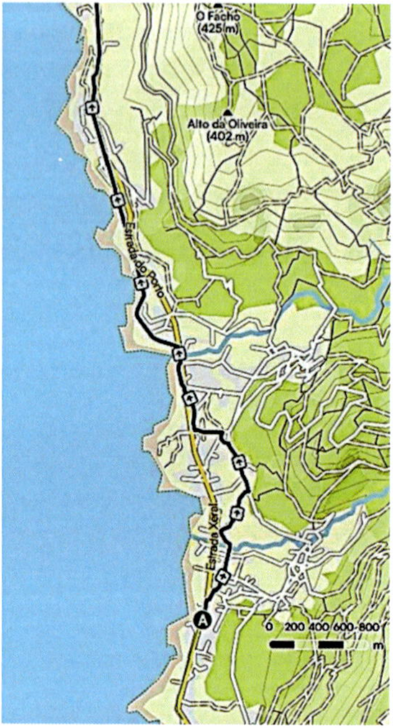

Auf dieser Etappe erwartet euch eine wunderschöne, steinalte und altsteinreiche Wegpassage. Gut, es geht bergauf, aber so … mit Krusselhaut.

- Die einzigen Einkaufs- und Einkehrgelegenheiten gibt es auf den Campingplätzen.

Nach der Tankstelle verlasst ihr die PO-552 (0,2 km)

- ☛ rechtsgeradeaus und folgt der Estr. Vella über mehrere kreuzende Straßen und den Río de Vila de Suso (0,6 km) hinweg, knickt zwischen den Häusern mit dem Asphalt
- ☛ rechts ab in den Cam. da Calzada, biegt an dessen Ende (1,2 km)
- ☛ links in den Cam. da Xesteira ein und … Das ist so schön!

☿ **Hito de Mougas** (1,6 km)
Rund um einen Camino-Stein herum liegen ganz viele zuweilen wirklich kunstvoll gestaltete andere Steine! – So schön!

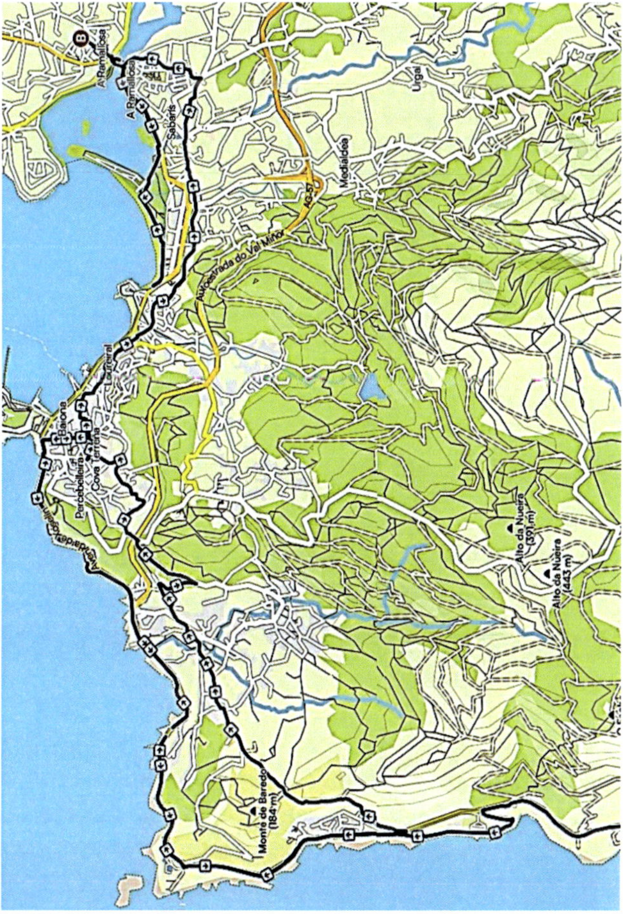
A Ramallosa
Sabarís
Urgal
Medialdea
AG-57
Autoestrada do Val Miñor
Baiona
Cova Terrona
Percebeleira
Alto da Nueira (391 m)
Alto da Nueira (443 m)
Monte de Baredo (184 m)

Hier geht ihr

☞ links – rechts – links sofort

☝ an einem Schild „Mougas Oia animo faltan 165 K", hey, Kopf hoch, es sind ja nur noch 165 km, vorbei mit der Straße Lugar O Porto wieder in Richtung PO-552, bleibt aber kurz vor ihr (2 km) erst

☞ rechts noch ein bisschen auf Abstand,

☞ kreuzt sie dann (2,3 km), dürft noch einen Schlenker nach

☞ links von ihr herunter machen und

☞ überquert schließlich mit ihr den Río de Mougás (2,7 km) zur

⌂♿☕↩ Res., 18/4, K/M, WiFi, ⧗ ganzjährig, ab 20,--
Albergue Turístico Aguncheiro (2,9 km), Porto Mougás, 53, ☏ 986 361 571, infoaguncheiro@gmail.com, ab 30,--/EZ, ab 55,--/DZ.

☞ Ihr folgt der Küste erst mit diesem Fahrweg und hüpft dann mal auf die PO-552 (3,6 km) drauf, an Häusern

☞ von ihr herunter (3,9 km), kommt am

↩Ö ☕ Campingplatz Muiño (4,4 km), ☏ 986 361 600, ab 25,--/Pilger,

☞ auf sie zurück, rutscht vor dem

↩Ö ☕ Campingplatz Mougás (7,1 km), ☏ 650 329 871, ab 25,--/Pilger

☞ wieder von ihr herunter und kommt wieder auf sie zurück (8,5 km).

☝ Möchtet ihr nicht über den Hügel gehen, folgt ihr mit der PO-552 der Felsenküste und haltet am Ende ein bisschen Ausschau nach oben zur

☿ **Virgen de la Roca – Jungfrau des Felsens** (s. u). Kurz vor dem

☿ **Castillo de Montereal** (s. u.) führt die Straße R. do Marqués de Quintanar über einen Kreisel hinweg zu den Kirchen

☿ **Santa Liberata** und **Santa Maria** (s. u.),

oder ihr geht einfach weiter zum Hafen (16,3 km).

Der Camino geht an dieser Stelle mit der Landstraße wenige Schritte

☞ rechts zurück und steigt dann

☞ eine Zufahrt hinauf, die gleich in eine um den Monte de Baredo herumführende Corredoira (♁) übergeht.

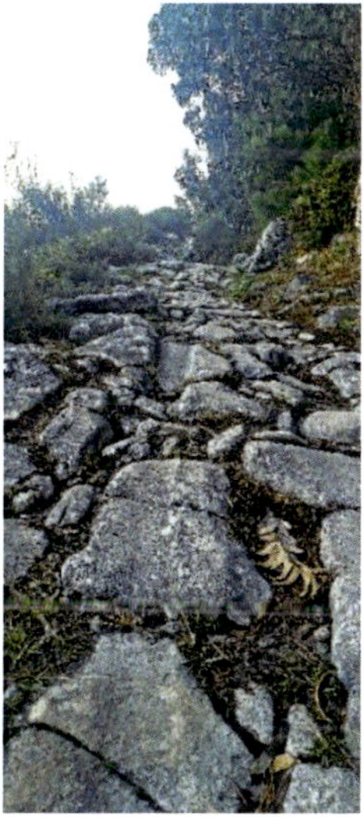

☿ **Estrada Vella**

Schaut euch nur die tief in den Stein gefrästen Reifenrillen an! Und dann überlegt euch, wie viele Wagen hier wohl herumgescheppert sein müssen, um solche Spuren zu hinterlassen! – Dieser halsknödelige Pflasterweg diente bereits in römischen Zeiten als Teil der Vía Romana dazu, das aus dem Meer gewonnene Salz nach Tui zu transportieren. Später wurde sie Teil der

🕯 **Caminos Reales** – die Wege der Könige

Im 16. und 17. Jh. wurde auf der Iberischen Halbinsel ein Straßennetz angelegt, das, breiter und besser befestigt als die üblichen Viehtriebwege, die Metropolen der verschiedenen Landstriche der Iberischen Halbinsel mit der Hauptstadt verbanden und so den Verkehr von Reisenden, Waren, Tieren und Informationen erleichtern sollte. Bei seinem Ausbau orientierte man sich an den bereits bestehenden Römerstraßen.

Genießt jeden einzelnen Schritt!

Schließlich (10,5 km) stoßt ihr wieder auf Asphalt und macht mit der Straße O Cabreiro in **A Revolta** (10,9 km) einen kurzen Zickzack

☞ links – rechtsgeradeaus und haltet euch anschließend (11,3 km)

☞ linksgeradeaus an einem *Cruceiro* (🕯) vorbei, das da Mitten auf der Straße steht, und über den Río de Baredo hinüber (11,6 km).

Ihr folgt der Hauptfahrspur, lasst dabei zwei abzweigende Straßen links liegen, gewinnt am Ende wieder ein bisschen an Höhe und biegt nach einem weiteren Wegkreuz

☞ links auf die zweispurige Straße A Ponte (11,8 km) ein. Die verlasst ihr aber nächstmöglich (11,9 km) wieder

☞ halbrechts in den Fahrweg Cam. Rio Pequeno, bleibt mit ihm gleich

☛ linksgeradeaus unten, genießt den Weitblick auf die Illas Cies (s. u.) und gewinnt mit einer scharfen
☛ Linkskurve (12,3 km, geradeaus Sackgasse) und am Ende (12,6 km)
☛ links mit der zweispurigen Estr. de Baredo gemächlich, aber konstant an Höhe. Wenn ihr auf die EP-2202/Estr. de Baiona a Loureza stoßt (13,3 km) seid ihr oben. Mit ihr
☛ links überquert ihr nur schnell die etwas schroff in den Berg gesprengte Autobahn und könnt euch sofort danach
☛ rechts – rechtsgeradeaus an einem
☺ Picknickplätzchen (13,5 km) ein bisschen ausruhen. Mit neuen Kräften folgt ihr anschließend der Hauptfahrspur an einem mittelalterlich gestalteten Türmchen (13,8 km) vorbei und immer bergab.

Baiona

Vor den Römern schürften hier schon Griechen und Phönizier nach Silber, Zinn und Gold, das es wohl reichlich gegeben haben muss. Konsul Flavio Serviliano machte dem ein Ende und die Menschen in der Einfriedung *Erizana*, wie Baiona zu jener Zeit genannt wurde, dingfest, woraufhin ein Rebell namens Viriato auf der Bildfläche erschien und seine Gefolgsleute unter dem Motto „Gold und Silber reicht nicht, um uns die Freiheit zu erkaufen, aber Eisen haben wir genug, um sie zu verteidigen" wieder befreite.

Unter Julius Cäsar wurde das errichtete Lager zu einer Stadt und später zur Provinz. Nachdem sich Sueben, Westgoten und Mauren abgewechselt hatten, war das wichtigste Ereignis dieser Stadt an der Mündung des Río Miñor am Kap Silleiro

8 die Ankunft der Karavelle (8) **La Pinta** am 1. März 1493 (eine Nachbildung von ihr liegt als Museum im Hafen), deren Kapitän Martin Alonso Pinzón die Entdeckung der Neuen Welt verkündete.
⁂ Aus diesem Grund wird am ersten Märzwochenende das mittelalterliche Fest *A Arriba*, die Ankunft, gefeiert.

Baiona war, bis es Ende des 19. Jh. von Vigo abgelöst wurde, ein wichtiger Handelsplatz. Heute ist sie mit ihrer sehr schönen Altstadt und ihren Sehenswürdigkeiten durchaus einen Bummel wert. Auf drei von ihnen möchte ich euch hier aufmerksam machen, weil sie nicht auf der offiziellen Wegführung liegen:

☿ **Castillo de Montereal** (Halbinsel links vom Hafen)
Die Geschichte dieser mit einer insgesamt 3 km langen Mauer umschlossenen Festung auf der vorgelagerten Landnase geht auf das 11. Jh. zurück, als sie zeitweise 200 Familien Schutz und Unterkunft bot. Heute befindet sich in ihr ein Hotel und wirklich schöne alte Bäume.

☿ Die **Statue von Martin Alonso Pinzón** (s. o.) begrüßt euch vor dem Castillo.

☿ **Virgen de la Roca – Jungfrau des Felsens**
Diese riesige Statue aus weißem Marmor und Granit thront auf einem Hügel östlich der Stadt und ist vom *Castillo* aus gut zu erkennen. Das Steinboot, das sie in der rechten Hand hält, ist ein toller Aussichtspunkt. Der Architekt war übrigens Antonio Palacios (♗).

Unten müsst ihr an einem Kreisel (14,7 km) allerdings abbremsen.

++ Zum *Centro de Salud*, R. Venezuela, 8, ☏ 986 357 239, verlasst ihr diesen Kreisverkehr halbrechts

Res., 18/2, M, W/T, ⧗ 01.03. – 31.10., 13.00 – 19.00, ab 19,--
Zum Hostel Baionamar, R. Venezuela, 6, ☏ 698 165 575/986 138 025, verlasst ihr den Kreisverkehr ebenfalls nach halbrechts, nächste Straße links.

Diesen Kreisverkehr verlasst ihr

☞ gaaanzrechts zwischen Friedhof und Fußballfeld hindurch, geht an der nächsten Kreuzung (14,9 km)

☞ links und findet sofort an eurer rechten Seite die Kirchen

☿ **Santa Liberata** (frühes 18. Jh.)
Über ihrem Portal findet ihr *Santa Liberata*, eine Tochter der Stadt, die der Legende folgend im 2. Jh. als erste Frau gekreuzigt wurde. In ihr findet ihr Jakobus in einer Darstellung als Matamoros (♗).

☿ **Santa Maria** (13. Jh.)
romanisch, mit Rosette und Jakobus als Apostel im Inneren.

Ultreya! Weiter! … geht ihr

☞ an der Mauer der Kirche Santa Maria entlang und

☞ links eine Treppe hinunter zur nächsten kreuzenden Gasse (15,2 km).

- Geradeaus geht es zum Hafen und dem Castillo de Montereal (s. o.).
  Res., 20/1, K/M, W/T, WiFi, 09.01. – 15.12. ab 13.00, ab 18,--
  Zur Albergue Estela do Mar, R. Laureano Salgado, 15, ☏ 986 133 213/604 034 227, info@esteladomar.com, ab 3,--/Frühstück, lasst ihr die Landnase des *Castillos* an eurer rechten Schulter und folgt dem Straßenschild links in die R. de Tomás Mirambell, die nächste rechts.
- Vom Hafen aus kommt ihr entlang der Bucht mit einer Wegvarianten nach San Pedro de Ramallosa (s. u.).

Wegvariante entlang der Bucht

Ihr schlendert am Hafen entlang zu einem Kreisel (16,7 km) und lasst einen Landzipfel links liegen.

- ☿ Auf ihm befindet sich die **Ermita de Santa Marta**. Sie trotzte vielen Piratenüberfällen und wurde 1585 von Sir Francis Drake – nein, nicht mit Kartoffeln bombadiert, sondern als Kartoffelfeuer genutzt und komplett niedergebrannt.

Einen Kreisverkehr (18,4 km) verlasst ihr

- in Richtung „Nigrán/Vigo“ und erreicht am nächsten Kreisel (18,7 km) rechts neben der Straßenbrücke die Puente románico de la Ramallosa (s. u.).

Camino

Der offizielle Camino führt etwas zurückgesetzt oberhalb der Bucht durch die Gassen und Häuser. Er biegt am Fuß der Treppe

- rechts ab – orientiert euch bitte an den in den Boden eingelassenen Muscheln! - und führt euch mit der R. do Conde, R. Fonte de Zeta (15,4 km) und von der R. Porta da Vila (15,5 km) und die Sackgasse und R. do Mariñeiro (15,5 km) durch die Hintergassen Baionas. Am Steinpavillon
- ☿ **Cruceiro da Santisima Trinidade** (15,7 km) rutscht er ein bisschen
- links hinunter zur R. da Santisima Trinidade, die euch als R. Loureiral zu und
- linksgeradeaus über einen Kreisel (15,9 km) führt. Wenn sie nach links abknickt (16,2 km), bleibt ihr

☞ rechtsgeradeaus mit der R. Burgo oben, wo Mehrfamilienhäusern euch leider die Sicht zur Bucht versperren. Nach einer kleinen Brücke (16,3 km) wird es wieder etwas kleinstädtischer.

Immer euren Stiefelspitzen folgend wechselt ihr in die R. Cuceiro (16,9 km), umgeht an ihrem Ende einen Kreisverkehr (17,8 km) nach

☞ geradeaus in die R. da Ponte Nova und bleibt (18,1 km) mit der R. da Porta do Sol in Laufrichtung.

Res., 32/2, M, W/T, ganzjährig 13.00 – 20.00, 20,--
Albergue Playa de Sabaris (3,2 km), R. Porta do Sol, 55, ☏ 686 398 575.

Ihr überquert den Rio da Groba (18,5 km) auf der mittelalterlichen

☿ **Puente Medieval de Sabaris** (direkt neben der Straße, aber von dort könnt ihr sie euch besser angucken) und rutscht sofort –

geradeaus führt die R. Julián Valverde schnurstracks an

Bars und Geschäften vorbei zu einem Kreisverkehr und der Puente románico de la Ramallosa (19,4 km, rechts neben der Straßenbrücke) –

☞ rechtsgeradeaus in die R. da Ponte ab, knickt nach einer rechtwinkligen Rechtskurve (18,9 km)

☞ links in die enge Viso de Calvos ein, schlupft – man muss sich nur zu helfen wissen – unter einer Hauseinfahrt hindurch, hüpft (19 km) kurz

☞ rechtsgeradeaus auf die Av. José Pereira Troncoso und sofort zwischen einem Hórreo () und einer Werkseinfahrt

☞ links unter den Augen eines ein bisschen angeditschten Heiligen wieder von ihr herunter in einen schmalen Durchgang, an dessen Ende (19,1 km) euch die Pfeile

☞ rechts in den schmalen Cam. do Lindeiro schicken, mit dem ihr gleich darauf (19,2 km)

☞ links abknickt. In der nächsten Rechtskurve (19,4 km) verlasst ihr ihn

☞ geradeaus in einen schmalen Durchgang, bleibt sofort

☞ so rechts wie möglich auf einem Fahrweg und erreicht schließlich (19,7 km)

☞ links mit der R. Julián Valverde die Brücke Puente románico de la Ramallosa (19,8 km, s. u.).

Gemeinsamer Weiterweg

☿ **Puente románico de la Ramallosa**

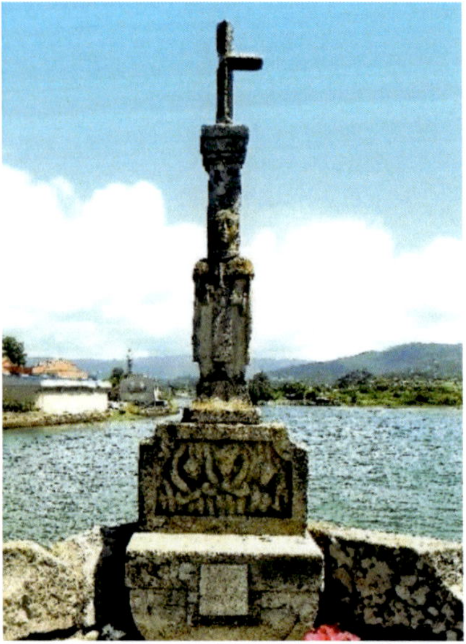

Sie stammt aus dem frühen 13. Jh. und ist eine echte Schönheit! Die Pfeiler ihrer zehn Bögen dienen auf der Meerseite als Wellenbrecher. In ihrer Mitte steht ein Kreuz mit der Figur von San Telmo auf einem kleinen Steinaltar.

An diesem Ort wurde ein Fruchtbarkeitsritus durchgeführt (ich übersetze hier nur das, was auf der Informationstafel steht ...): Wenn Damen nicht schwanger wurden, sollten sie hier nach Mitternacht den ersten Mann, der seines Weges kam, davon überzeugen (... ich schreibe nur, was dasteht! ...), ihr Wasser (...Wasser???...) auf die (... nur was da steht! ...) Gebärmutter zu spritzen (...Wasser!!!...) und Pate des Kindes zu werden (... und kriege nie, nie, niiieee wieder die Bilder von Schlange stehenden Mädels und ollen Jungfern links und mehr oder weniger betagten Jungs rechts aus meinem Kopf! Was, wenn da ein Jüngling in der Erwartung einer ersten Erfahrung auf eine warzengesichtige Dame mit schlechten Zähnen traf? Oder ein Mädel in der Hoffnung auf einen Adonis auf einen Greis, dem das Frühstück von vorgestern noch im ungepflegten Bart klebte? ...).

Am Kreisel danach

☛ rechts – links in die R. Damas Apostólicas, stoßt ihr am Ende auf die

Res., W/T, ganzjährig ab 14.30, 21,--

Albergue Pazo Pias, Camiño da Cabreira, 21, ☎ 986 350 654/697 637 791, Zweibettzimmer, Aufenthaltsraum, ab 44,--/DZ.

Der unter Denkmalschutz stehende Pazo aus dem 17. Jh. ging in den 1950-er Jahren an das Herz-Jesu-Institut und diente der Diözese Tui-Vigo als Exerzitienhaus. Als seine letzten acht Bewohner aus Altersgründen Haus und Grund nicht mehr versorgen konnten, beschloss man, es zu einem Hotel und einer Herberge für Jakobspilgernde umzubauen und die Erlöse für soziale Zwecke zu verwenden.

☿ Rechts hinter dem Gebäude steht einer der größten Hórreos () von Galicien! Er ist einen Blick wert! – auch wenn ihr hier nicht übernachtet.

(Nie wieder kriege ich diese Bilder aus meinem Kopf!)

Pazo – Herrenhaus

In diesen herrschaftlichen Landhäusern residierten vornehmlich die *Fidalgos,* Edelleute, des Kleinadels, die durch das Eintreiben der *Foros,* Pacht, zu Reichtum gekommen waren. Der Volksmund sagt, *"si tiene capilla, palomar y ciprés, pazo es"*, mit einer Kapelle, einem Taubenschlag und einer Zypresse wird ein Haus zu einem Palast.

(Nie wieder!)

Illas Cíes – die Inseln der Götter

Die aus drei Eilanden bestehende vorgelagerte Inselgruppe wurde 1980 zum Naturschutzgebiet erklärt und ist seit 2002 Teil des Nationalsparks Islas Atlánticas de Galicia. Wegen seinem feinen Sand und dem glasklaren Wasser wurde ihr Hauptstrand von „The Guardian" zum schönsten der Welt gewählt. Damit die Illas Cíes so schön bleiben, ist die Zahl der täglichen Besucher auf 2.200 beschränkt.

San Pedro de la Ramallosa – Saiáns (⌂ Xurxo)

(7,4 km, 190m, 80 m)

Karte CPCL01 (Camino por Litoral ganz links, s. S. 294)
Karte CPCo17 (a: Camino links/b: Alternativweg rechts)

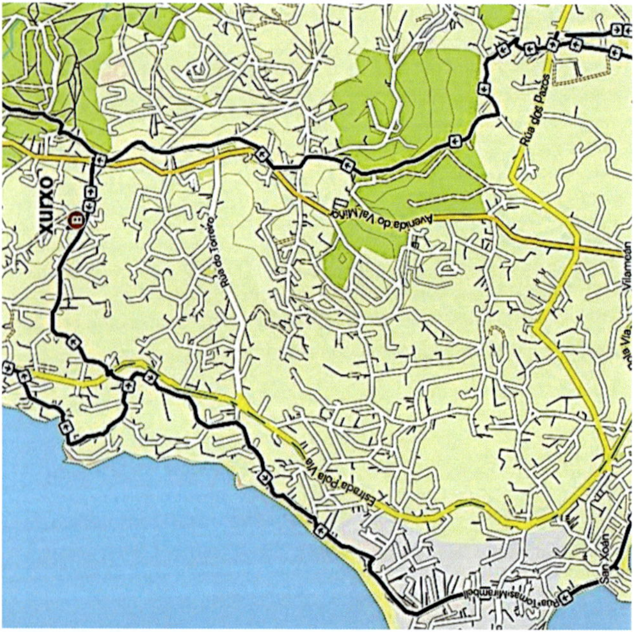

💣 Die erste Bar erwartet euch erst nach 7,3 km!

Mit der Nase zur Herberge wendet ihr euch nach

- ☞ rechts landeinwärts, biegt gleich
- ☞ links in den Cam. da Cabreira ein, folgt ihm an einer spitzen Verzweigung (0,4 km)
- ☞ halbrechts und verlasst die Häuser zu hohen, überwachsenen Mauern. An der nächsten Kreuzung (1 km) geht ihr
- ☞ links in Richtung „Nigrán/Vigo“ in die R. Manuel Gonz. Prado, wechselt am Steinkreuz **Cruceiro da Mucha** (1,2 km)

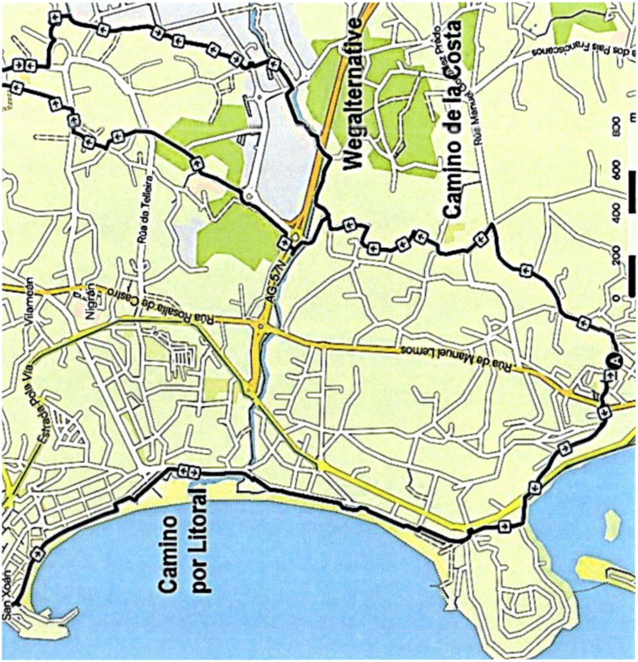

- ☞ halbrechts in die R. Jesús Marzoa, geht (1,3 km)
- ☞ rechts-links (rechts von euch ist die Kirche **Igrexa de San Pedro de Ramallosa**) um einen Platz mit einem Pavillon herum in die R. da Igrexa, folgt ihr erst (1,5 km)
- ☞ starklinks, dann (1,6 km)
- ☞ rechts um die Ecke, biegt an einer dreieckigen Verzweigung mit Weinreben (1,8 km)
- ☞ rechts ab in den sehr engen Cam. da Camesella, geht auch mit ihm (1,9 km, geradeaus ist ein Wirtschaftsweg)
- ☞ starklinks um die Ecke und kommt an dessen Ende (2 km) mit der „richtigen Straße" Cam. da Rosiña
- ☞ rechts an einen kleinen Kreisel (2,1 km).

Bevor ich den gelben Pfeilen folge, möchte ich euch eine sehr idyllische Wegalternative anbieten, die nur 400 m länger ist:

Sendeiro Peonil do Río Muíños

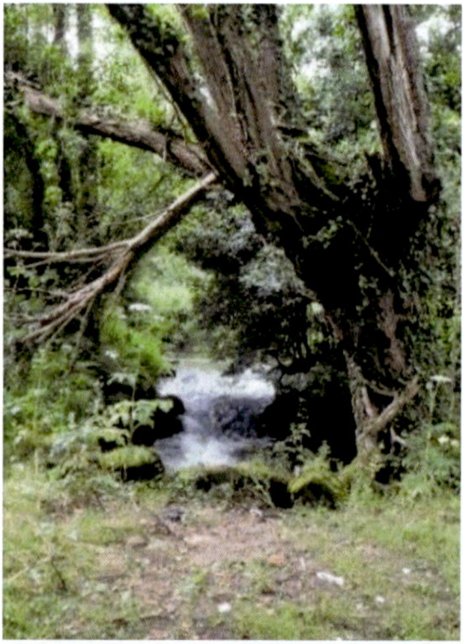

Dazu geht ihr an diesem Kreisel

- ☞ rechts und wechselt nach 90 m
- ☞ links auf einen Fußweg, der euch mit dem Río Muíños
- ☞ unter der AG-57 hindurchführt. Diese Unterführung ist ein bisschen grauselig, aber dann führt der Weg richtig schön am Fluss entlang durch den Wald. Die nächste Straße (2,9 km)
- ☞ kreuzt ihr nur schnell, verlasst den Fußweg aber gleich (3 km) nach

- ☞ links, geht zwischen den ersten beiden Gebäuden hindurch,
- ☞ überquert die Straße (3,1 km) danach und schwenkt
- ☞ rechtsgeradeaus erneut in einen Fußweg ein, der sehr nett an einem Wasserläufchen um ein Industriegebiet herumführt.

Nachdem ihr auch die nächste Straße (4 km, mit Zebrastreifen)

- ☞ gekreuzt habt, biegt ihr nach der nächsten Rechtskurve (4,1 km)
- ☞ links ab zum Cam. da Pateira (4,2 km), der euch
- ☞ links zur Kirche **Igrexa de San Fiz de Nigrán** (4,3 km) bringt.

An ihr geht ihr

- ☞ rechts mit der R. da Igrexa zur R. do Ceán (4,5 km), die
- ☞ rechts ganz hinunter zur zweispurigen R. dos Pazos (4,9 km) und landet
- ☞ links – rechts mit der R. da Nogueira – schwupps! – wieder auf dem Camino (5 km, dort bei 4,6 km).

Camino

Die gelben Pfeile zeigen hier indes nach

- ☞ links,
- ☞ überqueren gleich an einem weiteren großen Kreisel die Fußgängerbrücke, bleiben am nächsten Rondell (2,9 km) und an einer Kreuzung (3,4 km) jeweils
- ☞ geradeaus, folgen dem Cam. Volta do Médico anschließend (3,5 km)
- ☞ rechtsgeradeaus, biegen an der nächsten Kreuzung (3,7 km)
- ☞ rechts in die R. do Casas ein, gehen am Ende (3,9 km) abermals
- ☞ rechts und nächstmöglich (4 km)
- ☞ links den schmalen Cam. de Dehesa (3,9 km) mit einem rechts-links-Knick ganz hinunter zur zweispurigen R. dos Pazos (4,6 km), die sie nur schnell zur R. da Nogueira überqueren.

Gemeinsamer Weiterweg

Nach einer Rechtskurve macht die R. da Nogueira eine sehr spitze Linkskehre (4,8 km), steigt hinauf zum Cam. Comesaña (5 km), mit dem ihr

- ☞ links wieder bequem abwärts stiefelt.

✋ An Haus Nr. 8 (5,2 km) halte ich kurz an:
Nur einen Hups weiter könnt ihr, wenn ihr mögt, einen Blick auf die altehrwürdigen Herrschaftshäuser (8)

☿ **Pazo de Cea** und **Pazo de Urzaiz** werfen.

☛ Gegenüber von Haus Nr. 8 pilgert ihr sehr schön durch den Wald zu einem breiteren Weg, der (6 km)
☛ rechtsgeradeaus zum Fahrweg Ctra. San román-Chans-Priegu wird, mit der ihr (6,2 km)
☛ linksgeradeaus auf die R. Rouxo (6,3 km) stoßt.
☛ Links und gleich danach
☛ rechts kommt ihr mit dem Cam. Vello zur PO-552 und
☛ rechts an einer
+ Apotheke vorbei.

✋ ☕ Nur wenige Schritte weiter an der Hauptstraße könnt ihr …
Hey! Wartet doch bitte, bis ich es geschrieben habe! – Oh, ihr habt schon bestellt? – Na gut.

Sofort nach der Apotheke führt
☛ rechts die R. Mestra Emerita bergauf und beschert euch so einen sehr schönen Blick auf die Bucht Ría de Vigo. Kurz bevor sie erneut auf die PO-552 stößt, wackeln die Pfeile
☛ rechts ins nächste Kapitel.

🏠♿ Res., 10/1, M, W/T, WiFi, ⌛ 01.03. – 31.10. 15.00 – 19.00, 13,--
Zur Albergue San Xurxo de Saiáns (+ 300 m), R. Eira Vella, 4, ☏ 986 491 918/689 133 973, geht ihr an diesem Kreisel an der PO-552 links mit der Baixada á Praia in Richtung Meer und die 3. Straße rechts – rechts an der Kirche vorbei.

✋ Um auf den Camino por Litoral (800 m) zu wechseln, folgt ihr der Baixada á Praia bergab, biegt an einer hohen Mauer mit weißen Fugen
- ☛ links in den Cam. de Gándara (Pfeil auf dem Laternenmast links) ab, wechselt in der nächsten Rechtskurve
- ☛ links in den Cam. San Xurxo (rechts modernes Wohnhaus mit Außenwendeltreppe), biegt anschließend
- ☛ rechts in eine seiner Seitengassen ein und folgt schließlich der PO-325
- ☛ rechts zur Seite 297 (dort bei 8,1 km).

Saiáns – Wegteilung nach Vigo/zur Herberge Freixo – Parque de Castrelos – Vigo

(14,1 km, ⇧ 160 m, ⇩ 290 m)

Karte CPCL02 (Camino por Litoral ganz links, s. S. 294)
Karte CPCo19 (Camino de la Costa mit Herberge Vigo)

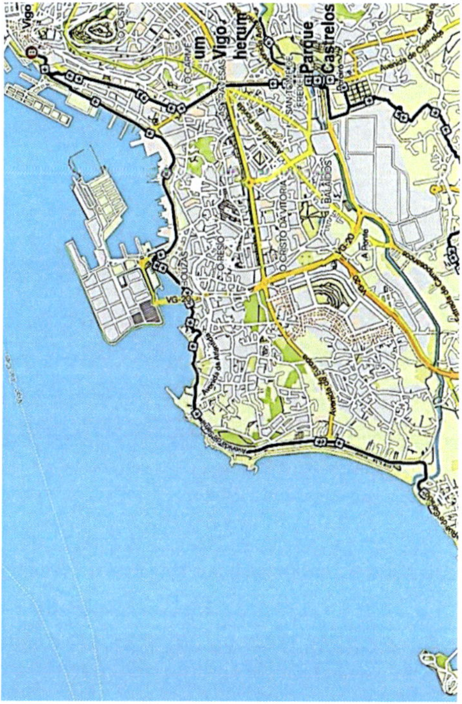

Der Camino schnauft derweil, kurz bevor er auf die PO-552 stößt, von der Rúa Mestra Emerita

☞ rechts (Cam. Cal do Outeiro, 0,3 km) mit einer Spitzkurve bergauf. Nachdem ihr am Ende (0,7 km)

☞ links einem Sendemast eure kühle rechte Schulter gezeigt habt, wird es wieder bequemer. Nach 160 m biegt er

☞ rechts in einen schmalen Weg ein und folgt dann einem Forstweg

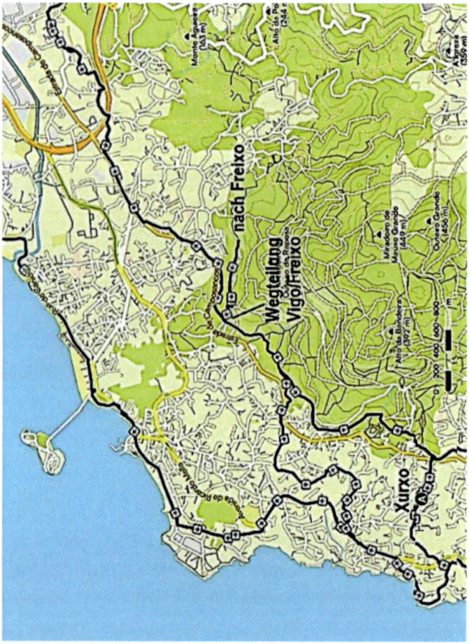

☞ linksgeradeaus munter durch einen Wald. Ihr bleibt oberhalb der nächsten Häuser, geht (1,8 km) mit der

☞ rechteren der beiden Asphaltstraßen in Laufrichtung bergauf, verlasst sie jedoch in der nächsten Rechtskurve (1,9 km)

☞ linksgeradeaus bergab.

Einmal (2,2 km) folgt ihr

☞ linksgeradeaus dem Hauptweg, der ein kurzes Stück stramm bergab führt, und kommt mit einem unbefestigten Fahrweg zu einer Verzweigung kurz vor Coruxo, an der sich die Wege teilen:

Die grünen Pfeile rechts zur Herberge in Freixo zur Seite 299.

Die gelben Pfeile leiten euch

☞ linksgeradeaus gleich wieder zu Asphalt und

☛ rechtsgeradeaus an einer Firma vorbei in einen Forstweg, an dessen Ende sie mit der PO-552 (3,9 km)
☛ rechtsgeradeaus
+ **Coruxo** durchqueren.

☿ **Igrexa de San Salvador de Coruxo (**4,3 km)
Ihr Granitsteinbau wurde im 12. Jh. als Klosterkirche eines Benediktinerkonvents errichtet. An ihren beiden seitlichen Apsiden findet ihr besonders schöne und bemerkenswerte Hufeisen-Fenster im *Mudéjar*-Stil.

Mudéjar
In diesen weltweit einzigartigen Baustil des 12. – 16. Jh. (von arab. *mudayyan* – diejenigen, die bleiben durften) ließen die zum Christentum konvertierten maurischen Handwerker ihre eigenen traditionellen Elemente wie Hufeisenbögen und Säulen einfließen.

☿ Vor ihr findet ihr ein wirklich halsknödeliges ***Cruceiro***s ().

Nach der anschließenden Kreuzung rutschen die Pfeile (4,4 km) –
weiter auf der Hauptstraße könnt ihr Leib und Rucksack füllen –
☛ halbrechts von der Hauptstraße herunter, führen euch
☛ links hinter ihr entlang und
☛ auf sie zurück (4,8 km). Ihr umkreiselt die nächsten beiden Kreisel (5/5,5 km) jeweils nach
☛ geradeaus, geht dann aber sofort
☛ rechts an der linken Seite eines Firmengebäudes (der erste Stock kragt ein bisschen über) entlang in den schmalen Fahrweg Cam. Pitasia, der sich durch enge, hohe Wände quetscht. An seinem Ende wuselt ihr euch nach
☛ rechts kurz unter der Autobahn entlang zu einem Kreiverkehr (6,2 km).
☛ Schräglinks führt der Wirtschaftsweg Cam. do Río de Gonzas erst sandig am Rego da Presa entlang, dreht später (6,6 km) als C. Rodeira kurvig von ihm ab zu einer verschobenen Kreuzung an einer Steinmauer mit Granitkreuzen (6,8 km) und macht dort einen kleinen Bogen
☛ halblinks zu einem
☿ großen **Felsen mit Kreuz** drauf. Nach einem
☛ Rechtsbogen um ihn herum kommt ihr
☛ links und mit der zweispurigen Estr. Matamá Pazo-Comesaña (7 km)
☛ rechts zur **Iglesia de San Andrés de Comesaña** (7,1 km).

Nach einer beampelten Straßenenge biegt ihr an einer Kreuzung (7,4 km)

☞ rechts in den Cam. Sanin ein, folgt ihm vor dem Gebäude SVCD Nautilus

☞ linksgeradeaus vorbei an einem sehr netten

☺ Rastplätzchen (7,7 km) und weiter zwischen hohen Mauern zu einer

☞ Unterführung der PO-010 (7,9 km). Danach könnt ihr an einem

☺ weiteren und sehr schönen Rastplätzchen (8,1 km) zur sehr liebevoll restaurierten Wassermühle

☿ **Muiño da Regueira** hinuntersteigen, bevor ihr am Ende der Anlage

☞ halbrechts mit dem Cam. da Carpinteira in

🍺🍎+ **Matamá** auf der zweispurigen Estr. da Balsa landet (8,3 km)

💣 Hier kommt eine enge, nicht ungefährliche Straßenpassage!

Ihr geht wenige Meter nach

☞ links zur zweispurigen Hauptstraße R. de Leonardo Alonso, steigt diese

☞ rechts hinauf zu einer Kreuzung (8,5 km) -

✋ 🍎 geradeaus gibt es in 110 m einen kleinen Laden – und könnt

☞ links an einer sehr imposanten Kirche durchatmen (8,6 km).

☿ **Igrexa de San Pedro de Matamá**

Ihr ursprünglich romanischer Bau des 12. Jh. wird heute vom Barock und dem neoklassizistischen Stil des 18. Jh. überlagert. Ins Auge fielen mir als erstes der Ziergiebel mit seinen zahlreichen Voluten (♁).

In Spanien nicht gerade selten, aber an dieser Kirche besonders markant ist die Empore im unteren Bereich des ziemlich mächtigen Glockenturms.

Die kreuzförmigen Löcher neben Petrus über dem Portal nennt man

♁ **Ocellen** (sing. Ocellus) – augenähnliche Strukturen (ha! – jetzt wissen wir alle ein großartiges Wort mehr (ich auch – Danke!)).

Mit dem Cam. Real geht ihr an ihrer

☞ linken Seite entlang und hinter ihr vorbei und

☞ kreuzt die R. Parada (8,8 km) zur ziemlich engen R. do Castro. An deren Ende (9 km) folgt ihr der R. do Roupeiro nach

☞ links, biegt nächstmöglich (9,2 km)

☛ rechts ab und genießt den Blick auf das Häusermeer von Vigo, bevor ihr (9,5 km) wieder an Höhe verliert und an der schier endlosen Mauer einer riesigen Industrieanlage landet (9,8 km). Der folgt ihr

☛ rechts – links um die Ecke zu einem Haus und quetscht euch an dessen

☛ linken Seite durch einen schmalen Durchgang, der sich bald wieder öffnet und euch unter einem Hochspannungsmast hindurch zu einem schmalen Korridor (10,1 km) zwischen hohen Mauern bringt.

✋ Wenn es euch nicht gruselt, kommt ihr an seinem Ende rechts mit der vierspurigen Av. do Alcalde Portanet zum Fußgängereingang des **Parque de Castrelos**, (s. ✋✋ u.).

✋ Angenehmer ist es vielleicht, hier rechts und am Ende mit der Av. de Castrelos, links zum Fußgängereingang des **Parque de Castrelos** zu gehen (s. ✋✋ u.).

Vigo

Aus der Römersiedlung *Vicus* entwickelte sich im Mittelalter ein Dorf, das es beileibe nicht leicht hatte: Im 10. Jh. fiel Almansor (🕯) mit seinen Sarazenen über es her, von Fernanndo II. gerade erst wiederbelebt wurde es Ziel normannischer Raubzüge und schließlich von der Pest fast völlig ausgelöscht. Mit Privilegien päppelte Karl V. 1529 es kurzzeitig wieder auf, bevor Sir Francis Drake es im Zuge der Gegenarmada 1589 bis auf die Grundmauern zerstörte. 1619 kamen die Türken und plünderten den Rest, 1702 folgten ihnen die Engländer, 1808 die Franzosen und schließlich stationierte Hitler 1940 – 1942 hier seine Truppen (de jure war Spanien neutral, allerdings wussten Franco und Hitler sich durchaus gegenseitig zu schätzen). Zu dem Handelszentrum, das Vigo heute ist, wurde es erst ab den 1970-er und 1980-er Jahren.

🕯 **Armada/Gegenarmada**

König Philipp II schickte Ende Mai 1588 seine Kriegsflotte „La Grande Felicíma Armada", die große allerglücklichste Flotte, von Lissabon gen Spanien aus, um mit einem Aufgebot von ca. 130 Schiffen, 2.400 Kanonen, 8.000 Seeleuten und 19.000 Soldaten England zu erobern und die ungeliebte, weil protestantische Königin Elisabeth I. zu stürzen. Die verfügte über eine kleinere, aber modernere Flotte, Sir Francis Drake und etwas Glück: Am 14. August kam das, was Philipp II. den „Viento protestante", protestantischen Wind, nannte und die spanischen Schiffe havarieren ließ. Nur 67 Schiffe und ca. 10.000 Mann erreichten wieder spanisches Festland ... gefolgt von der englischen Gegegenarmada, mit der 1589 nunmehr England Spanien angriff. Deren Erfolg beschränkte sich allerdings nunmehr auf möglichst gründliche Zerstörung.

🖐🖐 Weil der Camino durch diese Grünanlage führt, Vigo nicht Jedermenschs Sache ist und auch die Pilgernden, die über Freixo gegangen sind, hier ankommen, beende ich dieses und beginne ich das nächste Kapitel an dieser Stelle.

Zur Herberge

Neinneinnein, ich lasse euch nicht auf einer Parkbank übernachten:

Zur *Albergue de Peregrinos* (+ 3,2 km) folgt ihr der Av. de Castrelos zu einem Kreisverkehr (11,7 km) der so groß ist, dass sich auf ihm eine Grünanlage befindet, nehmt Kurs auf nach

☞ geradeaus in die R. da Coruña und gehtt am nächsten Kreisel

☞ rechts die R. do Conde de Torrecedeira ganz hinauf, rutscht unterwegs oder fast an der Spitze nach

☞ links auf die breite und verkehrsreiche Av. da Beiramar auf und folgt ihr in Laufrichtung zu einem bis auf ein Steinkreuz ziemlich leeren Platz (dort, wo die Straße nach einem großen Kreisverkehr rund um einen Laternenmast in den Boden versinkt).

⌂⌂♿ 93/7, W/T, ⧗ ganzjährig 13.00 – 22.00, 10,--
Albergue de Peregrinos de Vigo, Praza do Berbés, 5, ☎ 650 812 048.

🖐 ⌂ Zum R4 Hostel, C. Real, 4, ☎ 986 699 727, 22/1, ⧗ 01.03. – 31.10 15.00 – 18.00, ab 24,--, geht ihr an der Albergue vorbei (+ 270 m).

Am nächsten Morgen verlasst ihr die Herberge nach

☞ rechts in die R. Real, biegt in die zweite Straße, R. Alta,

☞ rechts ein, folgt ihr

☞ links um die Ecke, steigt

☞ rechtsgeradeaus eine Rampe hinauf zur R. Elduayen, folgt ihr kurz nach

☞ links zur Praza Porta do Sol, rutscht dort ein bisschen nach

☞ rechts auf in die Shoppingmeile R. do Principe, teilt euch die R. de Urzáiz wieder mit Autos, folgt ihr stur immer geradeaus, bis sie zu einer Einkaufsstraße wird (2,2 km), und blättert dort zur Seite 136.

Parque de Castrelos – Redondela

(18,4 km, 260 m, 270 m)

**Auf dieser Etappe unterschreitet ihr die 100-km-Marke.
Denkt also bitte spätestens ab jetzt an die Stempelregel (♁)!**

Nachdem ihr euch durch die städtischen Randbezirke von Vigo gefisselt habt und durch eine Fußgängerzone gebummelt seid, erwartet euch der sehr schöne, sehr lange Höhenweg *Senda del agua*, von dem ihr einen tollen Blick auf Vigo, die Bucht und die *Bateas* habt (s. u.).

Die Muscheln folgen im **Parque de Castrelos** dem Flüsschen (links) dicht an seiner Seite, kreuzen zwei Straßen (0,6 km/1,2 km) und unterqueren mit der Fahrspur danach, Cam. Carreiros (1,9 km, gegenüber ist eine Firma), nach

☛ links eine Straße. Bald darauf (2 km) folgen sie

☛ rechtsgeradeaus der Baixada á Salgueira, trennen sich von ihr, wenn die an einer Ampel nach links wegknickt (2,4 km), nach

☛ rechts in die R. do Carballo, passieren die Kirche **Colexio San Xosé de Cluny** (2,3 km moderner Bau mit großem Kreuz) und erreichen (2,8 km)

☛ links – rechts durch die R. Loureiro eine riesige Kreuzung (3 km), an der sie die N-120 nach

☛ geradeaus in die R. Papuxa überqueren. Nur wenige Meter weiter führt

☛ links die R. de San Roque zu einer Treppe, die ihr hinaufsteigt zur muschelgekrönten Pforte zum **Parque de San Roque** mit

☝ ☿ **Capela de San Roque**

Im Jahr 1598 musste Vigo, verheerend von der Pest heimgesucht, mehr als 2.000 Opfer beklagen. Dass sich die Situation besserte, schrieben die Menschen dem Heiligen Rochus zu und errichteten ihm zum Dank und zu Ehren diese Kirche. Die Altarbilder des Heiligen Rochus, der schmerzensreichen Muttergottes (Pietà) Dolorosa und der Nuestra Señora del Rosario stammen aus dem 19. Jh.

☿ Der gegenüberliegende **Pazo** (♗) wurde Ende des 17. Jh. errichtet.

⁂ Am 16. August wird der Heiligen Rochus festlich gefeiert.

An dieser Muschelpforte geht ihr

☞ geradeaus durch die R. de San Roque auch über eine Vorfahrtstraße (3,5 km, rechts kommt gleich das Wandbild eines Mädchens, das aus einer Welle herausguckt) hinweg, lasst mit ihr einen dreieckigen Parkplatz (3,8 km) an eurer linken Schulter und biegt dann (3,9 km) mit ihr nach

☞ rechts ab. An einer großen Kreuzung mit Kreisel (4 km) hüpft ihr kurz

☞ links auf die Av. Alcalde Gregorio Espino, dürft sie aber gleich wieder

☞ rechts in die Einkaufsstraße R. de Urzaiz verlassen.

Hier wünsche ich allen, die in der Herberge in Vigo geschlafen haben, einen wunderschönen guten Morgen!

💣 In der R. de Urzaiz solltet ihr euch noch einmal ausgiebig rüsten, denn die nächste Möglichkeit zum Einkehren oder Auffüllen der Vorräte findet ihr erst in Redondela.

Karte CPCo20

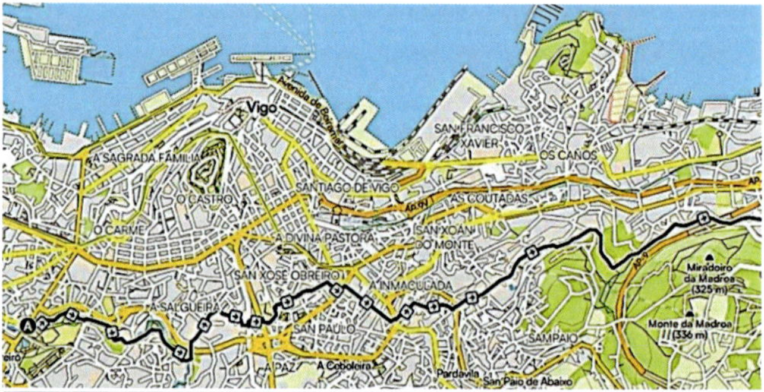

Wenn ihr seht, dass die Shopping-Meile an der dann nächsten Kreuzung endet (4,6 km), führen euch die Pfeile mit der fünften Straße nach

☛ links durch die R. de Toledo, mit ihr über eine große Kreuzung (4,7 km) hinweg und gleich darauf
☛ rechtsgeradeaus den Buckel hinauf. Oben (4,9 km) biegt ihr mit ihr nach
☛ rechts ab und verlasst sie erst an einem Parkplatz mit einzelnen weißen Steinpfosten (5,2 km) nach
☛ links in die R. Cantabria.

Mit ihr

☛ überquert ihr sofort eine große Kreuzung nach
☛ geradeaus und stapft auf ihr munter vor euch hin, bis sie nach links bergab abdreht (5,6 km). Ihr allerdings bringt
☛ rechtsgeradeaus mit der R. da Pouleira noch einige Höhenmeter hinter euch und seid oben, wenn ihr am nächsten Kreisel (6,4 km)
☛ links – linksgeradeaus der auf den Boden gepinselten Wellenlinie folgt.

Die Straßennamen wechseln in der Folge, die Wellenlinie ist mal da, mal nicht da, ihr geht mal auf Asphalt, ganz viel aber auch auf breiten Naturwegen, mal durch Häuser, ganz viel nicht durch Häuser, bleibt stets auf etwa gleicher Höhe in Laufrichtung und habt ganz viel Zeit, die großartigen Aussichten auf die Ría de Vigo zu genießen und vielleicht ein bisschen über den bisherigen Weg zu resümieren, bevor ihr in Redondela auf den Camino Central wechselt.

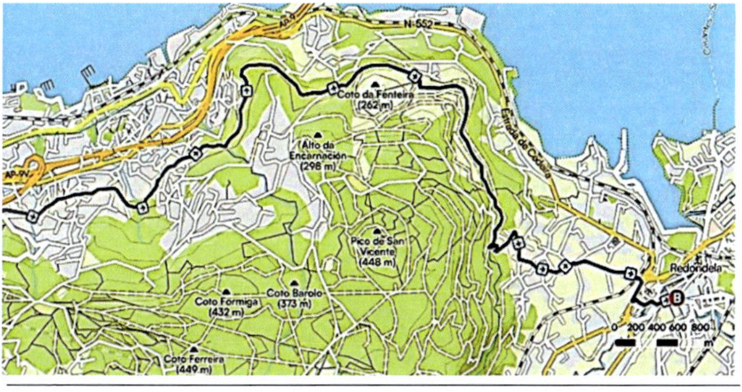

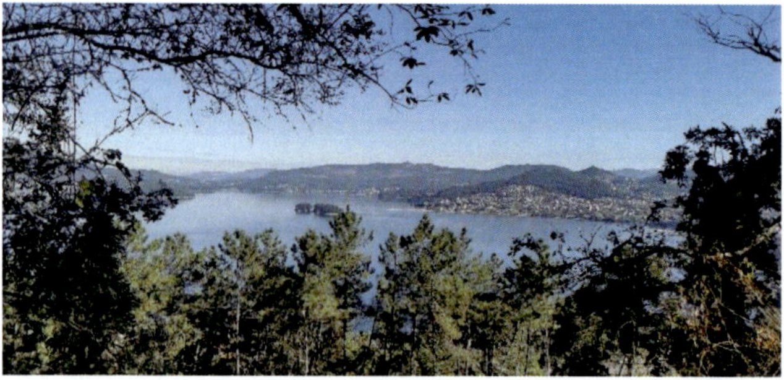

Wenn überhaupt fahren hier so selten Autos, dass ihr ganz in Ruhe den Kopf ausschalten könnt, denn für „immer geradeaus" brauchen eure Füße ihn nicht.

- *Bateas* – wo Muscheln an Seilen wachsen
  An den schwimmenden Plattformen in der *Ría* werden die Mexillón de Galicia, galicischen Miesmuscheln, an Seilen gezüchtet. Mit fast 300.000 t dieser Meeresfrüchte (2018) ist Galicien der größte Miesmuschellieferant Europas und der zweitgrößte weltweit (nach China).
- Die **Mexillón de Galicia** (seit 2007 von der EU geschützter Begriff) gelten als besonders schmackhaft und haben ein leuchtend oranges Fleisch. Angeboten werden sie entweder gekocht und meist noch in Töpfen, in
- **Escabeche**, einer Essig-Öl- Marinade, oder als
- **Salsa Gallega** in einer Paprika-Tomaten-Sauce.

Also immer der Nase nach (ach, das ist jetzt blöd, weil die guckt ja meistens nach links; aber wenn da Bäume sind, die die Sicht verstellen, funktioniert es ja wieder) geht ihr einmal (8,3 km) kurz neben einer breiteren Straße her, verlasst sie aber gleich wieder

☛ linksgeradeaus.

Nach 11,1 km werdet ihr sehr schön durch einen Wald und an einem kleinen Wasserfall vorbeigeführt und merkt, wenn ihr schließlich (15,8 km, geradeaus geht es zu einem alleinstehenden Haus) auf eine Straße stoßt, mit der ihr euch

☞ links in engen Kurven den Berg hinab windet, dass ihr euch Redondela nähert. Eben dieser Straße folgt ihr zu einer Straße mit Bäumen in der Mitte, einer Kirche dahinter und einem *Cruceiro* (♰) davor (16,5 km).
☞ Links kommt ihr sofort an einem
☺ Rastplätzchen vorbei, bleibt gleich darauf (16,6 km)
☞ rechts an der sehr kreativ gestalteten Mauer einer Grundschule, geht an einer mehrfingrigen Verzweigung (16,8 km)
☞ linksgeradeaus durch die Estr. Subida Cedeira, wechselt an einem Plätzchen mit Kreuzchen (17 km)
☞ rechts-links in den Cam. das Cardosas,
☞ unterquert Bahngleise (17,6 km), folgt kurz der N-550 nach
☞ rechts und geht sofort
☞ links entweder einen Abgang oder wenige Meter weiter eine Rampe hinunter zu einem Kanälchen (18 km). An seinem
☞ linken vorläufigen Ende (18,1 km) kommt ihr
☞ rechts eine Gasse hinauf zur R. Pai Crespo.

✋ Zu den Unterkünften
⌂♿ Albergue Santiago de Vilavella, R. Pai Crespo, 55 und
⌂♿☞ Albergue A Conserveira, R. Pai Crespo, 60
geht ihr nach rechts.

Zu den Herbergen
⌂☞ Albergue Alfonso XII., R. Alfonso XII, und
⌂⌂♿ Albergue de peregrinos Casa da Torre, Praza de Ribadavia,
geht ihr nach
☞ links zu einem Kreisel, an dem der Camino in die nächste Etappe schlendert.

Willkommen auf dem Camino Central!

Alle näheren Informationen über die Herbergen in Redondela findet ihr auf Seite 219 ff, für die nächste Etappe blättert ihr bitte zur Seite 222!

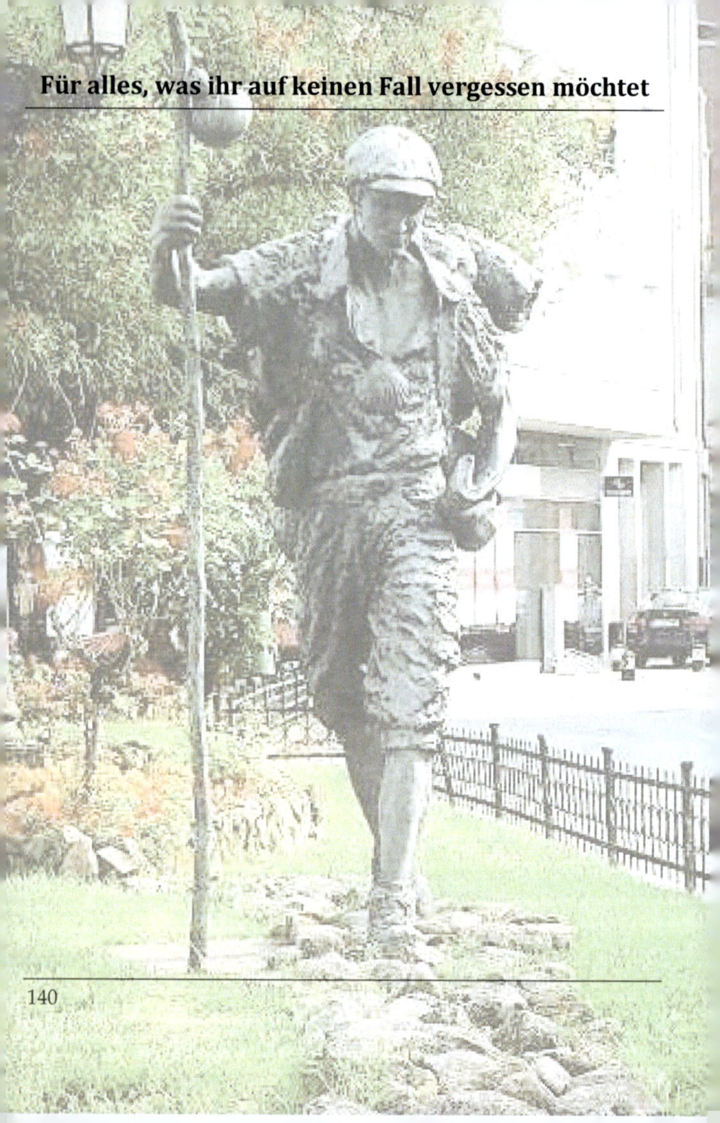

Wegteilung – Abzweig zum/und Refugio Senhora da Hora

(6 km, ⇧ 100 m, ⇩ 40 m/+1,7 km)

Nachdem ihr der Wegbeschreibung auf Seite 54 gefolgt seid,

☛ kreuzt ihr die R. de Mouzinho da Silveira zur Largo São Domingos,

☛ überquert rechts einen Platz zur R. das Flores, biegt

☛ links in die nächste Straße, R. do Ferraz, ein und steigt an deren Ende

☛ links – rechts die schmale Pflastergasse Travesa do Ferraz hinauf zur R. dos Caldeireiros, mit der ihr

☛ links den Platz Largo Amor de Peredição (0,5 km) erreicht, dessen

☿ Bronzeplastik **Estátua de Camilo Castelo Branco** diagonal gegenüber eine Hommage an den Schriftsteller Camilo Castelo Branco und eine 1862 von ihm erzählte und als wahr geltende tragische Liebesgeschichte ist, die diesem Platz seinen Namen gab. Rechts von euch ist der

☿ **Torre dos Clérigos** (s. S. 50) gar nicht zu übersehen.

Ihr

☛ kreuzt die Straße Campo dos Mártires da Pátria zur R. do Dr. Ferreira da Silva, lasst mit ihr die Universidade do Porto links liegen –

☝ ☿ rechts von euch ist die **Livraria Lello** (s. S. 50) –,

☛ überquert diagonal die

☿ **Praça De Gomes Teixeira** mit dem Löwenbrunnen **Fonte dos Leões** (0,8 km, s. S. 51) zur

☿ **Igreja dos Carmelitas** (s. S. 51),

☛ geht an ihrer Azulejo-Wand (♁) entlang, haltet euch gleich an einer spitzen Verzweigung (0,9 km)

☛ linksgeradeaus, schlendert die R. de Cedofeita, Portos Einkaufsmeile, ganz hinauf und immer weiter geradeaus unter der Bahn (2,1 km) hindurch zur

⌂⌂ Albergue de Peregrinos do Porto (2,3 km, s. S. 53).

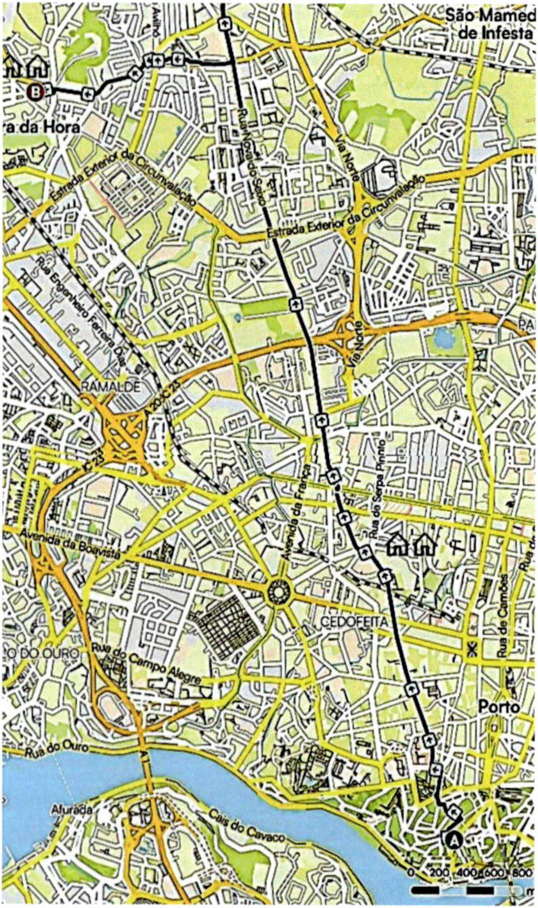

Karte
CPCr01

Gleich danach lasst ihr

☛ links die **Capela de Ranada Alta** (2,4 km) an eurer rechten Schulter, schwenkt anschließend

☛ rechts in die R. de 9 de Julho ein und verlasst sie erst an ihrem Ende (3 km) nach

☛ rechts, um erst unter diesem, dann auch unter dem Wohnblock gegenüber hindurchzuschlupfen.

Auf der anderen Seite setzt ihr euren Marsch

☛ links auf der R. de 9 de Julho fort, fädelt euch

☛ in Laufrichtung auf die Straße Praça do Exéricito Liberatador (3,2 km) ein. Die Straße wechselt ganz oft ihren Namen, ihr aber nie die Richtung. Ihr unterquert die Autobahn A-20, (4 km), kommt vorbei am

⌂ Queens Garden Hostel, R. do Monte dos Burgos, 923, ☏ 931 150 495, ab 27,--, ab 68,--/EZ, ab 79,--/DZ,

☛ kreuzt die vierspurige N-12 (4,8 km) und stoßt in **Padrão da Légua** (6 km) auf die mittelbestreifte Av. Xanana Gusmão, an der der Camino geradeaus ins nächste Kapitel wackelt.

✋ Mit der v. Xanana Gusmão, später R. de São Gens, nach

☛ links und immer dem Mittelstreifen folgend, kommt ihr zum

⌂ Pousada e Hostel das Flores (+ 1 km, R. de São Gens, 2787, ☏ 931 182 478, ab 27,--, ab 45,--/DZ,

und am gleich darauf folgenden Kreisverkehr

☛ halblinks zum

⌂⌂ Res., 20 Plätze, K, W, ganzjährig, nur auf Anmeldung, 13,--
Refugio de Peregrinos Senhora da Hora (+ 1,2 km), R. Vasco Santana, 264, ☏ 960 227 134, viaportuscale.wix.com (rechte Seite).

✋ Am Ende der Straße gibt es eine Metro-Station (+ 1,6 km).

Abzweig zum Refugio Senhora da Hora - Vairão

(19,5 km, ⇧ 200 m, ⇩240 m)

Der Camino

☛ überquert die Av. Xanana Gusmão, unterquert die A44 (1,9 km), durchquert immer im Laufschritt Marsch übergangslos ineinander wabernde Orte und führt euch vorbei an der

☿ **Igreja Sâo Pedro** von **Araújo** (3,3 km, 18. Jh.).

Fast ein bisschen interessanter als das Gotteshaus selbst ist die

☿ **Carvalho Santo,** die heilige Eiche, links von ihm und unschwer zu erkennen an einem kleinen Schrein in ihrem Stamm:
Im April 1895 gab es ganz fürchterliche Regenfälle, die zu Erdrutschen und einer Überschwemmung führten. Selbst die Bäume wurden entwurzelt und schwammen mit den Wassermassen davon.
Nur diese Eiche widerstand dem Unwetter. Mehr noch: Später entsprang unter ihr eine Quelle, der man heilende Kräfte nachsagt.

Nach 4,8 km verlasst ihr endlich die Häuser und bald darauf auch die Straße

☛ linksgeradeaus an einer abgestuften Mauer entlang, kommt aber ganz bald (5,3 km) wieder auf sie zurück und überquert mit ihr erst den Rio Leça und dann die A41 (6 km). Anschließend führen euch die Pfeile 250 m weit auf der N-107 nach

☛ rechts zu einem Kreisverkehr.

✋ Es gibt zwar einen Gehweg, aber ganz ehrlich? – Nett ist es hier nicht!

Diesen Kreisverkehr verlasst ihr

☛ in Richtung „Moreira“, geht auch weiter nicht nett mit der N-13 über eine große Kreuzung und dürft am Friedhof von **Padrão de Moreira** (6,9 km)

☛ halbrechts in der R. Monte Clara endlich, endlich durchatmen.

Karte CPCr02

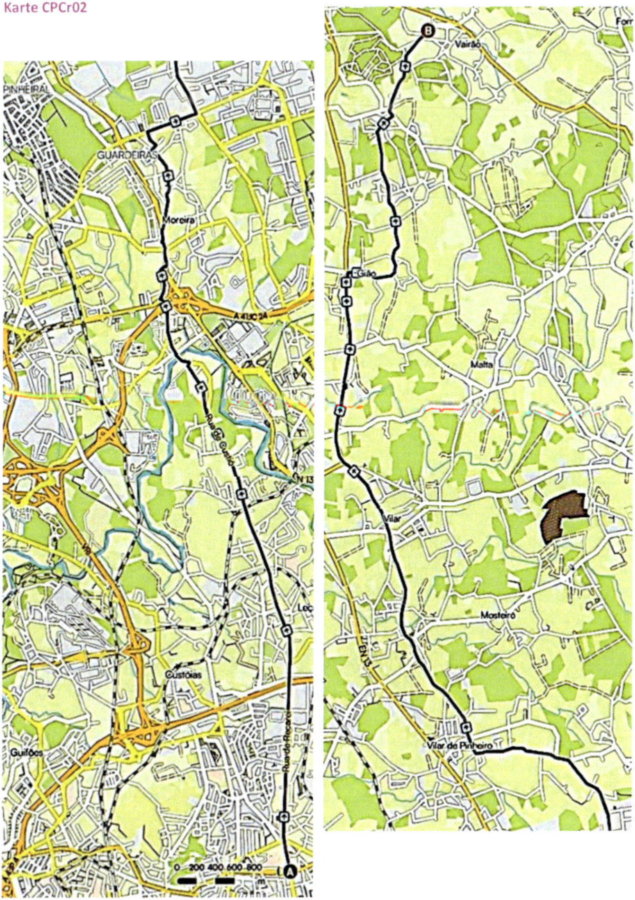

Ob ihr

- am Ende der Straße rechts oder mit den Pfeilen kurz vorher
- rechts – links geht, bleibt sich (Achtung, Hessischalarm!) gehupst wie gedupst, denn ihr landet auf der R. Eng. Frederico Ulrich (8 km) und quasi
- mitten auf den Rolltreppen eines Shoppingcenters. Wenn euch also auf diesen ersten Kilometern aufgefallen ist, dass euch etwas fehlt oder irgendetwas nicht wirklich gut ist: Hier habt ihr Gelegenheit, das zu ändern. Falls ihr aber schicke Kleidung und Schuhe mit Absätzen vermisst, rate ich euch doch sehr, dies noch ein paar Tage als Teil der Vorfreude auf euer Zuhause zu genießen.

Mit der R. Eng. Frederico Ulrich dreht ihr

- rechts dem Einkaufszentrum den Rücken zu und verlasst sie an der nächsten großen und beampelten Kreuzung (8,5 km) nach
- links in Richtung „Sectores I a III“ in die R. do Outeiro, der ihr mal mehr, mal weniger schön, mal mit, mal ohne Gehweg bis zu deren Ende (9,9 km) folgt, wo ihr nach
- links in Richtung „Vilar do Pinheiro“ auf die R. da Barranha abbiegt.

Gleich darauf

- linksgeradeaus lasst ihr mit der R. Dr. José Aroso eine Firmenhalle an eurer rechten Schulter, folgt dieser, wenn Mauern und Häuser dichter zusammenrücken (10,9 km) durch eine Rechtskurve,
- überquert (11 km) die R. Adário Gonçalves Moreira in die R. do Padinho und folgt ihr an einer
- Bar (11,2 km)
- linksgeradeaus in Richtung „Mosteiró“. An einem Stop-Schild (12,1 km) wechselt ihr
- rechtsgeradeaus auf die R. da Botica und erreicht schnurstracks in
- **Lameira** den großen Markt-/Parkplatz Largo da Lameira mit *Cruzeiro* (🕯, 12,2 km).

- 🏠 9/3, W/T, ⧗ ganzjährig außer Weihnachten, 14.30 – 21.00, 25,--
  Zum Casa dos Caminhos, R. de Trás, ☏ 480, 911 121 122, casasdoscaminhos@gmail.com, 6,--/Frühstück, geht ihr rechts und rechts.

Diesen Platz lasst ihr

☞ geradeaus in Richtung „Vilar“ an eurer rechten Seite und pilgert forsch voran in Richtung „Gião“ durch **Vilar** und **Carrapata** und wechselt mit der N-306 (14,2 km) –

dieses Landsträßchen wird bis Pedra Furada euer Begleiter sein –

☞ rechtsgeradeaus von Pflaster auf Asphalt, mit dem ihr

Gião durchstiefelt.

An einer beampelten Kreuzung (16,3 km) verlasst ihr die Landstraße nach

☞ rechts auf die Kopfsteine der R. da Igreja, folgt ihr am Ende einer langen Mauer (rechts)

☞ linksgeradeaus und erreicht ein eine Verkehrsinsel mit

☿ *Cruzeiro* (, 22,8 km) mit

Lilienkreuz

In der Heraldik (Wappenkunde) steht die Lilie für Treue, Weisheit und Ritterlichkeit, im christlichen Kreuz verkörpert sie die Dreieinigkeit (Gott als Vater, Sohn und Heiliger Geist), die sich am Treffpunkt vereinigen.

Dort bleibt ihr

☞ linksgeradeaus in Richtung „Tresval“ weiter auf der R. da Igreja, später R. de Tresval, folgt immer euren Nasenspitzen durch mehr oder weniger dichte Bebauung nach und durch **Tresval.** Nach einem kurzen Waldstück werdet ihr in

++ **Vairão** mit einem freundlichen „Bem-vindo“ begrüßt.

Dort, wo es in einen kurzen, begrünten Mittelstreifen gibt (18,2 km), könnt ihr

einkehren oder vom

☿ **Baloiço Panorâmico de Crasto Vairão** (+ 0,2 km) die Aussicht genießen.

Ihr lasst ein weiteres *Cruceiro* rechts liegen und wendet euch, wenn eure Nasen an eine Mauer stoßen (18,5 km), nach

☞ links, könnt in einer

Pilgerbar (18,6 km) rasten, dreht dann sofort nach

☞ rechts – halblinks in Richtung „Mosteiro“ in die R. das Pedreiras ein und erreicht schließlich die **Capela Nossa Senhora da Lapa**, an der es im nächsten Kapitel scharflinks weitergeht.

☿ **Mosteiro de Vairão**

Erstmals urkundlich erwähnt wird es am 12. Mai 974 als

8 **Doppelkloster**

In ihnen lebten Mönche und Nonnen unter einem Dach. Ja, das gab es ... allerdings nicht oft und nicht lange, denn die Synode von Agde verbot sie am 10. September 506, „sowohl wegen der Hinterlist des Satans als wegen der üblen Nachrede der Leute". Endgültig aufgelöst wurden die meisten Konvente dieser Art allerdings erst im 13. Jh.

Geführt wurden sie meist in der altklassischen Männer-/Frauenrolle, intern von einer Äbtissin, nach äußen von einem Abt.

Eine das Kloster betreffende Schenkungsurkunde von Dom Afonso Henriques aus dem Jahr 1141 wird als eines der ersten portugiesischen Schriftstücke im Torre do Tombo, dem portugiesischen Nationalarchiv in Lissabon, aufbewahrt.

Das Klosterleben endete bedingt durch die portugiesische Kirchenreform (8) im Jahr 1891 mit dem Tod der letzten Nonne.

⌂⌂ 50 Plätze, K, ⧗ ganzjährig ab 14.00, 10,--

Die Herberge im Mosteiro de Vairão, R. do Convento, 21, ☎ 966 431 916, www.mosteirodevairao@gmail.com, Frühstück 4,--, und das

++ Unidade de Saúde, Largo do Mosteiro, 100, ☎ 252 662 653, befinden sich auf dem Klostergelände.

Bei all dieser klassischen Rollenverteilung fällt mir etwas ein:

8 **Heilige Helena** – Urmutter aller Pilgernden

Wusstet ihr, dass der erste Pilgernde überhaupt gar kein Mann, sondern eine Frau war? Die Heilige Helena, Mutter von Konstantin dem Großen (na klar, Mutter pilgert und der Herr Sohn erntet die Lorbeeren!) machte sich um 325 im stattlichen Alter von 76 Jahren auf ins Heilige Land, um selbst zu sehen, wo und wie Jesus gelebt hat.

Sie war es auch, die die Gebeine des Heiligen Matthias (er rückte, um das Dutzend wieder voll zu machen, als Apostel nach, nachdem Judas Ischariot Jesus verraten und sich selbst erhängt hatte) nach Trier überführen lassen ließ und es damit zur einzigen Stadt nördlich der Alpen machte, in der ein Apostel ruht.

Vairão - Vilarinho

(1,6 km, ⇧ 10 m, ⇩ 30 m)

Karte CPCr03

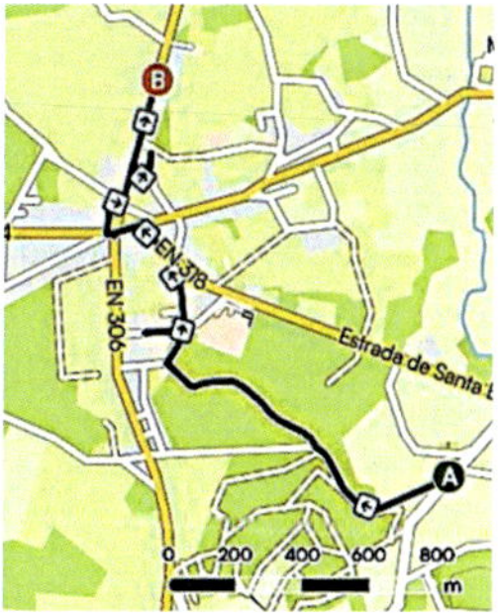

Der Camino biegt an der Kapelle **Capela Nossa Senhora da Lapa**

☛ scharflinks ab, kurvt gepflastert zwischen Mauern, schlüpft (0,5 km)

☛ rechtsgeradeaus durch sie hindurch und lässt euch sehr gemütlich durch den Wald spazieren. An den ersten Häusern von **Vilarinho**, biegt ihr (1,1 km)

☛ rechts ein

✋ ⌂⌂ Res., 7/1, K, W/T, ⧗ ganzj., 15,---
Die Acogida Casa Familia Vidal, R. do Selteiro 87, ☎ 966 766 092, familiavidalvilarinho@hotmail.com, Pool, befindet sich in der nächsten Straße links.

Mit dieser R. da Piposa stoßt ihr gleich darauf auf die zweispurige N-318 (1,4 km). Mit ihr nach

☛ links und gleich darauf mit der N-104 abermals

☛ links kommt ihr an eine große Kreuzung im

☺☕ sehr nett angelegten Zentrum des Dorfes (1,6 km).

\+ Hier findet ihr auch eine Apotheke und

✋ hier beginne ich das nächste Kapitel.

⌂➪ Res., 13 Plätze, ⧗ ganzjährig ab 13.00, 15,--
Zum Casa da Laura, R. Estreita, 112, ☎ 917 767 307, ab 35,--/DZ, folgt ihr dem Camino nach rechts in Richtung Junqueira in den Largo de Vilarinho (die Kirche ist dann an eurer linken Schulter) und geht nach einer langen Mauer rechts und um die Ecke herum.

Vilarinho – São Pedro de Rates

(10,9 km, ⇧ 140 m, ⇩ 140 m)

Karte CPCr04

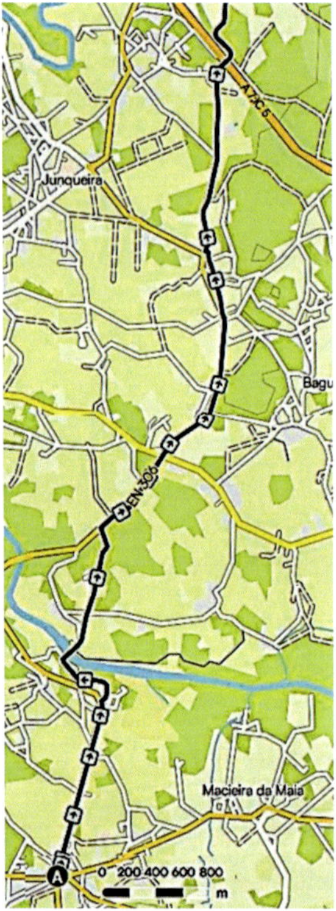

An der Kreuzung im Zentrum von Vilarinho biegt der Camino nach

☞ rechts in Richtung „Junqueira" in den Largo de Vilarinho (die Kirche ist dann an eurer linken Seite) ein, verlässt ihn in einer Linkskurve (1,2 km)

☞ rechtsgeradeaus in die R. da Ponte de Ave und überquert den Fluss Ave (1,7 km) auf der romanischen

☿ **Ponte Dom Zameiro**
Man geht davon aus, dass sie in ihrer Urform bereits in der römischen Epoche als wichtiger Bestandteil des Handelswegs zwischen Porto, Esposende und Barcelos angelegt wurde. Sehr nett ist von ihr auch der Blick auf eine Wassermühle.

Und wenn ihr dort

☞ rechtsgeradeaus strolcht durch Dorf und Wald,
erreicht die N-306 (2,6 km) ihr schon bald, folgt

☞ rechts der Straß' zu einem Tor,

☺ und rastet wohl auf Stein (4,4 km) davor (nur, damit euch nicht langweilig wird, ;-D).

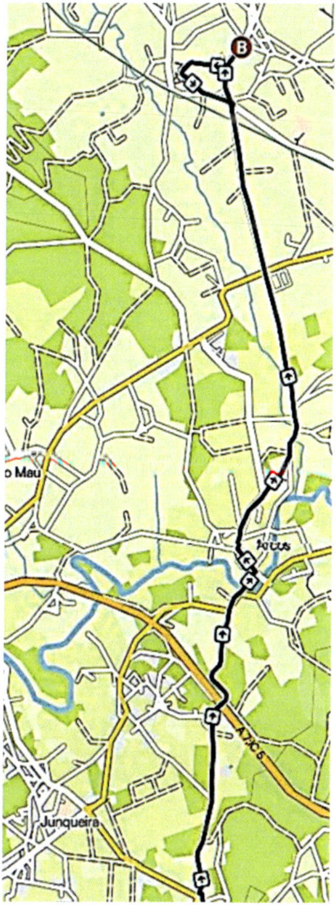

Direkt daneben

☞ halbrechts quetscht ihr euch durch die sehr engen Mauern der gepflasterten Gasse R. de São Mamede. Sie knickt am am Ende links ab zur R. Camilo Castelo Branco (4,8 km), mit der ihr nach

☞ rechts erst noch schnell

☕ einkehren könnt, bevor ihr immer eure Stiefelspitzen voran munter durch Wälder und Felder pilgert.

Nach einer verschobenen Kreuzung (5,9 km) geht der Fahrweg in einen Wirtschaftsweg über, der euch (6,2 km) unter der Autobahn hindurch und abermals zurück zur N-306 (6,8 km) führt.

Hier sage ich den von links kommenden Pilgernden, die vom Camino de la Costa auf den Camino Central gewechselt sind, ein ganz herzliches:
***Olá*, schön, dass ihr da seid!**

Nur wenige Meter weiter überquert ihr den Rio Este auf der sehr schön roman(t)ischen

☿ **Puente románico de São Miguel** (7 km)
Ihre drei ungleichmäßigen Bögen stammen aus dem 12. Jh.

Mit der nächsten Straße, R. António Bento Martins Júnior (7,2 km), nach

☞ links erreicht ihr

☕ **São Miguel de Arcos**.

Werft gerne an der **Igreja de Arcos** (7,3 km) einen Blick auf das
☿ Tor eines Landgasthofes (rechts). Mit seinem Wappen war es früher sicher der Eingang zum Anwesen nicht ganz unbedeutender Herrschaften.

Gleich darauf lasst ihr ein Wegkreuz an eurer linken Schulter und verlasst die Straße nach der **Capela do Senhor dos Desamparados** und einer
Bar und noch vor einem Firmengebäude (7,7 km) nach
☞ rechts in die R. da Alegria, biegt an deren Ende (8,1 km)
☞ links in die R. do Río Este ein,
☞ überquert die N-206 (9,2 km) –
\+ an ihr links gibt es in 350 m eine Apotheke –
zur R. das Ribeiras und erreicht schnurstracks einen ovalen Kreisverkehr (10,5 km), an dem euch São Pedro begrüßt.

São Pedro de Rates

Die Geschichte dieses Ortes ist dicht verwoben mit seinem Namensgeber São Pedro (s. u.) und der **Igreja de Sâo Pedro de Rates** (s. u.), durch die man sie bis ins 9. Jh. zurückvollziehen kann.

São Pedro de Rates

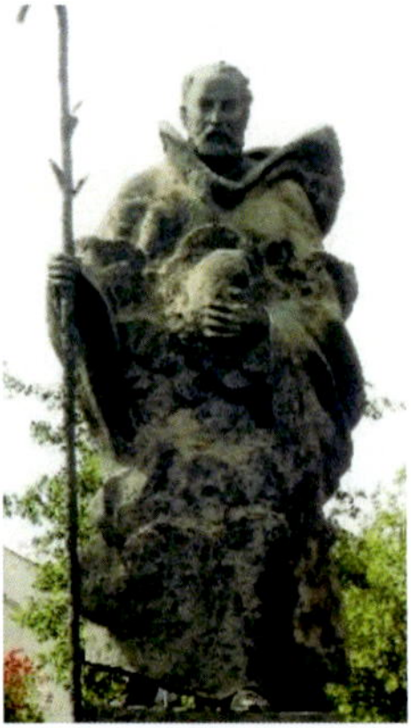

Die Angaben über Zeiten und Orte, die ich gefunden habe, sind sehr widersprüchlich und schwer nachzuvollziehen. Tatsächlich soll er erst im 5. oder 6. Jh. gelebt haben. Die Legende um ihn geht allerdings zurück ins 1. Jh. Aber Legenden brauchen keinen Beleg und in dieser spielt der Apostel eurer Wanderung eine Rolle: Als Jakobus auf der Iberischen Halbinsel das Wort Gottes verkündete, begegnete er im Jahr 44 in Póvoa de Varzim (Camino de la Costa) einem Mann namens Pedro, dessen Verbundenheit mit dem christlichen Glauben ihn so beeindruckte, dass er ihn zum Bischof ernannte.

Obwohl Braga ein gutes Stück entfernt liegt und das dortige Bistum erst im 4. Jh. errichtet wurde, gilt São Pedro als sein erster Ordinarius. Sein Engagement, das Wort Gottes zu verkünden und Menschen zum christlichen Glauben zu bekehren, machte auch vor der Tochter eines einflussreichen Vaters nicht Halt, was Pedro dessen Unmut einbrachte. Seine Flucht nach Rates konnte ihn allerdings nicht davor bewahren, dass er um das Jahr 60 aufgespürt, gefoltert und enthauptet wurde.
Viele, viele Jahre später im 9. Jh. wurde der Fischer Felix aus Villa Mendo von einem Leuchten auf den Hügel Monte São Felix (nordwestlich von Rates und vielbesuchter Wallfahrtsort) gelockt, wo er die Gebeine von Pedro fand.

Direkt zur Herberge geht ihr hinter dem Rücken der Statue von Sâo Pedro

- rechtsgeradeaus durch die R. Campo Fera und erneut
- rechtsgeradeaus in die R. de Santo António (linke Straßenseite noch vor einer kleinen Kirche).

Hier möchte ich euch einladen, einen kleinen Umweg von ca. 700 m zur Kirche des Heiligen zu machen. Dazu geht ihr an diesem Kreisel hinter dem Rücken seines Standbildes

- halblinks mit der R. Tomé Sousa in Richtung „Igreja Românica" und lasst eine Tankstelle an eurer linken Schulter.

☿ **Igreja de Sâo Pedro de Rates**
Um eine angemessene Grablege für die gerade gefundenen Gebeine Pedros zu schaffen, errichtete man im 9. Jh. diese Kirche, um die sich alsbald Benediktiner in einem Kloster niederließen. Etwa 1096 hatte Conde Dom Henrique (Heinrich von Burgund, erster Graf von Portugal und Vater von Alfonso I., dem ersten König Portugals) sehr ambitionierte Um- und Neubaupläne für dieses Gotteshaus und lud Mönche der Benediktinerabtei Cluny (Burgund, in jener Zeit eines der wichtigsten religiösen Zentren Europas) ein, sich hier klösterlich niederzulassen. Die Baumaßnahmen schleppten sich allerdings bis ins 13. Jh. und durch einige Baustile, Anpassungen und Änderungen hin. Dann verfiel das Kloster, erst in einen Dornröschenschlaf und schließlich überhaupt. 1515 löste Dom Manuel I. *O Venturoso*, der Glückliche, es auf und übergab es dem

8 **Orden der Christusritter**

Die 1318 gegründeten Bruderschaft hatte es sich zur Aufgabe gemacht, in Armut, Gehorsam und Ehelosigkeit den christlichen Glauben zu verbreiten.

Auf dem Dach der Kirche seht ihr ein

8 **Weihekreuz/Konsekrationskreuz/Apostelkreuz**

Das aus gebogenen Linien gebildete und mit einem Kreis umschlossene Kreuz (Kreuznimbus) bezeichnet die vollzogene Weihe eines Gegenstandes oder Gebäudes.

Dom Manuel erneuerte 1517 auf seiner eigenen Pilgerreise nach Santiago d. C. die Stadtrechte des Ortes. Bis zur Verlegung der Gebeine von Sâo Pedro nach Braga 1552 war Rates ein wichtiger Wallfahrtsort. Die Kirche selbst zählt als eine der am besten erhaltenen romanischen Bauten zu den Nationaldenkmälern Portugals.

Um zur Herberge und damit zurück auf den Camino zu kommen, biegt ihr von der R. Tomé Sousa

☛ rechts in die R. Direita ein, passiert den

Fonte de São Pedro vorbei (wenn der wirklich mal so ausgesehen hat, wie es das Azulejo-Bild (8) zeigt, war er früher wirklich schön) und geht am Ende mit dem Camino

☛ halblinks in die R. de Santo António (linke Straßenseite, noch vor der kleinen Kirche.

⌂ ⌂ 50/4, K/M, ⧗ ganzjährig 14.00 – 22.00, Spende

Albergue de Peregrinos de Sâo Pedro de Rates, R. de Santo António, 189, www.alberguederates.pt, altehrwürdiger Aufenthaltsraum, sehr netter Außenbereich.

Diese 2004 eröffnete Herberge war die erste in Portugal, die ausschließlich für Pilger eingerichtet wurde.

Eine Bar und einen *Tia*-Emma-*Loja* findet ihr ein Stückchen die Straße hinauf rechts der Kirche

São Pedro de Rates – Pedra Furada

(6,5 km, ⇧ 120 m, ⇩ 70 m)

Karte CPCr05

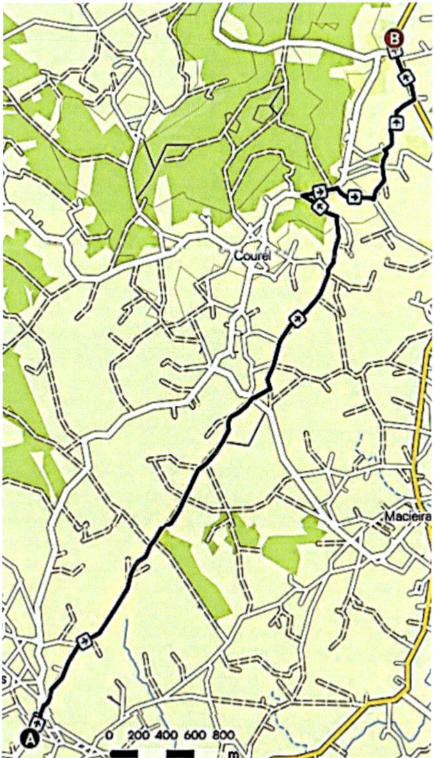

Ihr geht die Straße weiter hinauf, an der Kirche vorbei zu einem Platz mit einem Kreuz (0,2 km), das ihr

☛ halbrechts mit der R. da Ponte de Burninho an eurer linken Schulter lasst. Entlang von Feldern und Bäumen gewinnt ihr auf immer wieder wechselndem Untergrund mäßig, aber stetig an Höhe, dürft euch unterwegs

☺ gerne ein bisschen ausruhen (1,8 km) und

☛ kreuzt am Camino Stein 208 km (2,8 km) eine Straße in einen Staubweg.

Bald darauf (3 km) biegt ihr nach

☛ links ab und pilgert immer frisch voran und immer in Laufrichtung, bis euch eine Mauer daran hindert. Dort (4,3 km) wendet ihr euch nach

☛ links, biegt auf die nächste Straße, M504/Rua Central (4,6 km) nach

☛ rechts ein, verlasst sie aber schon nach wenigen Schritten –

geradeaus könnt ihr in 130 m eine Stärkung zu euch nehmen (geht anschließend einfach eine der Straßen nach rechts und schwenkt an deren Ende links wieder auf den Camino ein) –

☛ rechts in die R. da Quintão. Am Ende der Mauer an eurer linken Seite (5,2 km) verschwindet ihr nach

☛ links in einen schmalen Fußweg, schwenkt an dessen Ende (5,3 km) erneut nach

☛ links ein,

☛ überquert an einem Stop-Schild eine Kreuzung (5,4 km), biegt am nächsten Stop-Schild (5,5 km)

☛ rechts in die R. de Real ein und folgt an deren Ende (6 km)

☛ links der zweispurigen R. de Santa Leocádia/N-306 abermals

☛ links nach

Pedra Furada

☿ Wenn ihr mögt, werft gerne an der Kirche **Igreja Paroquial de Pedra Furada** (6,2 km, *Pedra furada* - durchlöcherter Stein) einen Blick auf den durchlöcherten Stein. Manche sehen in ihm einen Mühlstein und das Loch als sein „Auge", durch das das Mahlgut eingefüllt wurde.

Aber ich möchte euch, wenn ihr mögt, ein bisschen mitnehmen ins Land der Sagen und Legenden, auch wenn ich diese aus den kleinen Fragmenten, die ich gefunden habe, ein bisschen zusammenflicken musste. Fals ich sie nicht richtig zusammengeschustert habe, erschaffe ich hiermit eine neue Legende:

Zu Zeiten Diokletians (284 – 305) lebte wahrscheinlich in Toledo eine sehr gläubige und tugendhafte Jungfrau namens Leocadia, die im Statthalter Decianus entweder nur den Wunsch weckte, sie von ihrem christlichen Glauben abzubringen, oder gar das heiße Feuer des Begehrens entfachte. Zunächst bediente er sich der Kunst der Schmeicheleien, dann verlegte er sich auf die Kunst der Drohungen. Doch als all seine Kunst brot... – äh –

erfolglos blieb, ließ er sie in den Kerker werfen, foltern und schließlich lebendig begraben und die ihr zugedachte Ruhestätte mit einem Stein abdecken. Die holde Maid dachte aber gar nicht daran, ihr junges Leben auf diese Weise beenden zu lassen, nahm all die Kraft zusammen, die ihr ihre Tugend verlieh, und rammte mit ihrem Kopf eben dieses Loch in eben diesen Stein. – Wie der Brocken dann hierherkam? Im Laufe der Jahre wurden die Gebeine der Heiligen Leocadia zum Teil nach Belgien, zum Teil in die Camera Santa in Oviedo (Camino Primitivo/Camino de San Salvador) verteilt, warum soll der Stein also nicht aus irgendwelchen Gründen auf irgendwelchen Wegen genau hier gelandet sein?

24/2, W/T, ganzjährig 14.00 – 21.00, 10,--
Die Albergue de peregrinos O Palhuço, R. de Santa Leocádia, 760, ☏ 252 954 331, opalhuco@gmail .com, befindet sich direkt an dieser Straße.

Das Casa da Maria, R. de Santa Leocádia, 1200, ☏ 253 852 611, ab 15,--, ab 40,--/DZ, befindet sich in 300 m ebenfalls an dieser Straße.

Zum Einkaufen und -kehren schaut ihr bitte ins nächste Kapitel.

Ein bisschen Wissen nebenbei – passt zwar nicht nach Portugal, aber hier war der einzige ausreichende Platz:

Desamortización, Desamotisierung, das ist Säkularisation, also die Verstaatlichung von Kirchenbesitz, in Spanien. Juan Álvarez Medizábal (seit jeher Anhänger, später Mitglied und Vertreter zum Teil revolutionärer Liberaler, 1835 – 1846 Premierminister von Spanien) erließ 1836 Gesetze zur Enteignung von Kirchen und Orden und der Übertragung der Immobilien ins Nationaleigentum zur Versteigerung in private Hände, die allerdings wohl begütert sein mussten, denn das Land wurde meistbietend nicht scheibchenweise, sondern nur in großen Blöcken veräußert, was den kleinen Señor außen vorließ. Das Ergebnis war, dass viele Orden ihre Klöster verlassen mussten.

Pedra Furada - Barcelinhos

(9,3 km, ⇧ 80 m, ⇩ 170 m)

Ihr folgt der N-306 vorbei an der Unterkunft Casa da Maria (0,3 km, s. o). Direkt danach macht die Wegführung –

✋ kann man machen, muss man aber nicht –

einen Schlenker nach

☞ links, kommt aber mit dem nächsten Feldpfad

☞ rechts nur wenige Meter weiter wieder auf diese Straße zurück.

Im weiteren Verlauf kommt ihr an zwei

☕ Bars, die auch schon zu Frühstückszeiten geöffnet haben, einer

\+ Apotheke (1 km) und einem kleinen

🍎 Einkaufszentrum mit Supermärktchen (1,3 km) vorbei. Gegenüber eines weiteren

(🍎) Supermarktes (2 km, ich bin mir nicht sicher, ob er noch/wieder betrieben wird), führen euch die Pfeile –

✋ kann man machen, muss man aber nicht –

☞ links in einem Bogen zwar sehr nett, allerdings mit 300 Mehrmetern durch ein Waldstück, bevor sie wieder auf eben diese Straße treffen.

Nur wenige Schritte weiter (2,8 km) verlassen die Muscheln die Straße allerdings endgültig nach

☞ links in die gepflasterte R. dos Cruzeiros, bleiben in **Pereira** an einem Wegkreuz (3,5 km) etwas nach rechts verschoben

☞ geradeaus, führen euch auf der R. Monsenhor José Fernandes an einer

☕ Bar (3,7 km) vorbei, in munteren Kurven zu und unter der Autobahn A11 (4,8 km) hindurch, passieren eine weitere

☕ Tankstation für Heiß- und Kaltgetränke und erreichen weiter in Schlangenlinien ein Stop-Schild (5,3 km), wo sie

☞ rechts in Richtung „Barcelos“ auf die R. da Gandra einbiegen.

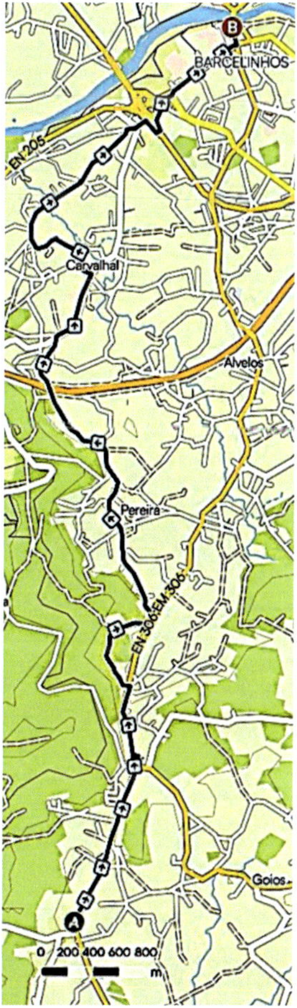

An der **Igreja Paroquial de Carvalhal** (5,8 km) folgt ihr dem Pfeil auf der

☺ Camino-Bank und dem Camino-Straßenschild nach

☞ links, biegt gleich danach –

✋ + nur wenige Schritte weiter gibt es eine Apotheke –

wieder nach

☞ rechts ab in die R. João Francisco Santos, lasst nach der zweiten Linkskurve

☞ rechtsgeradeaus jeweils alles kommen und gehen, was da kommt und geht,

☞ überquert an der **Capela de Santa Cruz das Coutadas** (7,1 km) eine Kreuzung und wendet euch am Ende (7,7 km) nach

☞ rechts zu einem Kreisel mit dem Hahn von Barcelos (🐓). Den verlasst ihr nach

☞ geradeaus in Richtung N-103, welche ihr ein bisschen

☞ rechts um die Ecke herum unterquert (8,3 km). Der Fahrweg bringt euch zu einem weiteren Kreisverkehr (8,7 km), den ihr nach

☞ geradeaus in die R. Prof. Celestino Costa umgeht.

⌂➪ Das Casa das Pombas, R. São Miguel o Anjo, 42, ab 20,--/ ab 40,--/DZ findet ihr nach einem großen Parkplatz (8,8 km) halblinks in einer schmalen Pflastergasse.

Im Zentrum von **Barcelinhos** biegt ihr an einer größeren Kreuzung (9,3 km)
☛ links in Richtung „Alojamento/Hospital" auf die N-205 ein.

⌂⌂ 16/1, K/M, ⧗ ganzjährig 13.00 – 21.00/22.00, 10,--
Albergue de Peregrinos Amigos da Montanha, ☎ 968 163 796, albergue@amigosdemontanha.com, Aufenthaltsraum, sehr schöner Außenbereich (rechts).

⌂⌂ 20/1, M,⧗ ganzjährig ab 14.00, 10,--
Die Herberge Residencia do Senhor do Galo, ☎ 253 833 304, befindet sich am Ende der Straße links am Fluss.

++ Das USF BarcelSáude findet ihr im Laufe des nächsten Kapitels.

Seid ihr hungrig? Dann hab ich hier etwas für euch zum Knabbern:

Tapas – sattgetrunken
Der Ausdruck *Tapa* stammt von *tapar,* abdecken. Es heißt, in Andalusien habe man sein Sherry-Glas mit einer Scheibe Weißbrot bedeckt, damit nichts hineinflog. Eine andere Erklärung greift auf Alfonso X. *el Sabio,* der Weise, zurück. Seine Soldaten hatten wohl den Leitspruch, ‚das bisschen, was wir essen, können wir auch trinken!' Sie lugten sehr oft und viel zu tief ins Glas und die Wirkung des Alkohols kam schnell und zügellos. Da ließ der weise König verfügen, dass jedes Glas seiner Mannen mit etwas Essbarem bedeckt serviert werden sollte. Da mussten sie sich erst einmal hindurchknabbern und sich eine „Grundlage" schaffen, bevor sie es zum *¡Salud!* erheben durften. Dieses Beihäppchen erhielt bald einen festen Platz in der spanischen Kultur und Küche.
Tapas erhält man ganz oft zu einem Getränk dazu und manchmal können zwei von ihnen richtig satt machen. Ihr findet sie aber auch neben den *Raciones,* ganze Portionen, auf der *Carta* Speisekarte, und könnt euch so für kleines Geld einmal quer durch die spanische Küche naschen.

In Portugal heißen diese Häppchen **Petiscos**, entstanden allerdings ganz ohne lustige Geschichte aus der Überlegung heraus, günstigere Fleisch- und Fischprodukte schmackhaft und nett in den Magen zu bringen.

Barcelinhos – Barcelos (Herberge)

(1,2 km)

Karte CPCr07

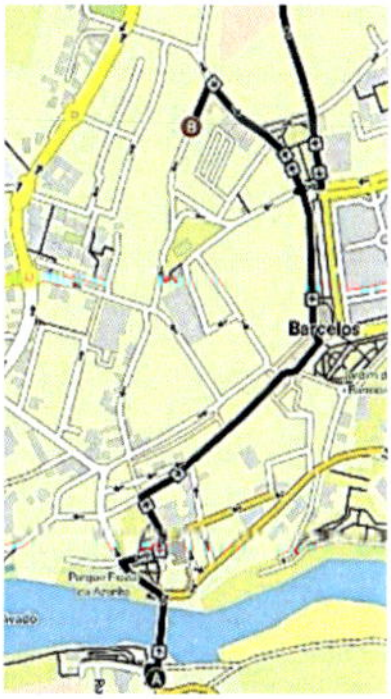

Der Weg ist kurz, aber da gibt es so viel zu sehen und noch mehr schöne kleine Geschichten und … Bitte habt ein bisschen Nachsicht mit mir, ich finde diese Stadt einfach nur schön!

Barcelos

Die Römer errichteten hier erst eine kleine Siedlung, die sie zu einem regionalen Verwaltungsort ausbauten. 1140 verlieh Dom Afonso Henriques *o Conquistador*, Alfons der Eroberer dem Ort erstmals die Stadtrechte. Heute ist Barcelos besonders für sein Kunsthandwerk, vor allem für seine Töpferarbeiten, bekannt.

8 Galo de Barcelos – der Vogel der Nation

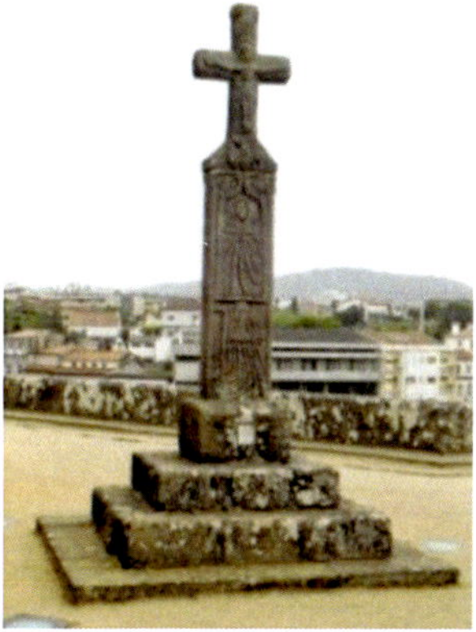

Der Hahn von Barcelos ist allgegenwärtig und so etwas wie das inoffizielle Maskottchen von ganz Portugal geworden. Die Legende (die von euch, die die des Hühnerwunders von Santo Domingo de la Calzada (Camino Francés) kennen, werden denken: ‚Die hab ich schon mal gehört!') erzählt, dass ein Bauer auf Pilgerfahrt nach Santiago d. C. am Stadtrand von Barcelos von einem reichen Landbesitzer des Silberdiebstahls bezichtigt, vor Gericht gestellt, für schuldig befunden und zum Tode durch den Strang verurteilt worden war.

Als letzten Wunsch erbat er ein letztes Gespräch mit dem Richter. Alsbald zu ihm geführt, störte er diesen, als er sich gerade einen gebratenen Hahn munden lassen wollte. Als seine abermaligen Unschuldsbeteuerungen unerhört blieben, prophezeite er, dass dieser Hahn zum Zeichen des Irrtums während seiner Hinrichtung vom Teller hüpfen und krähen würde. Genau so geschah es: Während dem Leben des Pilgers am Galgen ein Ende gesetzt werden sollte, erwachte das des Federviehs (ist eigentlich ein bisschen blöd, weil Federn hatte es ja keine mehr …) aufs Neue, es erhob sich und ließ dreimal ein glockenklares Krähen ertönen (... naja gut, einen Kopf auch nicht). Dem Richter gefror das Blut in den Adern. Er eilte, die Hinrichtung zu stoppen. Allein, er kam zu spät. Man hatte das Bäuerchen bereits aufgeknüpft. Allerdings hatte sich der Strick auf wundersame Weise gelöst, Pilgerlein landete ein wenig unsanft auf seinem Allerwertesten, beendete seine Wallfahrt, kam einige Jahre später wieder zurück und errichtete in Dankbarkeit für seine Errettung eine Gedenkstätte für den Heiligen Jakobus und die Jungfrau Maria.

Ihr überquert den Rio Cavado auf der

☿ **Ponte Medieval**
Die gotische, fünfbogige Steinbrücke (die drei mittleren Bögen sind fast perfekt halbkreisförmig), auf der ihr den Rio Cávado überquert, wurde ab dem Jahr 1325 errichtet und war ursprünglich wahrscheinlich mit einem Wehrturm auf der Stadtseite befestigt. Als erstes großes Bauwerk der Stadt bestimmte sie die Straßenführung und Anordnung ihr folgender bedeutender Gebäude. Im 17. Jh. wurde sie erweitert und zur Abstützung durch Kragsteine ergänzt.

☿ Auf der Stadtseite links dreht sich das Rad der Wassermühle Casa da Azenha.

☛ Gleich nach der Brücke mit der N-306 nach links steigt ihr hinauf zum

☿ **Solar dos Pinheiros** (1448)
Es war die Residenz der Familie Pinheiro, die über mehrere Generationen die Gouverneure von Barcelos stellte. Am dem Fluss zugewandten Turm findet ihr an der Stirnseite ganz oben unter dem Dach den Kopf eines Mannes, der sich den Bart rauft. Ja, man muss schon ganz genau hinsehen.

Bei *Barbadão,* wie er genannt wird, soll es sich um den Vater von Inês Perez handeln, der sich die Barthaare ausrupft aus Ärger darüber, dass sein Fräulein Tochter mit dem Mestre de Avis ein Techtelmechtel hatte. Vielleicht hätte er sich nicht so echauffiert, hätte er gewusst, dass er damit Opa von Dom Alfonso, Herzog von Bragança und Graf von Barcelos werden sollte.

Und wie geht es nun wohl weiter? – Na klar, nach rechts!

ⓘ✱ Zwischen Solar dos Pinheiros und einem Parkhaus bekommt ihr, wenn ihr mögt, in einem *Help Point* Informationen und einen Stempel.

⧗ Tägl. (außer 01.01., 24./25.12.), 9.00 – 17.00.

☿ Der Schandfahl **Picota,** Pranger, wurde im 15. Jh. aus Granit ganz nach spätgotischer Manier gestaltet: Auf seinem sechseckigen Schaft sitzt die „Gaiola“, ein Käfig, bestehend aus sechs mit Pflanzenornamenten verzierten Fialen und einem ebenso verzierten pyramidenförmigen Abschluss.

- **Fialen** sehen ein bisschen aus wie kleine Kirchtürme und bestehen in der Regel aus einem Fuß, einem vier- oder achtseitigen und mit einem Giebel versehenen Korpus und einem spitz zulaufenden Dach, das Helm oder Risse genannt wird. Oft sind diese Zierelemente selbst sehr reich und kunstvoll selbst mit Knubbeln, Volunten, floralen Ornamenten und kreuzblumenförmigen Krönchen dekoriert.
- **Volunten**
  (sing. Volunte) eingerollte oder schneckenförmige Ornamente an Kapitellen, Giebeln sowie bei Möbeln oder Gegenständen.

☿ **Paço dos Duques de Bragança**
Von den 1425 fertiggestellten Mauern des einstigen Sitzes des Herzogs von Bragança und des Grafen von Barcelos sind leider nur Ruinen geblieben, doch in ihnen findet ihr u. a. römische Funde und Überbleibsel des Mittelalters, z. B. ein Wasserbecken in Muschelform, Steinsärge und Wappen (sehr schön ist das von Barcelos und seiner Brücke). Ein besonderes Bonbon ist, wie ich finde, das alte Wegkreuz

☿ Auf dem **Cruzeiro do Senhor do Galo** aus dem 14. Jh. findet ihr unter dem Kruzifix die ganze Hahnenlegende (s. o.) quasi als Bilderbuch: den Richter, den Pilger, der bereits das Seil des Henkers um den Hals trägt, und selbstverständlich das gefiederte Wundertier.

☿ **Igreja Matriz de Santa Maria Maior**

Die Geschichte der Hauptkirche der Stadt geht auf das 11. Jh. zurück, allerdings wurde sie im 13./14. Jh. neu errichtet und danach mehrmals umgebaut. Ihren Glockenturm erhielt sie im 18. Jh. Die Azulejos (♗) wurden 1721 eingefügt und laufen auf einen einen prächtig mit Gold verzierten Hochaltar zu.

⧗tägl. 10.00 – 12.00, 15.00 – 19.30, Gottesdienste Di., Do. 19.00, Sa. 17.30, So. 15.30.

☿ Das **Rathaus** befindet sich in einem ehemaligen Kapuzinerkloster, in dem einst auch ein Pilger-*Hospital* (♗) eingerichtet war.

☟ Wenn ihr zwischen der linken Seite der Kirche und dem Rathaus hindurchschlupft und euch hinter dem Rücken der Statue

☿ **Estátua do Bispo António Barroso** (1854 – 1918, Missionar in Afrika und Bischof von Porto), der wohlwollend auf die sehr netten Stufen des das nach im benannten Largos hinabsieht,

vorbeischleicht und dann geradeaus in falscher Richtung durch die Einbahngasse geht, kommt ihr zu einem besonders

☿ großen und sehr schönen ***Galo de Barcelos*** (s. o.).

⌂☚ Zum In Barcelos Hostel & Guest House, R. do Infante Dom Hanrique, 64, ☏ 253 163 200, ab 29,--, ab 43,--/EZ, ab 53,--/DZ, ab 86,--/4Z, geht ihr nach der Estátua do Bispo António Barroso links.

☛ Dem unübersehbaren Camino-Hinweis folgend, erreicht ihr an der linken Seite des Rathauses entlang den mittelalterlichen Platz

☿ **Largo do Apoio** mit einem Brunnen aus dem Jahr 1621.

☟ **++** Zum USF BarcelSáude (+ 550 m), R. Dr. Abel Varzim, ☏ 253 802 910, ⧗Mo. – Fr. 8.00 – 20.00, Sa./So. 8.00 – 18.00, geht ihr geradeaus an dem Haus mit Wappen vorbei den Buckel hinauf, an der zweiten Kreuzung links, zwischen den ersten beiden Mehrfamilienhäusern rechts durch eine Wohnanlage und dann kurz links, etwas zurückgesetzt auf der rechten Seite.

☞ An seiner gegenüberliegenden Schmalseite rechts wechselt ihr zum Largo Dr. Martins Lima mit Theater und einem

☿ **Skulpturentrio** des Bildhauers José Rodrigues, der mit diesen Figuren zu einem Streifzug durch die Welt der bedeutendsten portugiesischen Dichter und Denker Portugals einläd: Gil Vicente (ca. 1465 – 1536, gilt als Gründer des nationalen Theaters. Er war Dramatiker, Schriftsteller, tiefsinniger Denker und bissiger Satiriker, was dazu führte, dass seine Schriften über lange Epochen zensiert oder verboten wurden), Luís de Camões (ca. 1524 – 10.06.1579 oder 1580 (hier streiten sich die Geschichtsgelehrten), gilt als einer der herausragendsten Lyriker Europas. Er bezeichnete die Liebe als „eine Wunde, die wehtut, ohne zu schmerzen, eine immer unzufriedene Zufriedenheit" und „eine Hingabe an den eigenen Mörder jeden Tag". Sein Todestag wurde ganz getreu seiner Worte „für viele kommt der Ruhm zu spät" zum portugiesischen Nationalfeiertag. Noch ein sehr schönes und treffendes Zitat: „Wer eine niederträchtige und ungerechte Schande zufügt, indem er die Macht und die Kraft einsetzt, mit der er ausgestattet ist, erobert nicht; der wahre Sieg ist es, das Recht nackt und unversehrt auf seiner Seite zu haben.") und Fernando Pessoa (1888 – 1935. „Alles auf der Tafel von einem Tag zum anderen auslöschen, neu sein mit jedem anbrechenden Morgen, ... das, allein das lohnt die Mühe zu sein oder zu haben, um zu sein oder zu haben, was wir auf unvollkommene Weise sind." – Ich finde, das passt zum Pilgern).

☞ Geradeaus schlendert ihr durch die autofreie R. António Barroso zum

☿ **Torre de Menagem/Torre Medieval de Barcelos**

In dem im 16. Jh. aus Granitblöcken erbauten Teil der Stadtbefestigung

ⓘ findet ihr die Touristeninformation.

☿ **Igreja do Bom Jesus da Cruz**

Ihre Geschichte beginnt mit der Legende *„Milagre da Cruz"*, Kreuzwunder: In Barcelos lebte einst ein bescheidener Schuhmacher mit seiner Tochter Luisinha, die so schön und anmutig war, dass Dom Pedro Martins, Herr aus adligem Hause, ein Auge auf sie geworfen hatte. Um die Keuschheit seiner Tochter zu schützen, bedachte ihn der Schuhmacher Pedro mit zwei Ohrfeigen, die so heftig waren, dass sie tiefe Spuren in dessen Gesicht hinterließen, welche ihn schnell zum Gespött der Menschen machten.

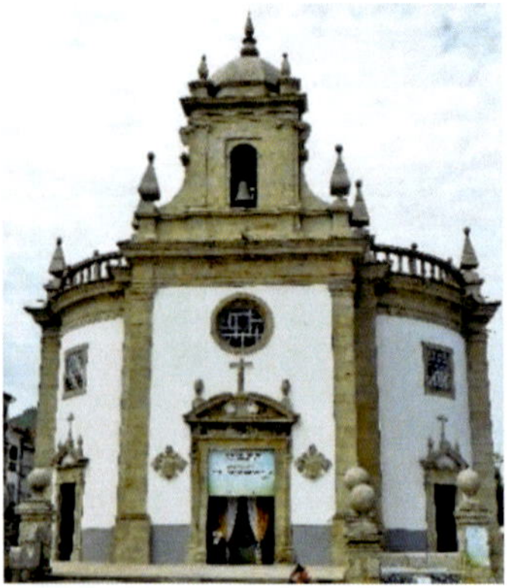

Am 20. Dezember 1504 ließ ein schwerer Sturm ein aus Flandern kommendes Boot vor der Küste von Esposende sinken. Einheimische Frauen eilten zum Strand, um die Überreste zu bergen. Unter ihnen befand sich auch Luisinha, die auf ein halb im Sand vergrabenes Stück Holz stieß, welches eine seltsame Wärme und einen exotischen Duft verströmte. Sie nahm es mit nach Hause und warf es in den Kamin. Kaum züngelten an ihm die ersten Flammen empor, erstrahlte das ganze Haus und auf dem Boden erschien ein leuchtendes Kreuz.

Ganz gleich, wie sehr man die Stelle schrubbte, aushob und wieder mit neuer Erde auffüllte - das Kreuz blieb. Die Nachricht von diesem Wunder verbreitete sich schnell und machte das Haus des Schusters, weil es ja jeder sehen wollte, zu einem Walfahrtsort.

Nun aber sah der geohrfeigte Pedro endlich seine Gelegenheit gekommen, Rache an Schuster und Tochter zu üben. Er bezichtigte die beiden der Hexerei und richtete ihnen nette kleine Scheiterhaufen her, die ihn endgültig von seiner Schmach befreien sollten.

Blöd war für ihn nur, dass Hexenprozesse ja immer im Namen Gottes durchgeführt wurden. Kaum hatte er diesen jedoch gerufen, erschien das leuchtende Kreuz erneut. Schande hin und Rache her: Als er selbst dieses Wunders angesichtig wurde, fiel er auf die Knie, bat Gott um Vergebung … und – schwupps! – verschwanden die Narben der Ohrfeigen aus seinem Gesicht.

Dieses Mysterium führte zum Bau einer kleinen Kapelle, der unter dem Erzbischof von Braga diese 1710 geweihte Kirche folgte.

Geht unbedingt hinein! Ihre Azulejos (🕯) mit Szenen des Kreuzwegs sind mehr als halsknödelig und die Talha-dourade-Schnitzereien (🕯), überwiegend geschaffen vom Barceloner Miguel Coelho, mehr als beeindruckend.

Das fast lebensgroße Eichenholz-Kruzifix von Senhor Bom Jesus da Cruz stammt aus Flandern und wurde um 1505 hierhergebracht.
Setzt euch kurz auf einen der Lederhocker, haltet inne und wenn ihr die Kirche nicht fühlen könnt, so habt ihr euch doch ein bisschen ausgeruht.

⁂ Am 3. Mai und an den Tagen um ihn herum wird das *Festa das Cruzes* gefeiert. Es ist das größte Stadtfest der Region.

☛ Geht nun an der linken Seite der Kirche vorbei und folgt der Fußgängeranlage entlang der Av. da Liberdade.

☿ **Campo da República/da Feira**
Der große Platz rechts von euch ist das Herz der Stadt. Donnerstags findet hier wöchentlich die

⁂ ***Feira da Barcelos***, der größte Wochenmarkt Portugals, statt. Er ist riesig und hat sich doch den Charme eines kleinen Bauernmarktes bewahrt.

An Ende des Campo da República/da Feira am

☿ ***Monumento ao Bombeiro***, das einen Feuerwehrmann zeigt, der gerade einen Jungen rettet, pilgert ihr an der

☛ rechten Seite der Grünanlage Campo 5 de Outubro ins nächste Kapitel.

Ich möchte euch hier aber noch kurz mitnehmen nach rechts zur Kirche

☿ **Nossa Senhora do Terço**
Sie war einst Teil eines 1705 gegründeten Benediktinerinnenklosters. Die beeindruckenden 55 Bildtafeln der Kassettendecke und Azulejos (8) von 1720 zeigen Szenen aus dem Leben des Heiligen Benedikt von Nursia.

Ein Stück weiter diese Straße hinauf könnt ihr in der **Igreja de Santo António dos Capuchinhos de Barcelos** täglich um 19.00 Uhr an der Messe der Kapuziner teilnehmen, bei der abschließdend der Pilgersegen gespendet wird.

Res., 20/3, K/M, ganzjährig 12.00 – 21.00, Spende
Zur Albergue Cidade de Barcelos, R. Miguel Bombarda, 36, Aufenthaltsraum, Außenbereich, dreifarbiger Stempel, geht ihr an der linken Seite der Grünanlage Campo 5 de Outubro entlang und an deren Ende geradeaus durch die R. Teotónio da Vonseca, nächste Straße links.

Barcelos – Portela de Tamel

(9,6 km, ⇧ 210 m, ⇩ 70 m)

Karte CPCr08

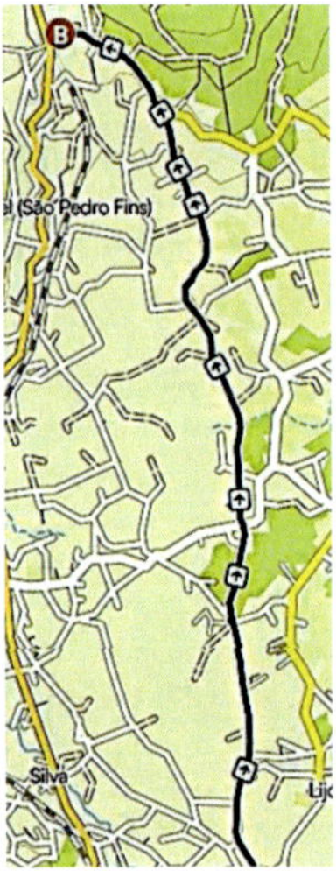

Wirklich idyllisch ländlich ist es auf dieser Etappe noch nicht, aber mit gar nicht sooo wenigen Wald- und Feldabschnitten auf einem guten Weg dorthin.

Am Ende des Campo da República

- ☞ geradeaus durch die R. Dr. Manuel Pais und am Ende ein bisschen nach
- ☞ rechts erreicht ihr einen Kreisel (0,6 km), den ihr nach

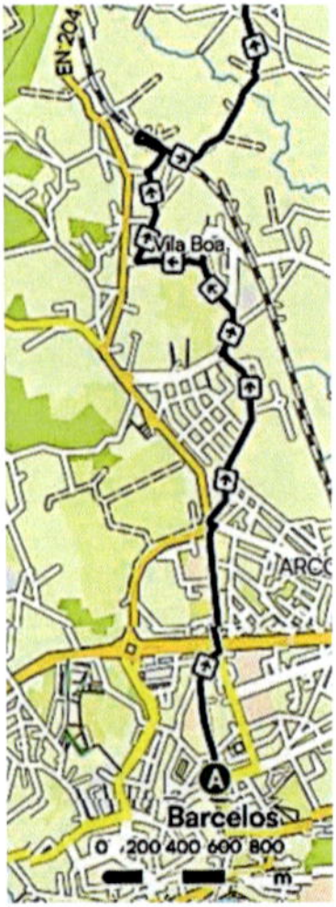

- ☞ links in die Av. Paulo Felisberto verlasst und sofort eine Straße überbrückt. Am nächsten Kreisel (1,3 km) geht ihr
- ☞ halbrechts in die schmale R. de São Mamede lasst gleich darauf
- ☞ linksgeradeaus mit der Largo dos Combatentes do Ultramar eine kleine dreieckige Grünanlage an eurer rechten Schulter und verlasst
- ☞ linksgeradeaus mit der R. das Flores langsam, den Stadtbereich zu Hochhäusern (1,8 km) die ihr dicht an eurer linken Schulter passiert. An der hinteren rechten Ecke der Wohnanlage biegt ihr an einem Stop-Schild und einer begrünten Verkehrsinsel (2,2 km)

☞ rechts in die R. de Raizes ein, folgt an einer spitzen Verzweigung (2,4 km, rechts ist ein Umspanntürmchen) seiner Leitlinie
☞ linksgeradeaus in die R. da Ajuda und erreicht
Vila Boa.

Für einen hoffentlich ganz bestimmt ausbleibenden Notfall: Bis Ponte de Lima verläuft der Camino immer in unmittelbarer Nähe zur N-204.

An der Portalseite der Kirche **Igreja de São João Baptista de Vila Boa** (2,7 km)
☞ folgen die Pfeile der R. da Igreja. Kurz bevor diese an einem Stop-Schild auf die N-204 trifft (3 km), biegen sie
☞ rechts auf den gepflasterten Fahrweg R. do Espirito Santo ein, halten sich an einem Kreuz (3,3 km)
☞ linksgeradeaus und unterqueren am Ende (3,5 km)
☞ rechts eine Bahntrasse (3,8 km). Anschließend folgen sie
☞ rechts einem breiten Staubweg in den Wald, bis er sich teilt (4,6 km) und ihr
☞ linksgeradeaus
Lijó erreicht.

Ihr geht dicht an der Tür der **Capela de São Sebastião** (4,9 km) vorbei und passiert
☞ linksgeradeaus mit der R. dos Caminheiros de Santiago die **Capela Santa Cruz**. *Caminheiros de Santiago*, Wanderer nach Santiago – das seid ihr! Also wandert munter drauf los durch Felder, Häuser und Bäume. An ihrem Ende (6,2 km) kreuzt ihr eine Straße zu einem Wirtschaftsweg und überquert die nächste Straße (6,7 km) zum gegenüberliegenden Caminho de São Tiago. Und weil ihr ja seine Pilger seid, pilgert frisch von der Leber weg durch Felder und Wiesen … bis ihr an einem Stop-Schild (9 km)
☞ links auf die EM-543 einschwenkt und
Portela de Tamel erreicht.

41/4, K/M, WT, ganzjährig 14.00 – 21.00, 10,-- €
Die Herberge Casa da Recoleta, R. de Recoleta, 100, ☏ 253 137 075, alberguecasadarecoleta@ gmail .com befindet sich direkt hinter der Kirche.

Portela de Tamel – Vitorino dos Piães

(10 km, ⇧ 100 m, ⇩ 180 m)

Wird euch das Pflaster langsam ein bisschen zu pflastrig? Unten könnt ihr leider nichts ändern; aber wenn ihr mit dem Kopf oben bei den Augen bleibt, ist der Weg wirklich schön! … und endet, wenn ihr mögt, in einer ganz besonderen Herberge.

Wenige Schritte nach der Kirche von Portela de Tamel biegt der Camino
☞ rechts auf die zweispurige N-204 ein, schwenkt nach einem
Brunnen (0,5 km) nach
☞ links in Richtung „Quintães" ab und mit dem nächsten Staubweg (0,8 km)
☞ rechts in die Bäume ein. Der endet bald an einer Pflasterstraße (0,9 km), die euch
☞ links nach
+ **Aborim** bringt.

Schlendert an der modernen **Igreja Nova de Nossa Senhora de Fátima**
☞ zum unteren rechten Zipfel ihrer Grünanlage,
☞ überquert dort einen Bahnübergang, wendet euch dann erst nach
☞ rechts, gleich darauf an einem Straßen-Muschelschild allerdings nach
☞ links in die R. de São Tiago, die als Fahrweg beginnt, euch dann aber als Wirtschaftsweg sehr schön durch die Felder pilgern lässt und an der Fahrspur R. do Cruzeiro endet (2,5 km).
☞ Rechts und an ihrem Ende (3 km) –
+ zu einer Bar geht ihr rechts zur N-204 und zu einer Apotheke (+210 m) mit der N-204 nach links –
☞ links könnt ihr euch ein bisschen
erfrischen bevor ihr nur wenige Schritte weiter
☞ halblinks in den Cam. de Santiago einschwenkt.

An dessen Ende (3,4 km)

☞ links geht ihr wenige Meter auf der EM-549-1, verlasst sie aber sofort nach einer Bushaltestelle wieder nach

☞ scharfrechts in die R. Ponte das Tabuas, die nach einem Waldstück in **Ponte** endet. Das Sackgassenschild

☞ links gilt nur für Autos, weil die nicht über die Brücke fahren dürfen. Aber ihr habt ja gar kein Auto, also überquert ihr die Neiva auf der wunderschönen

☿ **Ponte das Tábuas de Balugãs**
Erstmals urkundlich erwähnt wurde dieser Übergang über die Neiva bereits 1135, bestand zu jener Zeit allerdings wahrscheinlich aus Holz, der vermutlich im 16. Jh. durch diese steinerne Bogenbrücke ersetzt wurde.

☺ Auf der anderen Seite links gibt es einen kleinen Flussstrand, an dem ihr, wenn ihr mögt, gut eure Füße ein bisschen ins kalte Wasser tauchen könnt. Wenn ihr eure Füße lieber trocken bleiben lassen möchtet, freuen sie sich vielleicht über einen kurzen Barfußgang im Sand.

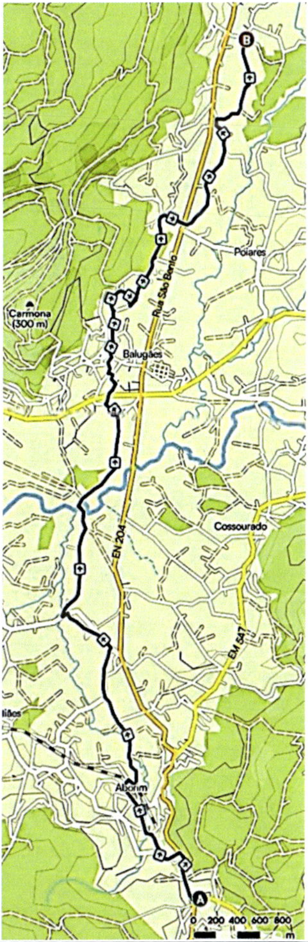

Karte CPCr09

Bald darauf lasst ihr einen Weg links liegen und folgt immer dieser bequemen Wirtschaftsspur zur weit ausgebreiteten Streudorfgemeinde
Balugães.

Dort dreht ihr an den ersten Häusern (5,4 km) ein bisschen nach
☛ links und gleich darauf erneut nach
☛ links ein. Nach einer
☺ Rastbank und dem Ende der Brüstung eines kleinen Bächleins (5,6 km) geht ihr jedoch nach
☛ rechts weiter,
☛ überquert die ER-308 (5,7 km) –
an ihr ein paar Meter weiter links gibt es eine Gaststätte, die allerdings zwischen 14.00 und 17.00 Uhr Siesta hält –
zu einer schmalen Pflastergasse, die an einer Hauszufahrt (5,8 km) stark nach
☛ links abknickt.

An ihrem Ende an den nächsten Häusern (6 km)
☛ rechts hat das Pflaster auch wieder einen Namen, R. de 25 de Abril. Mit ihren Kopfsteinen lasst ihr eine asphaltierte Straße links liegen und folgt ab gleich darauf (6,1 km) den Straßenschildern zur „Igreja românica" erst
☛ linksgeradeaus, dann (6,3 km)
☛ geradeaus auf der asphaltierten R. Peneda und macht schließlich (6,5 km) einen Schlenker –
möchtet ihr diese zusätzlichen 400 m nicht gehen, könnt ihr auf dieser Straße bleiben, auf die der Camino bald zurückkommt (s. u. bei 7 km) –
☛ halblinks gepflastert an einem
Brunnen vorbei zum romanischen Kirchlein

☿ **Igreja São Martinho** (6,8 km)
Das dem Heiligem Martin geweihte kleine Kirchlein stammt aus dem 11. Jh. Ich finde, es schreit geradezu nach einer schönen Legende. Leider konnte ich aber keine weiteren Informationen über es finden. Allerdings musste ja auch jede Legende irgendwann einmal irgendwie irgendwo geboren werden. Lasst eurer Fantasie also freien Lauf und gebärt!

Die gelben Pfeile führen euch wieder zurück auf die eben verlassene Straße (7 km) und verlassen sie in der nächsten Rechtskurve (7,4 km)

☛ linksgeradeaus in einen Wirtschaftsweg durch ein Waldstückchen. Zwischen den nächsten Häusern (7,8 km)

☛ rechts stapft ihr asphaltiert und gleich mit einer Rechtskurve hinunter zur N-204 (8 km),

☛ überquert sie an einem kleinen Gotteshäuschen vorbei in die R. da Vila de Sabugueiro und pilgert mit ihr in Felder und Wiesen. Ihr lasst die R. do Nevoinho (8,8 km) rechts liegen, biegt danach (9,2 km, die bisherige Straße führt wenige Meter weiter auf die N-204) nach

☛ rechts ab und erreicht so sehr schön mit frischer Landluft in der Nase

Vitorino dos Piães.

Res., 10/1, W, 16.02. – 30.11. ab 14.00, 30,-- incl. Abendessen
Albergue Casa Fernanda, Lugar do Corgo, ☏ 914 589 521, 5,--/Frühstück, links direkt vor der ersten Kreuzung auf der linken Seite.

Für mich ist dies DIE Herberge auf diesem Weg. Fernanda ist eine *Hospitalera* im schönsten Sinn des Wortes: Sie kümmert sich, päppelt auch Kranke wieder auf, kocht, macht Frühstück ... – und das alles mit ganz viel Herz und Humor. Das Abendessen an ihrem Tisch ist mit Sicherheit ein Stück Camino, das man nicht vergisst.

Wenn ihr dort übernachten möchtet, solltet ihr unbedingt reservieren!

Zu einer Bar (+ 450 m) geht ihr an der Kreuzung nach links zur N-204, dort links.

Zum Casa Rural O Estábulo de Valinhas (1,2 km) und
Hostel Casa Sagres (2,6 km)
folgt ihr dem Camino bitte im nächsten Kapitel.

Vitorino dos Piães - Sobreiro

(8,1 km, ⇧ 120 m, ⇩ 170 m)

Die schönen Abschnitte werden länger und die Dörfer noch ein bisschen dörflicher.

Der Camino
- ☛ überquert diese erste Kreuzung in die R. de Outeiro, bleibt, wenn diese nach rechts abknickt (0,1 km) mit dem nächsten Fahrweg, R. das Pedrinhas,
- ☛ links in Laufrichtung.und verlässt sie an den nächsten Häusern (0,6 km)
- ☛ rechtsgeradeaus in eine Asphaltspur, die gleich in einen Wirtschaftsweg übergeht. An der nächsten Verzweigung (0,9 km) bleibt ihr
- ☛ links in Laufrichtung und kommt vorbei am

⌂ Casa Rural O Estábulo de Valinhas, Rua da Fonte Quente, 251, ☏ 961 050 955, ab 15,--/7-Bett-Zimmer, ab 43,--/DZ, ab 16,--/Abendessen, ⌛25.03. – 25.10., sonntags geschlossen.

Anschließend
- ☛ überquert die zweispurige R. de Valinhas (1,3 km) zur etwas linkeren R. de Jericó, verlasst sie nächstmöglich (1,6 km)
- ☛ scharfrechts in die R. de Sub-Casa, geht an ihrem Ende (2,2 km)
- ☛ links am Friedhof von Vitorino dos Piães vorbei und gleich danach an einem Wegkreuz
- ☛ rechts direkt auf die Kirche

☺ **Igreja Paroquial de Santo André de Vitorino dos Piães** (2,4 km) zu.

⌂ Zur Casa Sagres (+ 150 m), R. do Latão, 175, ☏ 962 916 441, W/T, ab 22,--, ab 40,--/EZ, ab 60,--/DZ jeweils incl. Frühstück, ab 10,--/Abendessen, ⌛ März – Oktober, geht ihr an dieser Kirche nach rechts vorbei.

☞ Links geht ihr an einem kleinen Kreisel (2,5 km)

☞ geradeaus in die R. de Reborido, bleibt mit ihr an einer spitzen Verzweigung (2,7 km)

☞ linksgeradeaus bergauf, biegt gleich darauf (2,8 km) jedoch

☞ links – rechts von ihr ab in die Travesa Do Guio.

✋ Wenn ihr diese Abzweigung verpasst, geht einfach die nächste links.

Anschließend bleibt ihr (3 km)

☞ linksgeradeaus auf der R. da Fonte de Cerejeira, biegt, wenn sie zu einer ausladenden Linkskurve ansetzt (3,3 km)

☞ rechts in einen Forstweg ab und haltet euch gleich darauf (3,4 km)

☞ linksgeradeaus. Am Ende (3,6 km)

☞ links stoßt ihr auf die N-204 (3,7 km), auf die ihr nach

☞ rechts einschwenkt.

Nach 200 m verlasst ihr die Landstraße jedoch wieder

☞ linksgeradeaus in einen Wirtschaftsweg, der kurz dicht an der Straße bleibt, euch dann aber sehr schön mit der Nase voraus durch den Wald pilgern lässt. Nach einem Anwesen (rechts) haltet ihr euch (5 km)

☞ links, stoßt an den nächsten Häusern (5,1 km) wieder auf Asphalt und drückt euch

☞ geradeaus zwischen einer nicht so schönen Mauer links und einer dafür umso schöner dicht bewachsenen Trockenmauer rechts hindurch.

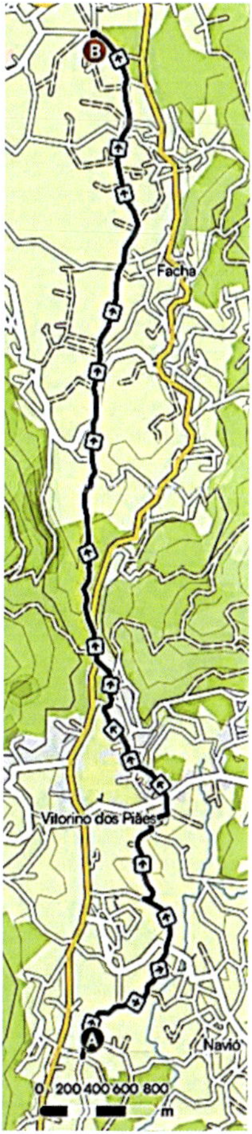

Karte CPCr10

Am nächsten Stop-Schild (5,4 km) hüpft ihr kurz
- ☛ rechts auf die zweispurige CM-1259 drauf und gleich nach der Kurve
- ☛ linksgeradeaus wieder von ihr herunter in einen Wirtschaftsweg, haltet euch anschließend (5,6 km)
- ☛ rechtsgeradeaus und wählt dann (5,8 km) von den drei Möglichkeiten
- ☛ linksgeradeaus die goldene Mitte.

Die **Capela de São Sebastião** (6,4 km) lasst ihr
- ☛ geradeaus dicht an eurer rechten Schulter, haltet euch aber gleich danach an einem Kreuz
- ☛ linksgeradeaus und mit dem altehrwürdigen Pflaster auf die nächsten Häuser (7,2 km) zu, an denen ihr
- ☛ rechtsgeradeaus vorbeigeht.

Nun pilgert ihr forsch voran über eine kleine Kreuzung (7,4 km) hinweg und dann immer mit dem Fahrweg zu einer Verzweigung (8,1 km), an der ihr rechts den Rücken eines wirklich langsam gehenden steinernen Pilgers seht.

⌂⌂ Res., 10/2, K/M, W/T, ⧗ ganzjährig, 15,--
Zur Albergue O Caminheiro (50 m), Lugar do Sobreiro, ☏ 965 639 95, o.caminheiro@hotmail.com, geht ihr hier links (einstöckiges Häuschen rechts).

Zum Einkehren und Einkaufen guckt ihr bitte kurz ins nächste Kapitel.

Ein bisschen nicht wirklich nötiges Wissen zwischendurch:

Tea Time – so britisch und doch eben doch nicht!
Tee ist eine Mitgift, die die portugiesische Infantin Katharina von Braganza zu ihrer Vermählung mit King Charles II. (31. Mai 1662) mitbrachte – zusammen mit den Städten Bombay und Tanger sowie 300.000 £. Offensichtlich war seine Majestät - *„My God, they sent me a bat instead of a woman!“*, mein Gott, sie schickten mir eine Fledermaus statt einer Frau! – nur so zu einer Hochzeit zu bewegen. Ob der Spruch *„We don't drink tea in England. But maybe some ale will do“*, wir trinken keinen Tee in England, aber ein Bier wäre fein, aus der Hochzeitsnacht stammt …

Sobreiro – Ponte de Lima

(6,6 km, ⇧ 20 m, ⇩ 60 m)

Karte CPCr11

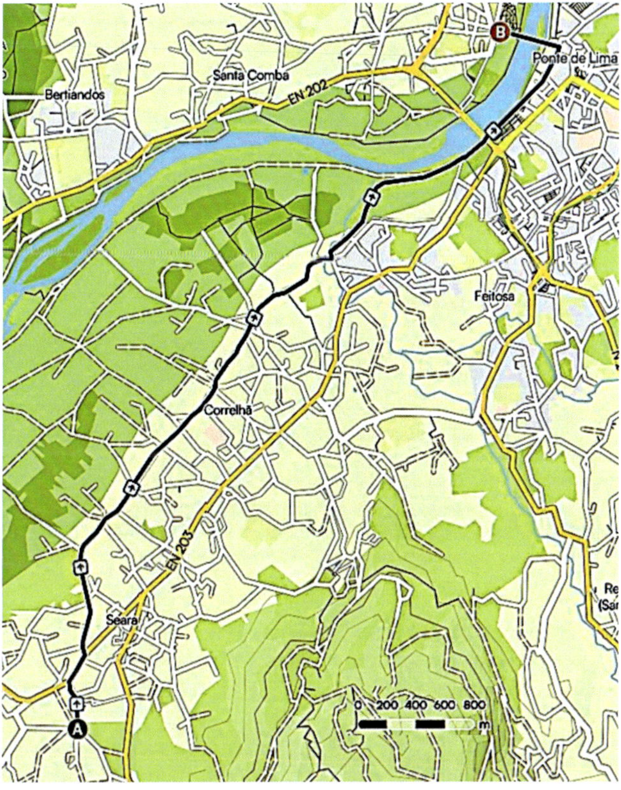

Der steinerne Pilger geht schon in die richtige Richtung, nur halt echt langsam. Also überholt ihn einfach und folgt an der N-203 (0,3 km) dem Blick eines

☿ ebenso steinernem Jakobus nach
☞ rechts an
☕ zwei Bars vorbei, biegt gleich darauf (0,5 km) –
✋ 🍎 zu einem Laden geht ihr noch 250 m weiter auf der N-203 –
☞ links in Richtung „Ecovia/Rio Lima“ ab, bleibt aber sofort
☞ rechts und nach einem Waldstück (1,2 km)
☞ rechtsgeradeaus in Laufrichtung.

Der Fahrweg führt euch munter voran durch **Anta** und **Bouça**, wo ihr an einem Bildstock von São Antonio (2,7 km)

☞ linksgeradeaus euren Marsch immer euren Stiefelspitzen folgend nach und durch **Pregal** fortsetzt.
✋ Haltet dort einmal kurz die Augen offen, denn nach einem besonders
☿ schönen Bildstock mit Muschel, Pilgerstab und Kalebasse kommt ihr nach ca. vier Minuten an einem besonders schönen, alten und sehr verwitterten
☿ *Cruceiro* (♁) vorbei (linke Straßenseite, vor einer Hausruine).

Erst nach einer Brücke über einen Wasserlauf (3,9 km) –

✋ ihr könntr mit einem Mehrweg von 400 m schon an einem Frischluft-Fitnessplatz kurz vor der Brücke links in die R. do Arco und zum Rio Lima hinuntergehen und folgt dort dem Fußweg nach rechts –
biegt ihr an einem
☺ Rastplätzchen
☞ links ab, schlendert an einem *Cruzeiro* (♁) und der **Capela Nossa Senhora das Neves** (17. Jh.) vorbei, pflastert durch eine Einbahnstraße aus den Häusern hinaus, unter einem langen Weintunnel hindurch und schließlich am Rio Lima entlang.

⌂☕ Res., K/M, W/T, WiFi, ⧗ Mitte Feb. – Mitte Jan., ab 18,-- incl. Frühstück
Zur Jugendherberge Pousada de Juventude, R. Papa João Paulo II., 815, ☏ 258 751 321, pontelima@movijovem .pt,, geht ihr dort, wo an einem Wehr Steine den Autos den Weg versperren rechts einen schmalen Fußweg hinauf (das Gebäude auf Stelzen).

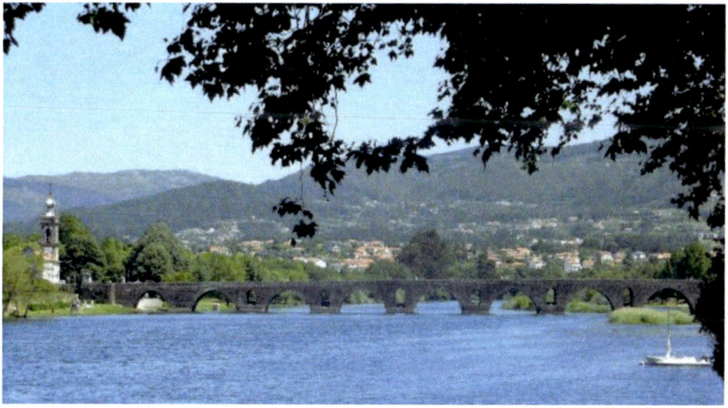

Ponte de Lima

Ponte de Lima gilt als älteste Städte Portugals. Ihr Gebiet war schon während der Altsteinzeit besiedelt. Ab dem 2. Jh. v. Chr. hielten die Römer hier Einzug, führten eine ihrer Handelsstraßen ein und bauten eine Brücke über den Fluss Lima, was aus einer Siedlung bald einen bedeutenden Ort machte. Ihnen folgten im 5. Jh. die Westgoten. Unter den Mauren sank die Bevölkerungszahl rapide ab. Erst die Neubesiedlung während der Reconquista (♗) hauchte *Terra de Ponte*, wie es zu jener Zeit hieß, neues Leben ein. Königin Theresia von León verlieh ihm 1125 erstmals und noch unter spanischer Flagge, das Stadtrecht, das der portugiesische König Dom Alfonso IV. *O Bravo*, der Kühne, 1212 bestätigte. Als Grenzstadt war Ponte de Lima nicht unumkämpft, vor allem darum nicht, weil die einst von Römern erbaute Brücke die einzige sichere Möglichkeit war, den Fluss zu überqueren. Im 14. Jh. ließ Dom Pedro I. *O Cruel* oder *O Justiceiro*, der Gerechte oder der Grausame (das kam wohl auf den Standpunkt an), diese, der Fluss hatte im Laufe der Jahrhunderte sein Bett verlegt, verlängern und den Ort mit neuen Stadtmauern und neun Toren befestigen, die im 18. Jh. ausgedient hatten und größtenteils abgetragen wurde.

⁂ Seit 1125 wird alle zwei Wochen montags am Flussufer der große Markt *Feira Quinzenal* abgehalten.

Weiter dem Fluss folgend kommt ihr vorbei an:

☿ **Igreja de São Francisco dos Terceiros/ Igreja de Santo António dos Frades**

Erstere stammt aus dem 18. Jh. und beide sind heute Teil eines Museums, ⧗ Di. – So. 10.00 – 12.30/14.00 – 18.00, 2,50 €

☿ **Die Römerlegion am Fluss**

Ponte de Lima ist stolz auf seine römische Geschichte, die mit einer Legende begann – ein bisschen die des *River of no Return* der Erinnerung: Die ach so furchtlosen Römer hatten sich von Rom bis Nordportugal durchgeschlagen und sahen sich nun diesem Fluss gegenüber, von dem sie überzeugt waren, dass es sich um die *Lethe* handelte, den mythischen Fluss des Vergessens. Vergessen ist schön und gut, wenn man ins Totenreich übertritt, aber so mitten im Leben ... Gut, die eine oder andere kleine Sünde ... joa, aber doch bitte nicht alles! Jedenfalls stellten sich die Soldaten bocksbeinig und weigerten sich standhaft, auch nur einen Zeh in dieses Wasser zu strecken. Das brachte den Hauptmann Decimus Iunius Brutus in arge Bedrängnis, denn es half nichts, sie mussten auf die andere Seite. Da hatte er eine Idee: Er würde sich, so verkündete er, als Versuchskaninchen ins Wasser werfen und zum Beweis, dass er seiner sieben Sinne und seines Erinnerungsvermögens weiter mächtig war, jeden einzelnen seiner Soldaten beim Namen rufen. Und siehe da, es funktionierte: Sie überquerten den Fluss und die einzige Veränderung, die sie heimsuchte, war, dass sie hochrote Ohrläppchen bekamen, weil sie beim Ausprobieren ihrer Erinnerung auf Dinge stießen, die sie nur zu gern vergessen hätten.

☿ **Torre da Cadeia Velha**

Im 1511 fertiggestellten ehemaligen Gefängnisturm der Stadtbefestigung befindet sich die

ⓘ Touristeninformation.

☿ **Stadtmauer**

Von der Befestigung aus dem 14. Jh. ist leider nur dieser Rest geblieben.

☛ Danach rechts durch die R. Cardeal Saraiva geht es zur

☿ **Igreja Matriz**

Ihre Geschichte geht auf das 12./13. Jh. zurück, der im 15. Jh. der Bau des heutigen, romanischen Gotteshauses folgte.

Auf ihrer Höhe steht die Bronzeplastik eines Stieres:

☿ ***Vaca as Cordas***

Das ist das, was *Sanfermines* für Pamplona ist – allerdings nicht ganz so wild, denn es sind nicht mehrere Stiere, sondern nur einer, und der wird auch nicht gejagt, sondern an einem Strick durch die Stadt geführt. Allerdings kann man auch hier seinen „Mut" beweisen, indem man ihm so nah wie möglich kommt und ihn so viel wie möglich reizt. Erstmals erwähnt wird dieses Spektakel 1646 und beruht auf der Legende, dass hier ein heidnischer Tempel einer Göttin in Kuhgestalt geweiht war. Als Christen den Tempel zur Kirche umfunktionierten, holten sie das Götzenbild heraus, umrundeten mit ihm dreimal das Heiligtum und trugen es dann durch die Straßen. Noch heute muss der Stier, nachdem er mit Rotwein geduscht worden ist, drei Runden um die Kirche drehen.

☿ ***Pelourinho*** (⚱, links)

☿ **Torre de São Paulo**

Seinen Namen verdankt der Wehrturm aus dem 14. Jh. einer Darstellung des Paulus, die er einst in einer Nische beherbergte. Das Azulejo-Bild (⚱) trägt den Titel

„Cabras são Senhor!" – Es sind Ziegen, Herr!

Dom Afonso Henriques hätte hier beinahe mal den Vo… - ähm – den Bock abgeschossen! Am 24. Juni 1128 gab es zwischen ihm und seiner wehrten Frau Mama eine erbitterte Schlacht um die Herrschaft über diesen Landstrich. Die gewann Afonso zwar, aber manchmal macht Macht nicht glücklich, sondern Angst, dass man sie wieder verliert. Eines Tages wurde er durch Geräusche aus dem Schlaf geschreckt, fürchtete einen weiteren Angriff seiner Mutter und versetzte seinen Hof in Kampfbereitschaft. Zum Glück wurde rechtzeitig bemerkt, dass der „Angriffslärm" nicht mehr als das vielstimmige Gemecker einer Ziegenherde war, sonst hätte es hier sehr lange nicht Bacalhau (⚱), sondern verhaute *Cabras* gegeben.

☿ **Largo Camões**
Auf dem Platz vor der Brücke plätschert ein Brunnen aus dem 18. Jh.

Die Altstadt von Ponte de Lima (Fußgängerzone) ist eher kompakt, aber durchaus einen kleinen Bummel wert.

++ Zum *Centro de Saúde*, ☎ 258 909 280, geht ihr durch sie hinauf zum Rathaus, an dessen rechter Seite die zweispurige Av. António Feijo (mit Grünstreifen) entlang bis zu einem kleinen Kreisel und links – rechts – links – rechts, gleich auf der linken Seite.

☿ **Ponte Romana**
Der Brückenteil, der heute im Wasser steht, stammt aus dem 14. Jh., das jenseitige Ende, das heute auf dem Trocknen liegt, ist original römisch. An der Stelle eines ehemaligen Wehrturms befindet sich heute die **Igreja de Santo António da Velha Torre**. Da sie nur von Fußgängern benutzt werden darf, könnt ihr jeden einzelnen Schritt über sie in Ruhe genießen.

60/3, K, ganzjährig, 16.00/17.00 – 21.00/22.00, 10,--
Die Albergue de Peregrinos de Ponte de Lima, Largo Dr. Alexandre Herculano, ☎ 925 403 164, Aufenthaltsraum, befindet sich dem Camino folgend auf der anderen Seite der Ponte Romana (rechte Seite).

Gleich nach der Herberge rechts um die Ecke herum (s. nächstes Kapitel) könnt ihr in Manuels Restauro à Sexta ganz viel Pilger-Krimskrams erwerben und euch einen besonders schönen

* Stempel ins Credencial () geben lassen.

Ponte de Lima –Agualonga

(14,6 km, ⇧ 430 m, ⇩ 170 m)

Der Camino führt euch sehr idyllisch und bis Labruja eher sacht ansteigend durch ländliche Gefilde mit vielen Feldern, Wäldern und nur wenigen Häusern. Dann aber heißt es: „Aufi muass I, aufi auf den Berg!" – Neinneinnein, das hier ist nicht der Watzmann, aber die höchste Steigung dieses Caminos, vorbei am Cruz dos Franceses. Es mag sich anders anfühlen, tatsächlich aber beträgt der Anstieg ab Ponte de Lima nicht mehr als 400 Höhenmeter. Die machen euch gerade ein Krusselgefühl? – Na, dann schaut euch doch mal das Höhenprofil ganz unten an!

Sofort nach der Herberge geht ihr
- ☛ rechts mit der schmalen, gepflasterten Rua das Trás-os-Palheiros an
- ✋ Manuels Restauro à Sexta (s. S. 182) vorbei und ganz hinauf. An ihrem Ende (0,2 km)
- ☛ halbrechts, dann (0,3 km)
- ☛ links und in der nächsten Rechtskurve (0,5 km)
- ☛ links bringt euch ein sehr idyllischer Wirtschaftsweg aus der Stadt hinaus,
- ☛ kreuzt die N-202 (1,2 km) und lässt euch sehr schön durch Felder und Bäume pilgern. Nachdem ihr die A-27 (2 km) unterquert habt, haltet ihr euch (2,1 km)
- ☛ linksgeradeaus und stoßt in **Arcozelo** (2,5 km) auf eine Kreuzung.

Dort pflastert ihr
- ☛ rechts durch die R. das Barrosas und haltet an einem Kreisel (2,6 km)
- ☛ links auf die **Igreja de Santa Marinha de Arcozelo** (2,8 km) zu. Nach dem ihr anschließenden Friedhof lasst ihr (2,9 km)
- ☛ rechtsgeradeaus mit der R. do Albocovo einen Fahrweg links liegen –
- ✋ ☕ oder geht mit ihm zu einer Bar (+ 130 m) –,

  biegt mit ihr an der ersten hohen Mauer der nächsten Häuser (3 km)
- ☛ rechts – links ab und verlasst den Fahrweg an einer überwachsenen Trockensteinmauer mit Weinreben (3,2 km) nach

☛ rechts in einen schmalen Sandweg, der euch zur R. do Arco da Geia (3,6 km) führt, mit der ihr

☛ rechts gleich den Rio Labruja auf der

☿ **Ponte Romano** (3,6 km) überquert, die von den Römern als Teil der Via Romana XIX aus Granitblöcken errichtet wurde.

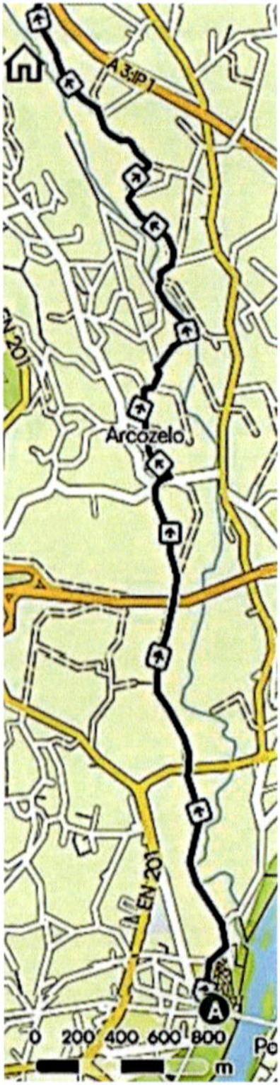

Karte CPCr12

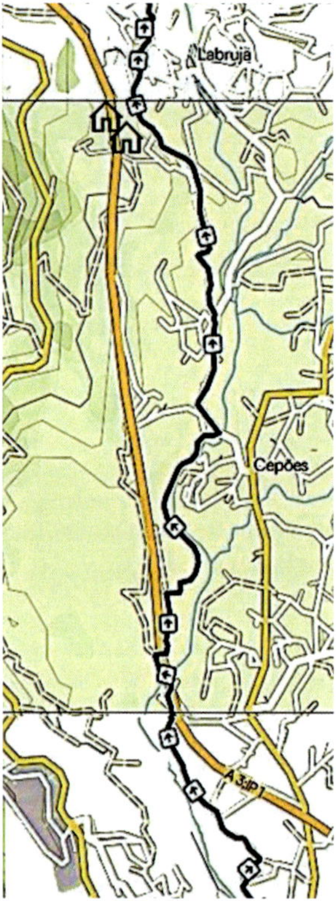

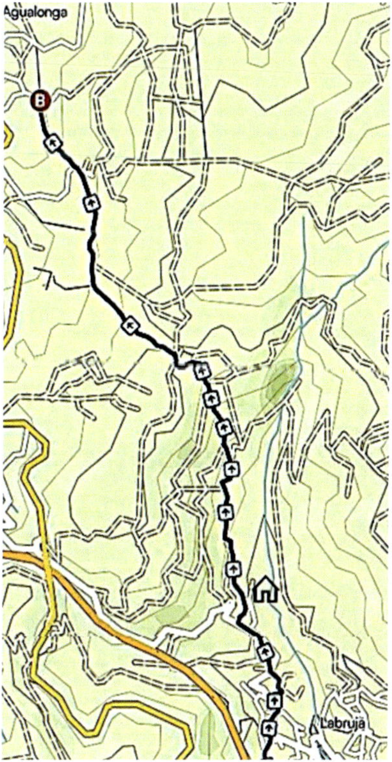

Direkt vor dem ersten Wohnhaus biegt ihr

☞ links in einen schmalen, asphaltierten Fahrweg ein und weil der R. do Caminho Portugués de Santiago heißt, pilgert ihr fröhlich auf ihm herum, bis ihr ihn in einer Rechtskurve an einer kleinen Wasserstelle (4,2 km) aus dem Jahr 1991 –

✋ ich denke nicht, dass das Trinkwasser ist –

nach

☞ links in einen Wirtschaftsweg verlasst, der gleich nach links abknickt. Bald darauf (4,4 km) wendet ihr euch nach

☞ links, ignoriert alle nach rechts führenden Abzweigungen und schlendert entlang einer Fischzucht (5 km) zur zu ihr gehörenden Unterkunft

⌂☕ Noah's Ark Caminho, R. de Borralhos, 285,
☏ 915 215 020, 30,--/Person incl. Abendessen und Frühstück, Übernachtung in 1- und 2-Personen-Zelten mit Bettwäsche, W/T. – Das ist doch mal etwas anderes!

Anschließend lasst ihr einen Weg links liegen, nähert euch der Autobahn A3, verlasst die Spur, wenn sie nach rechts die Autobahn unterquert (5,4 km), nach

- ☞ geradeaus und wechselt anschließend
- ☞ fröhlich
- ☞ mal auf die rechte,
- ☞ mal auf die linke und wieder zurück
- ☞ auf die rechte Seite der *Autoestrada* (5,8 km). Ihr bleibt mit einem Waldweg zunächst parallel zur A3, entfernt euch aber von ihr an der nächsten Abzweigung (6,1 km) nach
- ☞ rechts. Mit dem Rio Labruja an eurer rechten Seite stoßt ihr – wie praktisch! – direkt an einer
- ☕ Flussstrandbar (7,4 km) wieder auf Asphalt.

Ihr bleibt

- ☞ links diesseits des Flusses und verlasst diese nicht gerade verkehrsumtobte zweispurigen R. do Santuário do Sr. Do Socorro/M-522 erst am Gotteshäuschen **Capela de Nossa Senhora das Neves no Caminho** (8 km) mit
- ☿ Sehr schönem zweiseitigen **Cruzeiro** (♁) nach
- ☞ links in eine Pflastergasse, in der ihr es euch gleich ebenfalls
- ☕ gemütlich machen könnt.

Nach all der Weite und Natur fühlen sich die Mauern fast noch ein bisschen enger an, aber das ist gar nicht schlimm, denn schon bald wird dieser Fahrweg, R. do Caminho Português de Santiago, zu einer Art asphaltierten Corredoura (♁), auf der ihr beim Laufen Märchen erfinden könnt.

Am Ende (8,9 km) – neinneinnein, nicht wieder zurückgehen … oder vielleicht doch, weil dann dürft ihr diesen schönen Weg noch einmal hin und her genießen – erreicht ihr

⌂⇦ Labruja.

Am ersten Haus (8,9 km)

- ☞ rechtsgeradeaus lasst ihr die scharf abknickende R. dos Valinhos links liegen, bleibt sofort danach
- ☞ linksgeradeaus und folgt diesem Fahrweg, bis ihr die von links etwas über euch ankommende R. de Valada aufsammelt (9,3 km).

⌂ Res., 13 Plätze, K, ⧗ ganzjährig ab 14.00, 15,-- incl. Frühstück
Albergue Casa da Valada, R. de Valada, 487, ☎ 967 742 694, 45,--/DZ, 60,--/3Z.

☞ Weiter in Laufrichtung kommt ihr zur

⌂ Res., 8/2⧗ ganzjährig ab 14.00, 22,50,-- incl. Frühstück
Albergue O Conforto, R. Caminho Português de Santiago, 1403, ☎ 935 883 131, 60,--/DZ, das nächste Haus links oben.

An der nächsten Verzweigung bleibt ihr
☞ rechtsgeradeaus auf Asphalt und stoßt, wenn dieser Fahrweg starkrechts abknickt (9,6 km),
☞ linksgeradeaus nach wenigen Schritten auf die
☞ zweispurige M-522. Die verlasst ihr schon –
☞ oder bleibt einfach auf ihr, bis der Camino sie bei 10,2 km (s. u.) kreuzt – am letzten Haus (9,8 km)
☞ rechtsgeradeaus in die R. da Fonte das Trés Bicas, bleibt gleich darauf
☞ linksgeradeaus und könnt euch am
Brunnen Fonte das 3 Bicas noch einmal die Trinkflaschen füllen.

⌂ Casa do Olival, R. do Olival, 33, ☎ 961 251 175, ab 35,--/Person incl. Frühstück, ab 60,--/DZ, Abendessen möglich.

Hier (10 km) wendet ihr euch nach
☞ links, überhüpft in **Bandeira** die M-522 (10,2 km), überquert sie beim nächsten Zusammentreffen (10,4 km) nach
☞ schräglinks zu einem schmalen Pfad, der euch bald stramm an Höhe gewinnen lässt.

Ab hier braucht ihr nur einer Richtung zu folgen: geradeaus bergauf und gerne auch mal über steinige Abschnitte und solche, an denen ihr an den alten Wackersteinen erkennen könnt, dass diese Route tatsächlich schon sehr, sehr, seeeeehr alt ist. Dabei hüpft ihr (11,2 km) kurz auf einen breiten Forstweg, verlasst ihn aber nächstmöglich (11,5 km)
☞ rechtsgeradeaus auf einen Wanderweg, haltet euch (11,7 km)

☞ links und

☞ schwenkt auf einen von links kommendem Weg ein (11,8 km).

Harzgewinnung in Portugal

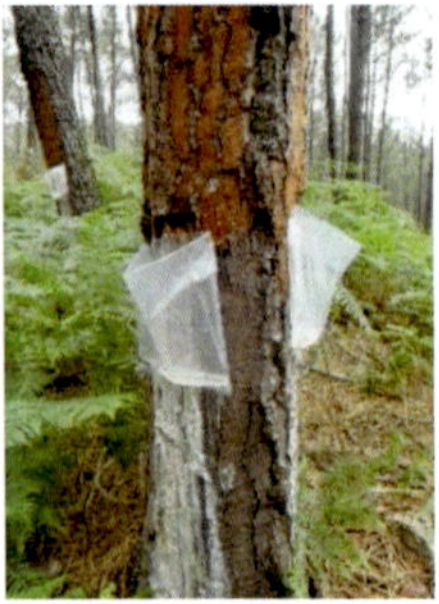

Bis in die 1970er Jahre zählte Portugal zu den weltweit führenden Produzenten von Kiefernharz. Diese Marktmacht übernahm China und in Portugal verlagerte sich die Waldwirtschaft immer mehr auf den Anbau von Eukalyptus (), der in nur 7 Jahren erntereif ist, während eine Kiefer 40 Jahre alt werden muss, bevor man sie anzapfen kann.

Also, wenn ich so an die letzten 40 Jahre meines Lebens denke, ist das ganz schön lang.

Und dann kommt es endlich, das

☿ **Cruz dos Franceses** (12 km)

Dieses Steinkreuz ist für den Camino Portugués ein bisschen das, was das Cruz de Ferro für den Camino Francés ist: Pilger legen hier mit einem Stein ihre Ängste, Sorgen und Nöte nieder (ich fand auch „Schuld und Sühne" von Dostojewskij!?!).

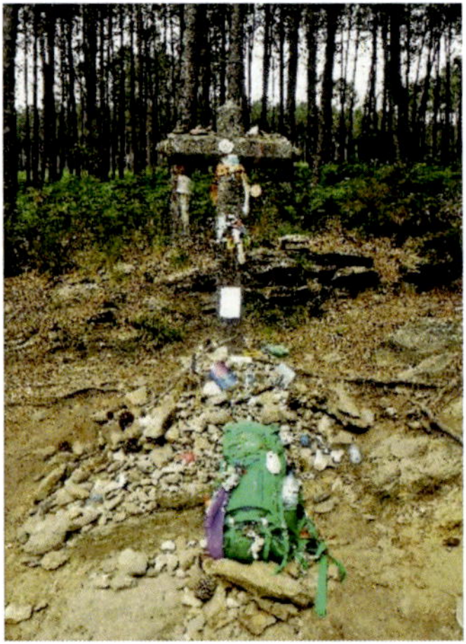

Seien Namen hat es wohl aus der Zeit Napoleons: 1809 sollen seine Soldaten hier in einen Hinterhalt geraten sein. Man hat sie zwar nicht am Leben gelassen, für ihr Seelenheil aber dieses Kreuz aufgestellt.

Es geht knackig weiter und

☛ über eine Wegkreuzung (12,2 km) hinweg.

☺♉ Am **Alto da Portela Grande** 12,4 km, also oben) folgt ihr kurz einem breiten Weg nach

☛ links und macht euch an der

☛ rechten Seite eines großen Felsens an den gerade anfangs fast kerzengeraden, sehr strammen, steinigen und gerölligen Abstieg. Ab einem

☛ Rechtsknick (13,3 km), an dem ihr einen Weg links liegen lasst, wird es wieder sehr viel bequemer.

Ihr kommt an einem Steinkreuz (13,6 km) und einer

☿ alten Wassermühle vorbei, erreicht wieder umbauten Wohnraum (14,1 km), folgt dort der Fahrspur

☛ in Laufrichtung nach

⌂⌂ **Agualonga** zu einer kreuzenden Straße.

⌂⌂ Res. 4/1, K W/T, ⌛ 01.04. – Mitte Oktober 14.00 – 19.00, 15,--

Zur Herberge Albergue Bota Rota Pilgrim House (+200 m), R. da Carvalhido, 339, ☏ 932 313 851, hello@botarota .pt, 30,--/EZ, 50,--/DZ (eines der Privatunterkünfte besteht aus einem Tipi-Zelt im Garten), 4,--/Frühstück geht ihr hier links und lasst einen Weg links liegen. Zu einer

Bar blättert ihr einfach ins nächste Kapitel.

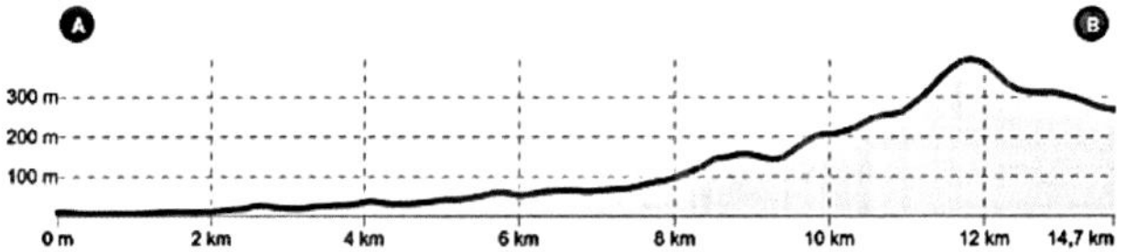

Agualonga - Rubiães

(3,1 km, ⇧ 20 m, ⇩ 80 m)

Karte CPCr13

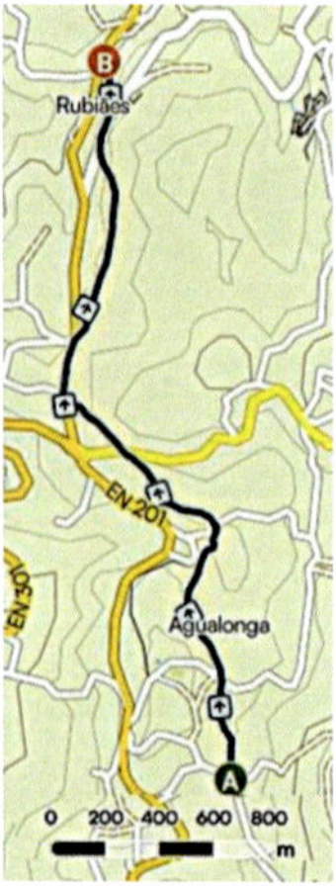

Dieser Streckenabschnitt ist der Weg der großen Sprünge, denn ihr überhüpft immer die Nase voran diese Straße zu einem Pflasterweg, dann die zweispurige EM-1077 (0,4 km) und ...

☕ Halt! Lasst es mich doch bitte ... Oh, ihr habt schon einen Kaffee? – Na gut! (0,7 km).

Gleich nach der Bar haltet ihr euch

☞ ein bisschen rechts und hüpft mit Schwung weiter über die anschließend kreuzende Straße (1 km) und N-301 (1,4 km) hinweg und erreicht in

⌂🛏+ **São Roque** die N-201 (1,7 km), auf die ihr

☞ rechts einbiegt.

\+ Auf der linken Straßensete gibt es eine Apotheke.

⌂🛏 Alojamento-Albergue Constantino, Estrada de São Pedro de Rubiães, s/n, 968 432 059, ab 15,--, ab 30,--/EZ, ab 37,--/DZ, ab 51,--/3Z.

An der **Capela de São Roque** (2 km) verlasst ihr die Landstraße

☞ rechts-linksgeradeaus und hüpft auf den nächsten Fahrweg (2,8 km)

☞ rechts drauf – links runter.

⌂⌂☕ 34/2, K, ⌛ ganzjährig, 10,-- €

Albergue de Rubiães, ☏ 965 053 751, j.freguesia.rubias@gmailcom.

☕🍎 Direkt ihr gegenüber gibt es eine Bar mit Minimarkt.

Dem Camino folgend gibt es an der N-201 zwei weitere Herbergen:

Res., 14/3, K/M, W/T, Pool, ganzjährig ab 12.00, ab 14,--
Casa de São Sebastião, Estrada de São Pedro de Rubiães, 282, ☏ 962 830 024, ab 40,--/EZ/DZ, ab 54,--/3Z, ab 76,--/4Z

Res., 13/3, K, W/T, ganzj ab 13.30 – 20.00, ab 15,-- incl. Frühstück
Alojamiento Local Ninho, Estrada de São Pedro de Rubiães 695, ☏ 916 866 372, ninho.albergue@gmail.com, ab 30,--/EZ, ab 40,--/DZ.
Für Katzenhaarallergiker ist sie leider nur mit Vorsicht zu genießen.

Nach diesen beiden letzten Herbergen findet ihr ein Restaurant (+ 400 m).

Ein bisschen Hintergrundinformation

Kirchenreform in Portugal

Bereits 1822 verfügte eine demokratische, liberale Verfassung, die erste Verfassung Portugals überhaupt, die Abschaffung der Inquisition und der besonderen Rechte der katholischen Kirche. Diese galt nur in den Jahren 1822 und 1823. Es folgte der Bürgerkrieg (1832 – 1834) und diesem die Einsetzung einer liberalen Regierung unter Joaquím António de Aguiar, auch bekannt als *O Mata-Frades*, Mönchstöter. Der erließ am 28. Mai 1834 ein Dekret, welches die staatliche Anerkennung und Existenz männlicher Ordensgemeinschaften beendete und alle kirchlichen Güter (Ländereien, Klöster, Kirchen u. a.) zur Versteigerung zugunsten der Staatskasse konfiszierte. Das setzte dem Klosterleben der Mönche ein unmittelbares Ende. Für Frauenorden allerdings gab es mit einem weiteren Dekret vom 28./30. Mai 1834 eine Sonderregelung: Es durften zwar keine neuen Novizinnen aufgenommen werden, aber die Ordensfrauen wurden nicht sofort aus ihren Klöstern vertrieben, sondern durften dort bis „zum Tod der letzten Nonne" in ihren Klöstern verbleiben.

Rubiães – ⌂⌂ Fontoura (7,6 km) - Pacos

(10,2 km, ⇧ 130 m, ⇩ 280 m)

Der Weg verläuft zwar überwiegend auf Asphalt und Kopfsteinen, ist dabei aber so abwechslungsreich, dass euch sicher nicht langweilig wird.

Sofort nach der Herberge drehen die Pfeile auf die N-201 nach
- ☛ rechts ein und biegen gleich nach der Albergue Ninho (0,3 km)
- ☛ scharflinks auf einen Pflasterweg ein, der euch sehr schön und bequem durch die Felder bringt zur

☿ **Ponte Romano Medieval de Rubiães**
Schon zu Zeiten der Römer wurde sie als Teil der Via Romana XIX (8) aus Granit errichtet. Ihre heutige Form mit den drei Bögen erhielt sie allerdings erst im Mittelalter. 1961 wurde sie als Imóvel de Interesse Público unter Denkmalschutz gestellt.

Auf ihr überquert ihr den Rio Coura und kommt gleich
- ☛ rechts zurück zur N-201 (1,2 km).

Gegenüber ist ein kleiner bewirteter Laden

140 m weiter rechts gibt es noch eine Bar.

Ihr kreuzt die Landstraße nach
- ☛ geradeaus in einen Pflasterweg, schwenkt an seinem Ende (1,8 km)
- ☛ in Laufrichtung auf die N-201 ein, verlasst sie nächstmöglich (2 km) nach
- ☛ halbrechts in den asphaltierten Fahrweg EM-1064 und bleibt (2,3 km)
- ☛ links auf schmalem Gepflaster zunächst noch parallel zur Nationalstraße. An seinem Ende (3,5 km)
- ☛ rechts marschiert ihr mit einem asphaltierten Fahrweg Estrada de Pecene nach und stets bergauf durch

São Bento da Porta Aberta und weiter zur zweispurigen N-303 (4,4 km), an der ihr

Karte CPCr14

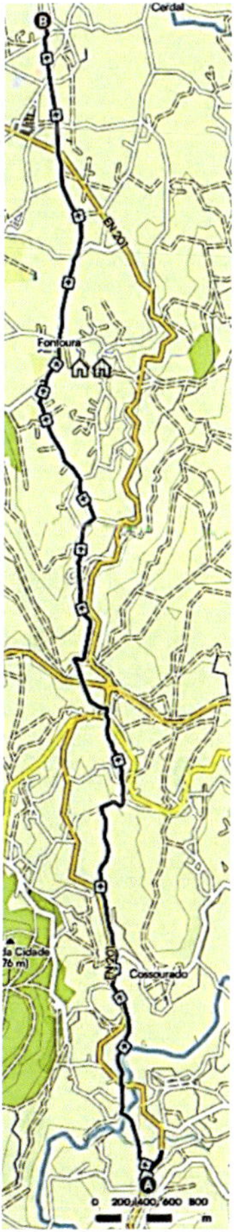

- ☞ links schon die Kirche **Igreja San Bento da Porta Aberta** seht,
- ☕ an der ihr euch ein bisschen stärken und
- ⁂ einen schönen Stempel geben lassen könnt.

☕ 🍎 Mit der EN-201 nach links kommt ihr in 100 m zu einer Tankstelle mit Minimarkt.

Ihr umgeht die Kirche zu

- ☞ ihrer hinteren linken Ecke und kommt durch Bäume zu einer Brücke, mit der ihr die N-303 (4,7 km) überquert. Nach dem nächsten kreuzenden Weg (4,9 km) dürft ihr auf wunderschönen, tiefen Corredouras (♁) durch den Wald pilgern.

In **Gontomil** stoßt ihr

- ☞ linksgeradeaus (5,6 km) – rechtsgeradeaus auf die asphaltierte EM-1063 (5,7 km), schwenkt auf sie
- ☞ linksgeradeaus ein (5,6 km), verlasst sie nächstmöglich (6 km) –
- ✋ wenn euch der Asphaltn gerade guttut, könnt ihr, nicht ganz so schön, aber bequemer und ohne Umweg, auf der Straße bleiben und mit dem Camino in Richtung „Pereira“ links abbiegen (beides 6,5 km) –
- ☞ halbrechts in einen Pflasterweg, von dem ihr aber schon ganz bald (6,2 km)
- ☞ links wieder in einen Forstweg wechselt. Ihr
- ☞ kreuzt die EM-1063 (6,5 km) abermals in Richtung „Pereira“ und findet an eurer linken Seite das

☿ **Cruz de Nosso Senhor dos Caminos**.
Ein Mitglied der Deutschen Jakobus-Gesellschaft Aachen fand auf seiner Pilgerreise 2005 dieses

Kreuz, dem Wetter und Zeit stark zugesetzt hatten, und sorgte für seine Restaurierung. Ganz vielen lieben Dank dafür und für das schöne Gefühl, das eine solche Initiative macht!

An einer langen, hohen Mauer (7,2 km) biegt ihr –

- ☝ falls es dort zu matschig ist, geht einfach geradeaus und gleich mit der M-512 nach rechts –
- ☞ rechts in einen ganz schmalen Fußpfad entlang eines Wasserläufchens ein und erreicht mit der M-512 (7,4 km)
- ☞ rechts

⌂⌂ Fontoura.

⌂⌂ Res., 14/1, K/M, ⧗ ganzj., Di. geschlossen, 13.30 – 18.00, 20,-- incl. Frühstück
Albergue PilgerPause, Estrada de São Miguel, 1161, ☏ 677 012 859, pilgerpause.com, Spende von 10,-- bis 15,--/gemeinsames Abendessen

Gleich nach der Herberge gibt es eine Bar.

Ihr folgt der EN-512 noch vorbei an einem asphaltierten Abzweig nach links und wechselt direkt danach (8,3 km)

- ☞ links zu einem anfangs gepflasterten Forstweg, überquert der Nase nach die N-201 (9,1 km) –
- ☝ an ihr links gibt es in 300 m eine Bar –, und erreicht

⌂⌂ Pacos

An einer verschobenen, spitzwinkligen Kreuzung (9,7 km) bleibt ihr

- ☞ geradeaus auf Pflaster und seht an der nächsten Asphaltstraße (10 km)
- ☞ rechts – links – hopp-hopp vor euch schon die

⌂⌂ Res., 14/2 W/T, ⧗ 01.03. – 30.10., 15.00 – 19.00, sonst nur auf Voranmeldung, ab 20,-- incl. Frühstück
Albergue Quinta Estrada Romana, Caminho de Santiago, 1607, ☏ 251 094 125, quintaestradaromana@gmail.com, gemeinsames Abendessen gegen Spende, ab 40,--/EZ, ab 55,--/DZ.

Pacos - Valença

(6,9 km, ⇧ 80 m, ⇩ 60 m)

Etwa 600 m nach der Herberge und immer in Laufrichtung überquert ihr das Flüsschen Ribeira da Mira auf der

☿ **Ponte Romana de Cerdal**
Die für die Via Romana XIX (⚲) errichtete Brücke wurde späterhin erweitert und umgebaut.

☕ Gleich danach links von euch gibt es ein Hotelrestaurant.

Ihr

☞ kreuzt den Fahrweg EM-1057 (0,9 km) nach schräglinks, könnt noch

☕ einmal einkehren und folgt der Pflasterspur, bis ihr einen asphaltierten Fahrweg (1,5 km)

☞ geradeaus in einen Forstweg kreuzt, der euch am Ende hinter einer Firma vorbei zur N-13 führt (2,1 km), mit der ihr

☞ rechts gleich an einen Kreiseverkehr kommt.

☞ Linksgeradeaus an einem Kreuz vorbei bleibt ihr mit der R. da Veiga parallel zur N-13 und biegt an der **Capela do Sr. do Bonfim** (3,5 km)

☞ links in die R. do Eido de Cima ab, die euch durch mehr oder weniger dicht stehende Häuser führt. An einer Verzweigung (4,1 km) folgt ihr

☞ rechtsgeradeaus dem Schild in Richtung „Igreja“ in die R. do Regueiro, bleibt an einer geräumigen Verzweigung an einem Kreuz (4,4 km)

☞ rechtsgeradeaus mit der R. da Igreja in Laufrichtung und wechselt an einem Baum, der mitten auf der Straße steht (4,7 km)

☞ links auf die zweispurige EM-510.

✋ ⌂⌂ Res., 18/x, K/M, ⧗ März – Dez. 15.00 – 20.00, ab 20,--
Zur Albergue-Alojamento O Brasão (+ 1,3 km), R. dos Covelos, 20, ☏ 964 037 913, gemeinsames Abendessen/Frühstück mögl., ab 38,--/EZ, ab 49,--/DZ, ab 66,--/3Z, ab 88,--/4Z, folgt ihr der EM-510 über einen Bahnübergang hinweg, biegt am Ende links in Richtung „Igreja Paroquial

Karte CPCr15

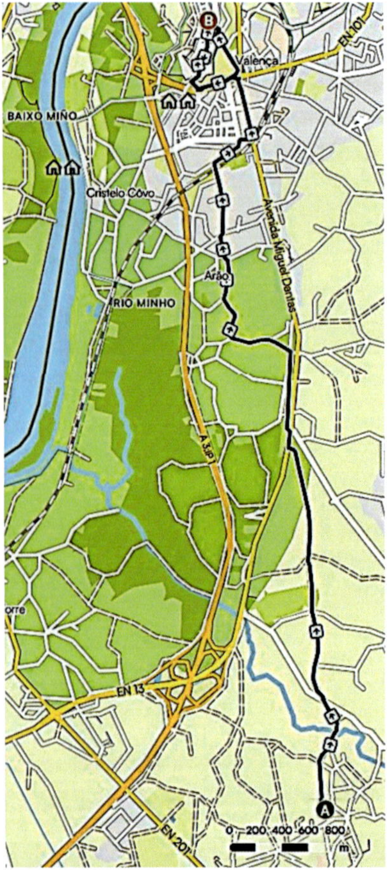

auf die R. Ten. Manuel Luiz Alves ein, geht die nächste Straße, R. Hermengarda Alves, rechts und dann erneut rechts.

Am nächsten Morgen verlasst ihr die Herberge nach links, geht (130 m) halbrechts durch die R. dos Covelos, an deren Ende (270 m) links (R. Ten. Manuel Luiz Alves) – rechts mit der Av. Sá Carneiro unter der Autobahn hindurch, folgt am Kreisferkehr (550 m) geradeaus der Av. Sá Carneiro zu einem weiteren Kreisel (1,1 km, s. u. bei 5,7 km).

Nach wenigen Schritten verlasst ihr diese Straße nach

☞ rechts in die R. da Cruz, bleibt an einem Stop-Schild (4,9 km) –

✋ ⌂ Zum Valença Guesthouse, Urbanização Santa Luzia, 1, ☏ 928 142 096, valencaguesthouse.com, ab 22,50 incl. Frühstück, ab 46,--/DZ, geht ihr rechts mit der R. da Emissora zur N13, dort links – rechts in die R. dos Cidorões, halblinks in die R. Santa Luzia, nächste Kreuzung rechts in die R. da Seixosa, nächste links, sofort linke Seite -

☞ rechts – links mit der Tv. Vald de Flores in Laufrichtung und
☞ unterquert mit ihr eine Bahntrasse (5,4 km).

✋ Direkt zur Albergue São Teotónio, könnt ihr hier links und an den beiden Kreiseln jeweils geradeaus gehen.

Hier schicken euch die Pfeile nach
☞ rechts am Bahnhof vorbei zu einem Kreisverkehr (5,7 km).

✋ Für mit etwas weniger Verkehr verlasst ihr den Kreisel nach geradeaus und geht oben (die Festung befindet sich euch direkt gegenüber) zur Albergue São Teotónio, mit der N-101 nach links, am nächsten Kreisel.

Die gelben Pfeile verlassen diesen Kreiseverkehr nach
rechts und führen euch dann
☞ links die sehr
geschäftige N-13 hinauf zu einem weiteren großen Kreisverkehr.

49 Plätze, K, W/T, ganzjährig 13.30 – 20.00, 10,--
Zur Albergue São Teotónio (+ 300 m), Av. José María Gonçalves, 10, ☏ 251 826 286, alberguevalenca@gmail.com, folgt ihr links der N-101 zum nächsten Kreisel (das Haus schräglinks gegenüber).

✋ Wenn ihr möchtet, könnt ihr direkt von hier zum kleineren Nebenteil des Fortalezas hinaufsteigen und betretet es durch die

☿ **Portas da Coroada.** Dort erhaltet ihr im Besucherzentrum

ⓘ **Centro de Interpretação dos Castelos e Fortalezas - Paiol do Campo de Marte** ganz viele Informationen über die Geschichte der Festung und könnt im Hostel Bulwak übernachten (s. u.).

Nach rechts über den Festungsgraben kommt ihr zum Hauptteil des Fortalezas und geradeaus zur **Praça de República** und dem Beginn des nächsten Kapitels.

✋ ++ Zum *Centro de Saúde*, R. Nossa Sra. de Fátima, ☏ 251 800 020, folgt ihr den Schildern am Kreisel vor der Herberge nach links an einem großen

✋ Ö Supermarkt vorbei, an der nächsten Straße links unterhalb.

Um dieses Kapitel nicht Mitten auf der Straße zu beenden, gehe ich an diesem großen Kreisverkehr noch

☞ gegenüber den Buckel hinauf und durch die

☿ **Portas do Sol –**

ⓘ sofort rechts in der Festungsmauer ist eine Touristeninformation –,

☞ und geradeaus die Gasse hinauf.

✋ Hier links durch die

☿ **Portas do Meio** und über den Festungsgraben hinweg, kommt ihr zum kleineren Teil der Wehranlage. Dort findet ihr:

⌂ Hostel Bulwark, Trav. do Cantinho, 7 – 11, ☏ 928 142 906, ab 25,-- incl. Frühstück, Rucksäcke müssen vor den Schlafräumen abgestellt werden,

sowie das Besucherzentrum

ⓘ **Centro de Interpretação dos Castelos e Fortalezas - Paiol do Campo de Marte,** in dem ihr ganz viele Informationen über die Geschichte der Festung erhaltet.

☞ Rechts schlendert ihr an **Praça de República** ins nächste Kapitel.

Valença

137 v. Chr. wurde unter Decimus Junius Brutus Callaicus der Ort *Castrum Tydis* zur Grenzfestung. Den Römern folgten die Westgoten und 716 Abd al-Aziz mit den Mauren. 736 wurde die Stadt von Alfonso I. von Asturien vorübergehend zurückerobert, 997 aber als *Contra-Castra*, wie es inzwischen hieß, von Almansor (🕯) auf seinem Eroberungsfeldzug nach Santiago d. C. nahezu dem Erdboden gleichgemacht. Nachdem die Mauren endgültig vertrieben waren, geriet die seit 1262 Valença genannte Stadt in die Auseinandersetzungen zwischen Portugal und Spanien und erhielt während des Restaurationskrieges (🕯) eine beeindruckende Befestigungsanlage.

An den Sehenswürdigkeiten kommt ihr mit dem Camino nächsten Kapitel vorbei.

Valença – Tui

(2,9 km, ⇧ 50 m, ⇩ 70 m)

Karte CPCr16

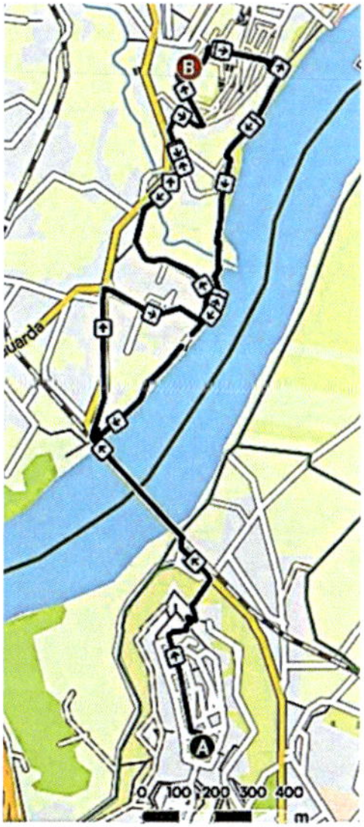

Dieses Kapitel beginne ich also an der

☿ **Praça de República**
die mit ihren Gebäuden aus dem 15. – 18. Jh. rund um das Rathaus ein bisschen das heutige Herz des Fortalezas ist.

Während ihr euch durch die Einkaufsstraße treiben lasst, erspäht ihr, wenn ihr die nächste Gasse nach rechts hinaufschaut, die

☿ **Igreja de Santo Estevão**
deren Geschichte bis um 1400 zurückreicht, die allerdings 1792 – 1805 neu errichtet wurde. Vor ihr steht der römische Meilenstein

☿ **Miliario Romano** (🕯)
Er stammt aus der Zeit des Kaisers Claudius, 43 n. Chr., ist 2,15 m hoch und misst quer durch 54 cm. Später wurde an ihm Recht gesprochen, gerne auch sofort und eben an ihm vollzogen und Wichtiges kundgetan, er war also Gerichtssaal, Pranger und Schwarzes Brett in einem.

Kurz vor dem Verlassen der Festung kommt ihr zur

☿ **Igreja Paroquial de Santa Maria dos Anjos**
Eigentlich handelt es sich hier um drei Gebäude. Eine Inschrift auf einem Stein des älteren, romanischen Teils nennt das Datum 8. Juli 1276. Ihr Glockenturm und der angeschlossene neue Teil der Kirche stammen aus dem 16. Jh.

Ihr verlasst das Fortalezadurch die

☿ **Portas da Gaviarra** (0,5 km), steigt eine langgezogene Treppe hinunter zur Straße und kommt zur

☿ **Puente Internacional** (0,8 km)
Sie trägt euch 318 m weit über den Minho, wurde von Gustave Eiffel entworfen und gebaut und am 25. März 1886 eröffnet. Die Landesgrenze ist sehr fotogen auf dem Boden markiert und gelbe Pfeile hindern Pilgernde daran, über die Brüstung zu springen und sich zu verschwimmen.

Adeus Portugal! – *¡Bienvenido a España!*

Bitte vergesst nicht, die Uhr umzustellen!

Bitte denkt spätestens ab hier an die Stempelregel (♁)**!**

Die gelbbepfeilte Wegführung zur Kathedrale ist ein wenig umständlich, darum habe ich eine beschaulichere Alternative für euch:
Sofort nach der Brücke gibt es einen

- ☞ Fußweg hinunter zum Río Miño, mit dem ihr links flussauf nach 450 m kurz auf die gelben Pfeile stoßt oder nach 1,2 km einen kleinen Bootshafen erreicht, an dem ihr an der Mauer der Stadtbefestigung,
- ☿ **Muralla medieval**, eine
- ☞ Treppe und kerzengerade über weitere Stufen mit der R. Bispo zur Praza do Concello hinaufsteigt.

Die Kathedrale links könnt ihr gar nicht übersehen.

Der Camino folgt nach der Brücke der nach

- ☞ rechts abknickenden N-551 durch einen Vorort bis zu einer Kreuzung mit einem Kreuz an einer Tankstelle (1,5 km), führt dort –
- 400 m kürzer ist es, 130 m nach der Tankstelle eine schmale Treppe hinunter zum Camino zu steigen (s. u. bei 2,2 km) –
- ☞ rechts am Parador-Hotel (♁) –
- ☿ in seinem Außenbereich steht ein sehr schönes *Cruceiro* (♁) –
  vorbei, berührt am Fluss
- ☞ links ganz kurz meine Wegalternative (1,8 km), geht aber sofort
- ☞ links wieder hinauf, dicht unterhalb der N-550 entlang und (2,4 km)

- ☞ links wieder fast auf sie zurück, dreht aber (2,5 km)
- ☞ rechts auf die R. Piñeiro in die Altstadt von Tui ab und biegt nach einer Linkskurve (2,6 km)
- ☞ links in die R. Sanz ein, die euch sehr eng verwinkelt direkt zur Kathedrale bringt.

Tui

Die strategisch günstig auf einem Hügel gelegene Stadt war schon im 6. Jh. Bischofssitz. Nachdem die Mauren zurückgedrängt worden waren, wurde sie im 8. Jh. Sitz des Westgotenkönigs Witiza, musste im 11 Jh. den Angriffen der Wikinger trotzen und wurde schließlich als Grenzstadt zu Portugal zum Ausgangspunkt der Angriffe von der einen oder Opfer der Angriffe von der anderen Seite. Mit dem Beginn des Baus der Kathedrale ließ Fernando II. die Stadt, die sich zu der Zeit rund um die Kirche San Bartolomeu befand (s. S. 205), um das neue Gotteshaus verlegen und mit Mauern und Türmen befestigen.

☿ **Kathedrale Santa Maria**

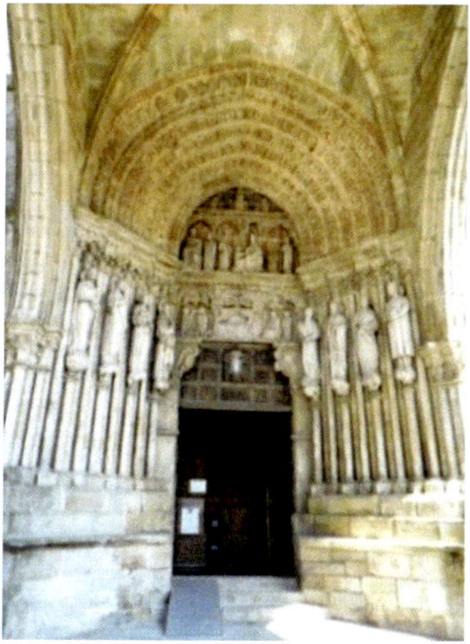

Die 1225 der Muttergottes geweihte Kirche entstand auf dem Platz einer Vorgänger-Basilika. Der Glockenturm und der Andreasturm stammen aus dem 15. Jh.

Wenn ihr sie durch das westliche Hauptportal betretet, erkennt ihr sofort, warum Trichterportale Trichterportale heißen. Hier begrüßen euch Moses, Jesaia, Petrus, Johannes (links), König Salomon, die Königin von Saba und die Propheten Daniel und Jeremias (rechts). Haltet kurz inne und lasst den Innenraum mit seinen wuchtigen Querbögen auf euch wirken. Nehmt euch Zeit! Diese Kirche birgt so viele schöne Kleinigkeiten, ist allerdings manchmal ein bisschen eng, um alles in ganzer Größe zu erfassen. Die beiden Orgeln z. B. (1714): Die größere ist San Telmo (s. u.) gewidmet, dessen Gebeine hier ruhen, die kleinere dem Heiligen Jakobus. Beachtet auch das Kreuzgratgewölbe (12. Jh.) und genießt vom Wehrgang den Blick zum Kreuzgang (13. Jh.) hinunter und nach Valença hinüber.

⌛ Mo. – Sa. 10.45 – 14.00/16.00 – 19.00, So. 10.45 – 12.45/16.00 – 19.00 (im Sommer früher/länger), Dach 13.00 – 17.15, 3,--/Pilger

⌂ ⌂ 36/2, M, W/T, ⌛ ganzjährig 13.00 – 22.00, 10,--

Die öffentliche Albergue de Peregrinos de Tui, Párroco Rodríguez Vázquez, s/n, ☏ 638 276 855, erwartet euch in einem ehemaligen Pfarrhaus aus dem 19. Jh. links der Kathedrale die Straße nach der Polizei.

✋ Falls ihr hier auf den Camino einsteigt, beachtet bitte, dass hier Pilgernde, die aus Portugal kommen, bevorzugt behandelt werden.

✋ Nach der Albergue de Peregrinos rechts in der R. San Telmo findet ihr die

☿ **Kapelle San Telmo,**

die 1769 – 1803 an der Stelle des Wohn- und Sterbehauses des Heiligen errichtet wurde.

San Telmo – Pedro Gonzáles Telmo (1190 – 1246)

Der Schutzheilige der Seeleute, gegen Unwetter, Erdbeben und Seenot, wurde in Frómista (Camino Francés) als Spross einer reichen kastilischen Adelsfamilie geboren, was er durchaus zu genießen wusste. Als er gerade zum Domdechanten von Astorga (Camino Francés) ernannt worden war und huldvoll den Jubel seiner Untergebenen entgegennahm, scheute sein Pferd, er landete – rautzdibautz – im Dreck und machte keine sehr glorreiche Figur mehr. Aus dem Hurra der Menschen wurde hämisches Gelächter. Beschämt zog er sich einige Monate in eine Einsiedelei und sich selbst zurück und trat dann dem Dominikanerkloster San Pablo in Palencia bei, wurde Prediger und schließlich sogar Beichtvater von König Fernando III. *el Santo*, der Heilige, von Kastilien, den er davon überzeugen konnte, gegen die Mauren in den Kampf zu ziehen. So wurden die Städte Córdoba

(Camino Mozárabe) und Sevilla (Via de la Plata) wieder zurück in den christlichen Schoß geholt und ihre Moscheen von Telmo kurzerhand zu Kirchen geweiht.

Bevor er auf einer seiner Missionsreisen in Tui verstarb und beigesetzt wurde, besuchte er auch die abgelegensten Orte Asturiens und Galiciens, kümmerte sich um die Armen und verkündete vor allem auch den Seeleuten auf ihren Schiffen das Evangelium, weshalb er häufig mit einem Schiff oder einem Anker dargestellt wird.

Res., 12/3, M, W/T, WiFi, ganzjährig 7.00 – 22.00, ab 17,--

Zur Albergue Ideas Peregrinas, R. Porta da Pía, 1, ☏ 986 076 330/ 685 583 310, www.ideas-peregrinas.com, ab 39,--/DZ, ab 63,--/3Z, geht ihr links der Kathedrale mit der Trav. do Hospital geradeaus am Rathaus vorbei und dann links (das Pilgerlädchen mit Café und auf der linken Seite).

Im nächsten Kapitel führt der Camino vorbei an den Herbergen

Res., 18, K, W/T, März – Nov. 11.00, ab 16,--

Albergue Convento del Camino, R. Antero Rubin, 30, ☏ 690 328 565, conventodelcamino@gmail.com, Frühstück 2,50.

Res., 20/3, W/T, WiFi, ganzjährig 12.30 – 22.00, ab 16,--

Albergue Villa San Clemente, C/Canónigo Valiño, 23, ☏ 678 747 700, www.villasanclemente.es, ab 43,--/EZ, ab 53,--/DZ

Res., 20/2, K/M, W/T, 01.03. – 31.10. 13.00 – 21,30, 15,--

Albergue Pallanes, R. Pallāns, 11, ☏ 679 774 753, alberguepallanes@gmail.com, ab 27,--/EZ, ab 47,--/DZ, ab 57,--/3Z

Res., W/T, ab 12,--

Albergue-Hostal San Telmo, Av. Da Concordia, 84, ☏ 687 099 161, info@alberguesantelmo.com, Abendessen/Frühstück möglich

Weitere Unterkünfte sind u. a.

Res., 22/3, M, 01.03. – 30.09., ab 16,---

A Troita Hostel (1,2 km), Estrada Baiona, 100, ☏ 682 757 397, www.Troitahostel.es,

⌂ Res., 19/4, K, W/T, ⧗ März. – Nov. 9.00 – 22.30, ab 16,--
Das Jacob's Hostel Tui, C/Obiso Lago, 5, ☏ 644 557 194, jacobshostel-tui@gmail.com

⌂♿ Res., 20/1, K/M, W/T, ⧗ ganzjährig11.00 – 21.00, 15,-- incl. Frühst.
Albergue Buen Camino, Av. de la Concordia, 10, ☏ 986 604 052.

⌂ Res., 18 Plätze, K/M, ⧗ ganzjährig 11.00 – 23.00, 18,--
Albergue San Martín, R. Coruña, 6, ☏ 640 616 473, aberguesanmartin-tui@gmail.com, 36,--/DZ, 54,--/3Z, 72,--/4Z

++ Das *Centro de Saúde,* Prol. Alcalde Casal Aboy, 4, ☏ 986 601 936, ⧗24/7, mit dem Portal der Kathedrale an der rechten Schulter geradeaus durch die R. Seijas, links zur N-550, diese rechts, am Kreisel links und mit dem Hinweisschild die zweite Straße rechts.

Ein bisschen Wissen am Rande

Semana Santa, die heilige Woche (Karwoche)
In **Spanien** ist sie einer der kulturellen und religiösen Höhepunkte des Jahres. Ostern wird nicht einfach gefeiert, nein, es wird auf eine sehr besondere Weise zelebriert: Ab *Domingo de Ramos*, Palmsonntag, finden täglich Prozessionen statt, durchaus auch mehrere an einem Tag. Die beeindruckendsten erlebt man in der *Madrugá,* der Nacht zum Karfreitag. Während dieser Umzüge werden *Pasos* durch die Straßen getragen, riesige Altarbühnen, die jeweils eine Szene der Passion Christi darstellen. Begleitet werden sie von *Nazarenos,* den Büßern, die zuweilen auch Kreuze, dafür aber keine Schuhe tragen. Abgeschlossen wird jede einzelne Prozession mit einem *Paso* der Jungfrau Maria. Der Ursprung der Feierlichkeiten liegt im 16. Jh., als die katholische Kirche der breiten Masse der Bevölkerung, die nicht lesen oder schreiben konnte, mit einer „Predigt durch Bilder" die Passion Christi näherzubringen versuchte.

In **Portugal** wird die **Semana Santa** nicht nur ebenfalls mit Messen, Inszenierungen der Passion Christi und Prozessionen durch die geschmückten Straßen gefeiert, sondern auch auf Straßenfesten mit traditioneller Musik zum Tanz aufgespielt. In Porto trägt an Karfreitag ein Darsteller ein Kreuz durch die Stadt. Die bewegendsten Feierlichkeiten finden in Braga statt.

Tui – Orbenlle

(8,8 km, 80 m, 100 m)

Hups!, wo kommen denn plötzlich die Rucksackträger alle her?!
In Tui nimmt die Pilgerdichte merklich zu, denn hier starten die, die „nur" die letzten 100 km gehen, um eine Compostela (🕯) zu erhalten.

Mit der Nase zum Hauptportal der Kathedrale, geht ihr an ihrer linken Seite

☛ links mit der Trav. do Hospital sofort am Rathaus vorbei und weiter
☛ geradeaus durch die R. das Monxas, schlupft durch einen Durchgang unter dem Kloster **Monjas de las Clarisas** hindurch und steigt die
☛ R. do Ouro zur Plaza da Armada España mit Kette und Kreuz hinunter.
☛ Links führt euch die Muschel mit der R. Antero Rubin zum
☿ **Mosteiro de San Domingo**
In Tui ließen sich schon um 1330 Franziskaner nieder und begannen gegen Ende des 15. Jh. mit dem Bau dieses Klosters, das 1524 vollendet wurde. Aus dieser Zeit stammt das verzierte Hauptportal.
⌂ Albergue Convento Del Camino (s. S. 203).

☛ Geradeaus wechselt ihr auf die R. Canógio Valiño mit
⌂☕ Albergue Villa San Clemente (s. S. 203),
geht mit ihr eine Linkskurve –
✋ ⌂ die Albergue Pallans (+ 200 m) liegt in der zweiten Straße rechts,
⌂☕ die Albergue-Hostal San Telmo (+ 650 m) in der dritten Straße (N550) rechts –
☛ biegt gleich nach der Kurve (0,9 km) rechts in die R. San Bartolomeu ein und überquert einen Platz (1,2 km) mit Kreuz und Kirche
☿ **Cruceiro de San Bartolomeu**
☿ **Igrexa de San Bartolomeu** (s. S. 201).

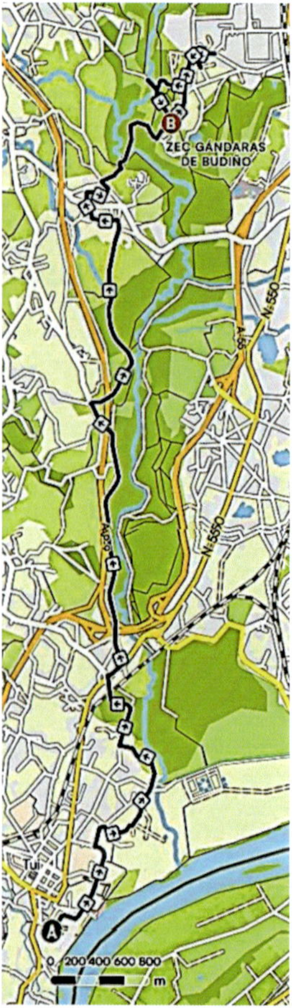

An der

- ☞ rechten Seite der Kirche entlang verschwindet ihr an ihrer Rückseite gleich
- ☞ linksgeradeaus an einem Waschhäuschen vorbei in einen Fußweg, asphaltiert an seinem Ende nach
- ☞ rechts durch die R. Arraial und kreuzt die zweispurige R. Loureiro zu einem sehr schönen

☿ ⊔ ☺ **Pilgerstein** mit Brunnen und Rastplätzchen (1,8 km).

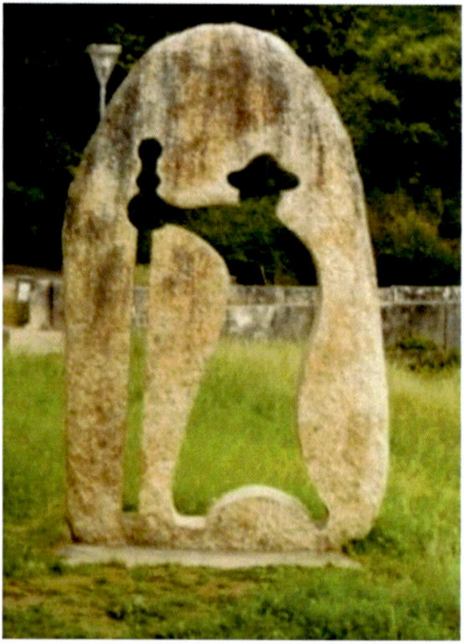

Karte CPCr17

Im Laufschritt verschwindet ihr im Wald, schwenkt am Ende (2,3 km)

☛ rechts auf den Fahrweg Cam. Barros ein und werdet euch nun ein längeres Stück auf Asphalt bewegen, was ja aber vielleicht für eure Füße und Knöchel nach all dem Pflaster in Portugal durchaus auch ein bisschen entspannend sein kann. Dabei unterquert ihr eine Eisenbahntrasse (2,8 km), folgt anschließend der N-550 (3 km) nach

☛ rechts, verlasst sie nächstmöglich (3,2 km)

☛ links in die zweispurige PO-342, werft an der

☿ **Capilla de la Virgen del Camino** (3,3 km) einen Blick auf ein besonders schönes *Cruceiro* (♁), überquert die A-55 (3,4 km) und unterquert die AP-9 (5 km).

Weil Entspannung aber auch anders gehen kann, dürft ihr die Straße anschließend (5,4 km) in den nächsten nach

☛ rechts abzweigenden Forstweg verlassen, überquert abermals die AP-9 (5,6 km) und pilgert sehr schön durch einen lauschigen Wald am

☿ Wegkreuz **Cruz de San Telmo** vorbei, überbrückt den Río San Simón (6 km), schlendert noch ein Stück an seiner Seite entlang und erreicht in

⇆☕ **Ribadelouro** (7 km) eine spitze Verzweigung mit

☕ Einkehrmöglichkeit und nur wenige Schritte weiter einen

☺ Wasserhahn und Steinbänke.

✋ Hier machen die gelben Pfeile einen Schlenker, für den ich keinen Grund finden kann. Darum: Wenn ihr hier einfach geradeaus weitergeht und die PO-2502 nach geradeaus kreuzt, seid ihr ab der nächsten von links kommenden Straße wieder auf dem Camino (7,4 km, dort bei 7,7 km).

Möchtet ihr den Muscheln folgen, biegt ihr hier nach

☛ links ab, folgt der Straße anschließend (7,3 km)

☛ rechts um die Ecke, kreuzt die zweispurige PO-2502 (7,4 km) und schlendert mit der nächsten Straße (7,5 km)

☛ rechts durch **A Madalena.**

Am Ende (7,7 km) kommt ihr

☛ links an mehreren Kreuzen vorbei und könnt euch in einer Grünanlage

☺ etwas ausruhen. Anschließend führen euch die Pfeile

☛ rechts durch den Wald und über das sehr verträumte Brückchen

☿ **Ponte Romana de Orbenlle** (8 km) zu ... – Huch?!

☿ Die Gemälde der **Mural de Orbelle** (8,6 km) stammen von Xai Oscar, einem hiesigen Künstler, dessen Großeltern das Haus hinter den Kunstwerken besaßen.

☛ Links folgt ihr erst noch dem Pfeil der

☺ Pilgerbank, habt aber gleich danach die Wahl zwischen

💣 zwei Wegen (8,8 km), die inzwischen beide gut als Camino bzw. *Complementario* markiert sind.

✋ Den offiziellen Weg zu gehen, dafür gibt es nur einen schönen Grund: die Herberge. Danach führt er durch ein ausgedehntes Industriegebiet und entlang einer verkehrsreichen Straße.

✋ Kleines Anekdötchen am Rande: 2016 war der heute offizielle *Complementario* hervorragend markiert ... durch fette schwarze Pfeile, mit denen man versucht hatte, die gelben Vorgänger zu übertünchen. So war ein Verlaufen auf der Ausweichroute schier unmöglich.

Hier beende ich dieses Kapitel mit einem laut ausgestreckten Zeigefinger zur Herberge

⌂⌂♿⇨ Res., 8/2, M, W, WiFi, ⧗ Feb. – Nov., 14.30 – 19.00, 35,-- incl. gemeinsames Abendessen/Frühstück

Casa Alternativo (0,6 km auf dem Camino + 140 m), **Orbenlle** 12A, ☏ 622 900 377, driesnuitten@hotmail.com, 70,--/DZ, Terasse, Pool. Zu ihr folgt ihr dem Camino im nächsten Kapitel und biegt nach 600 m rechts ab, linke Straßenseite (ihr könnt es gar nicht übersehen). Der belgische *Hospitalero* Dries ist selbst Pilger und hat die Möbel selbst gefertigt.

Am nächsten Morgen geht ihr zurück zum Verkehrsspiegel (s. o. bei 0,3 km), dort nach rechts, nach 60 m links und nach weiteren 60 m in einer Rechtskurve linksgeradeaus in einen Forstweg, dann stoßt ihr an der **Ponte do Baranco de Orbenlle** auf den von links kommenden *Complementario* (0,8 km, dort bei 0,3 km).

Orbenlle - O Porriño

(8,8 km, ⇧ 70 m, ⇩ 70 m via *Complementario*)

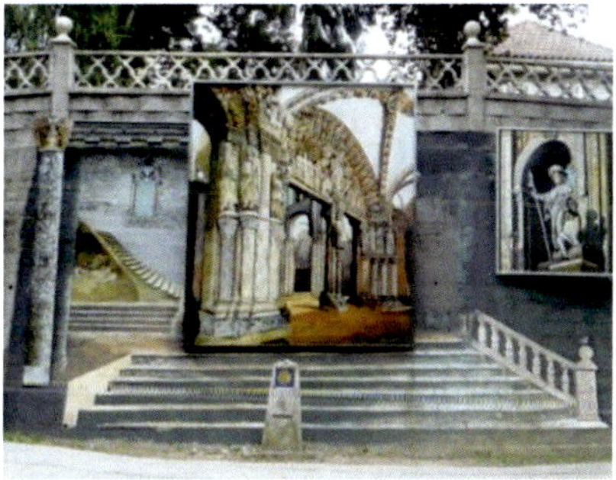

Mural de Orbelle

Da der Camino und der *Complementario* von unterschiedli-chen Seiten in O Porriño ankommt und es unten nirgendwo gut hinpasst, ganz kurz schon hier:

++ **O Porriño** wurde besonders seit dem frühen 20. Jahrhundert wegen seines rosa Granits bekannt, mauserte sich zu einem wirtschaftlichen Zentrum der Region Falls ihr also Bau- oder Renovierungspläne habt: Mit „Rosa Porriño" holt ihr euch ein kleinen Stück Camino-Feeling ins Haus.

Camino (rechter Weg, 7,7 km, ⇧ 30 m, ⇩ 30 m)

Der Camino bleibt

- geradaus auf dem Fahrweg, biegt an einem Verkehrsspiegel (0,3 km)
- rechts ab und kommt mit der nächsten Straße (0,4 km)
- links wieder in Laufrichtung.

Zur Casa Alternativo (s. S. 208) geht ihr die nächste Straße (0,6 km) rechts.

An einer großräumigen Verzweigung (0,7 km) trefft ihr wieder auf den vorher verlassenen Fahrweg, geht mit ihm nach

- rechts - linksgeradeaus um eine Firma herum und wechselt nach einer rechtwinkligen Rechtskurve (1,2 km)

Karte CPCr18 (a: Complementario links/b: offizieller Camino rechts)

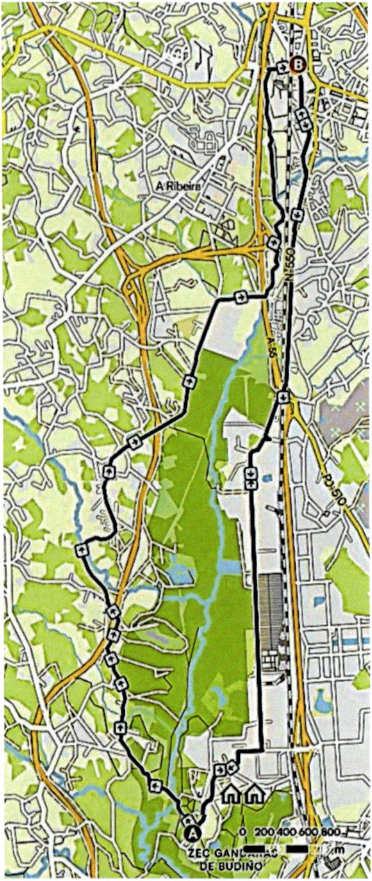

☞ links in eine Straße, die euch 2,6 km lang schnurgerade an einem Industriegebiet entlangführt und dann ein bisschen nach rechts zu einem Verkehrsknoten abknickt. Ihr

☞ überquert eine Bahntrasse (4,5 km) auf einer Fußgängerbrücke zur

☞ N-550, die ihr erst nach weiteren 2,1 km

☞ linksgeradeaus in die zweispurige R. Manuel Rodriguez (6,6 km) verlasst.

Gleich darauf nehmen euch die Pfeile (6,7 km)

☞ rechtsgeradeaus mit in die schmalere R. San Sebastián und lassen euch an einem Kreisverkehr (6,9 km) –

☕🍎 die Bars und Geschäfte linksgeradeaus in der R. Manuel Rodríguez sind zumindest ein bisschen weniger hässlich –

☞ rechtsgeradeaus weiter durch die R. San Sebastián vorbei an der **Capilla de San Benito** (19. Jh.), Wohnhäusern und unzähligen Garagentoren traben und am Ende (7,2 km)

☞ links mit der Tra. Fernández abbiegen zur Pfarrkirche

☿ **Parroquia de Santa María da Concepción** (7,3 km, 16. Jh.)

++ Zum Centro de Saúde do Porriño (+ 500 m), R. Fernández Areal, s/n, ☏ 986 338 869, ⧗ 24/7, geht ihr an der rechten Seite der Kirche die eben diese Straße ein ganzes Stück hinauf und über die N-550 hinweg, Gebäude mit viel Glas vor einem mehrstöckigen Mehrfamilienhaus.

⌂⌂ Die Albergue Rincón del Peregrino (s. u.) befindet sich gegenüber der Kirche an der kleinen Grünanlage links.

☞ In Laufrichtung durch die R. Manuel Rodriguez und die ihr anschließende R. Ramón González bummelt ihr vorbei an

+ Gaststätten, Cafés, Läden, einem größeren Supermarkt und Apotheken.

☿ Das **Casa do Concello** entstand aus einer sehr spontanen Idee und den daraus resultierenden Plänen des hiesigen Architekten

- Antonio Palacios Ramilo (1872 – 1945). Er entwarf u. a. den Palacio de Comunicaciones in Madrid und das García-Barbón-Theater in Vigo.
- ☿ Eine Skulptur von ihm findet ihr vor dem Gebäude auf einer Granitbank, sichtlich zufrieden mit sich und seinem Werk.

Gebaut wurde dieses Gebäude, das ein bisschen aussieht wie ein Wehrturm mit sehr schön verzierten Arkadenbögen, 1919 – 1924.

☿ **Fonte do Cristo**

1904 beauftragte der Stadtrat Antonio Palacios (s. o.) damit, einen Brunnen zu entwerfen. Noch im August des gleichen Jahres legte er kostenlos einen Plan zu diesem, seinem ersten Werk vor: Inspiriert vom hiesigen Barock mit einem guten Schuss Klassizismus entstand bis 1907 dieser im Grundriss achteckige steinerne Brunnen mit eisernen Wasserspeiern. Der mit einer Plattform mit Keramikelementen abgesetzte obere Teil trägt kleine Drachen in seiner Säule. Gekrönt wird der Wasserspender von einem Knappen, der ein Schild mit dem Wappen der Stadt und eine Lanze mit Kreuz in seinen Händen hält.

So erreicht ihr einen Kreisverkehr (7,6 km), an dem ich dieses Kapitel beende.

Alles zu den Unterkünften findet ihr unten, zur
⌂⌂ Albergue de Peregrinos de O Porriño, dem
⌂ Alojamiento Camino Portugués und der
⌂ Albergue Senda Sur
geht ihr nach links dem *Complementario* entgegen.

Complementario (linker Weg)
Dieser Alternativweg beginnt sehr idyllisch in einem leider zu kleinen Waldstück, in dem Märchen geboren werden, wechselt dann auch auf Asphalt, aber ohne Industrie und mit nur ganz wenig Verkehr, bevor er parallel zur zwar hör-, aber nicht sichtbaren Autobahn am lauschigen Río Louro entlang genau an der öffentlichen Herberge die Bäume verlässt.

- Die einzige Einkehrmöglichkeit auf dieser Route hat nur an den Wochenenden geöffnet!

Diese Route biegt hier

- ☞ links in einen Fußweg ein und überquert an seinem Ende (0,3 km) erneut
- ☞ links den Rio Louro auf der **Ponte do Baranco de Orbenlle**.

Nun lassen euch die Pfeile richtig schön auf Corredoiras (♁) durch Wald und Feld lustwandeln, bevor sie sich auf den nächsten Fahrweg (0,8 km)

- ☞ linksgeradeaus einfädeln. An einem
- ☺ Picknickplatz an einem einzelnen Haus (1 km)
- ☞ rechtsgeradeaus und zwischen den nächsten Häusern (1,1 km)
- ☞ rechts – linksgeradeaus bleibt ihr auf dem unten verlaufenden Wirtschaftsweg, überquert ein sehr lauschiges Steinbrückchen (1,3 km) und folgt immer euren Stiefelspitzen. Am Ende (1,8 km) schert ihr
- ☞ rechts auf einen Fahrweg ein, verlasst ihn jedoch noch vor einer Autobahnunterführung (2 km) nach
- ☞ rechts, um alsbald eben diese Autobahn, AP-9,
- ☞ auf einer Brücke (2,2 km) zu überqueren (2,4 km).

Gleich danach nehmt ihr den Fahrweg

☞ ganz rechts, der euch zunächst erneut durch den Wald und dann nach **Centeáns** führt. Dort bleibt ihr an einem *Cruceiro* (♁, 3,8 km)

☞ rechtsgeradeaus, und lasst an der nächsten Verzweigung (4 km)

☞ rechts ein gemauertes Bushaltestellenhäuschen an eurer linken Schulter.

☕ An der nächsten Straße nach links findet ihr einen Hinweis auf die oben erwähnte. Bar.

Die Straße bringt euch über die AP-9 (4,6 km) und vorbei an einem Motodrom zu einem kleinen Kreisverkehr (5,8 km), an dem ihr euch

☞ rechts gleich ein bisschen

☺ verschnaufen könnt. Sofort nachdem ihr die A-55 (6,3 km)

☞ unterquert habt, schlendert ihr

☞ links den Río Louro entlang. Wenn ihr das Gebrumme der Autos ausblendet, ist der Weg richtig schön und führt direkt zur (8,5 km)

⌂⌂ 52/2, K ohne Ausstattung, ⧗ ganzjährig 15.00 – 22.00, 10,--
Albergue de Peregrinos de O Porriño, Av. de Buenos Aires, ☎ 986 335 428, albergue@oporrino.org.

✋ ⌂ Res., 44/6, M, W/T, WiFi, ⧗ ganzjährig 10.30 – 22.00, ab 13,--
Das Alojamiento Camino Portugués, Av. de Buenos Aires, 40, ☎ 886 133 252, alojamientocaminoportugues@gmail.com, Frühstück/ Abendessen mögl., befindet sich links unter der Autobahn hindurch.

An der öffentlichen Herberge biegt ihr

☞ rechts in die Av. Buenos Aires ein.

✋ ⌂☕☜ Res., 48/2, M, W/T, WiFi, ⧗ ganzjährig 11.00 – 22.00, ab 17,--
Zur Albergue Senda Sur, R. da Foz, 3, ☎ 604 021 743, albergue@sendasur.es, Privatzimmer möglich, geht ihr die nächste Straße halbrechts, in der Kurve links auf der rechten Seite.

☞ Die Av. Buenos Aires bringt euch über einen Bahnübergang hinweg und als R. Peña zu einem Kreisverkehr, an dem ich dieses Kapitel beende.

Wenn ihr möchtet, macht hier rechts mit der R. Ramón González einen Bummel durch das Stadtzentrum mit

☕🍎+ Gaststätten, Cafés, Läden, einem größeren Supermarkt und Apotheken.

☿ Meine Erläuterungen zu den Sehenswürdigkeiten findet ihr oben am Ende der Wegbeschreibung des Caminos.

Von diesem Kreisverkehr aus erreicht ihr außerdem folgende Unterkünfte:

⌂⌂♿ Res., 28/2, K/M, W/T, WiFi, ⧗ ganzjährig 12.00 – 20.00, ab 15,--
Zur Albergue Camino Santiago Porriño, R. Servando Ramilo, 17, ☏ 623 161 267, caminodesantiagoporrino@gmail.com, Abendessen und Frühstück möglich, verlasst ihr den Kreisel mit den gelben Pfeilen halblinks in die R. Ramiranes und biegt scharfrechts von ihr ab.

⌂ Res., 10/1, M, W/T, WiFi, ⧗ ganzjährig 13.00 – 21.00, ab 15,--
Zur Albergue Fonte dos Aloques, R. Antonio Palacios, 23, ☏ 695 493 838, geht ihr am Kreisel rechts durch die R. Ramon González, nach der Praza do Concello links durch die R. Antonio Palacios zu einem großen Kreisverkehr.

⌂♿ Res., 30/2, K/M, W/T,⧗ ganzj. 13.00 – 18.00, ab 25,-- incl. Frühstück
Zur Albergue Casucho da Peregrina, R. Antonio Palacios, 52, ☏ 628 635 947, www. Casuchodaperegrina.com, folgt ihr an der Albergue Fonte dos Aloques aus der N-120/Av. Ant Palacios nach rechts, in 300 m.

⌂⌂ Res., 21/1, M, W/T, ⧗ ganzjährig 12.00 – 20.00, ab 12,--
Zur Albergue Rincón, R. do Cando Bc, 3 – 5, ☏ 886 319 533, alberguerinconperegriono @gmail.com, 3,--/Frühstück, 10,--/Abendessen, geht ihr vom Kreisel rechts mit der R. Ramón Gonzalez dem Camino entgegen zur Kirche, dort gegenüber an der Grünanlage.

🍎 Einen großen Supermarkt (0,4 km) und die
⌂☕ Albergue SoMos, Camiño Vello de Santiago (1,3 km)
findet ihr auf dem Camino im nächsten Kapitel.

O Porriño – ⌂⌂ A Veigadaña (3,2 km) - A Rúa de Mos

(6,2 km, ⇧ 110 m, ⇩ 40 m)

Karte CPCr19

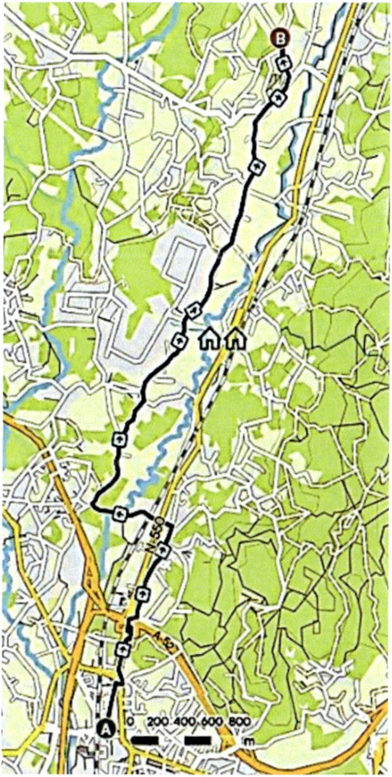

Ihr verlasst diesen Kreisel

- ☛ rechtsgeradeaus in die R. Ramiranes, geht an dem danach mit
- ⍥ goßem Supermarkt (0,4 km) mit der N-550
- ☛ geradeaus in Richtung „Redondela“,
- ☛ unterquert erst die A-52 (0,9 km), dann
- ☛ rechts eine ihrer Zufahrten und bleibt
- ☛ links mit dem dem Cam. Vello de Santiago (1 km) parallel zur N-550.

⌂☕ Albergue SoMos, Camiño (1,3 km) Vello de Santiago, 14, ☏ 618 687 061, alberguesomos.com, Frühstück/Abendessen möglich.

Mit dem aufgemalten Fußweg knickt ihr (1,7 km)

- ☛ links in die R. da Quiringosta ab,

☛ kreuzt mit ihr die die N-550 (1,8 km), überquert den Río Louro (2,1 km), biegt (2,4 km)
☛ rechts in den C. da Fontiña ein und …

Dadadadaaaaaa! Hier passiert ihr den 100-km-Stein!
Bitte denkt an die Stempelregel (🕯)!

In
A Veigandaña erreicht ihr ein Stop-Schild (3,2 km), an dem ihr
☛ links gleich an einem geräumigen Platz mit Laterne die Herberge findet.

Res., 16/1, W/T, WiFi, ⧗ ganzjährig 13.00 – 21.30, 14,--
Albergue de Peregrinos Santa Ana, ☏ 986 331 011, santanaveiga@outlook.es.

Der Camino folgt an diesem Platz der Straße Cam. Das Lagoas nach
☛ rechts unter einer Straßenbrücke (3,9 km) hindurch, bleibt an einem Stop-Schild (4,6 km)
☛ linksgeradeaus mit dem Cam. Do Castro in Laufrichtung, wechselt an einem Kreisverkehr (5,6 km)
☛ rechtsgeradeaus auf eine zweispurige Straße und verlässt sie nach einer hohen Mauer (5,8 km) nach
☛ ein bisschen weiter links in die Spielstraße Cam. Da Rúa.
Auf dem Platz an der Kirche könnt ihr einkehren.

Die Kirche **Igrexa de Santa Baia de Mos** stammt ursprünglich bereits aus dem 16. Jh., musste jedoch 1883 wiederaufgebaut werden. Eine kleine Besonderheit außen ist der Aufsatz über der Seitentür, eine große Besonderheit innen der barocke Altar.

Der **Pazo** (🕯) **de los Marqueses de Mos** (links) stammt aus dem 18. Jh.

37/1, K/M, ⧗ ganzjährig 13.00 – 22.00, 10,--
Albergue Santa Baia de Mos, Camino R., 3, ☏ 986 348 001, avv.santabaia.mos@gmail .com, nach dem *Cruceiro*, linke Straßenseite.

A Rúa de Mos – Redondela

(9,6 km, ⇧ 150 m, ⇩ 230 m)

Am Ende der Plattenstraße steigt ihr

☞ linksgeradeaus mit dem C. da Rúa stramm bergauf und folgt anschließend (0,5 km)

☞ rechtsgeradeaus der Estrada Alto de Barreiros-Santiaguiño vorbei am **Cruceiro** (♙) **de Ánimas do Santo da Vitoria** (0,7 km), bis ihr sie (1,7 km) –

✋ ☕ weiter an der Straße gibt es nach wenigen Schritten eine Gaststätte (Di. – So. 12.00 – 17.00) –

☞ linksgeradeaus auf den anfangs gepflasterten Cam. da Abilleira verlasst. An seinem Ende (2 km)

☞ geradeaus kommt ihr durch ein Waldstück zu Häusern von **O Enxertado**,

☞ bleibt mit dem Cam. Cerdeiriñas (2,3 km) in Laufrichtung und wechselt an dessen Ende (2,6 km)

☞ links zurück auf die Estrada Alto de Barreiros-Santiaguiño, hüpft in der nächsten Linkskurve (2,8 km)

☞ rechtsgeradeaus kurz von ihr herunter auf einen Fußweg, nach der Kuppe (3 km)

☞ wieder auf sie drauf und erreicht einen

☺ Rastplatz (3 km), an dem ihr das

☿ Kirchlein **Capela de Santiaguiño** findet. Über den beiden mit dem Cruz de Santiago (♙) verzierten Türen findet ihr eine Darstellung von Jakobus als Matamoros (♙) in der Schlacht von Clavijo (♙).

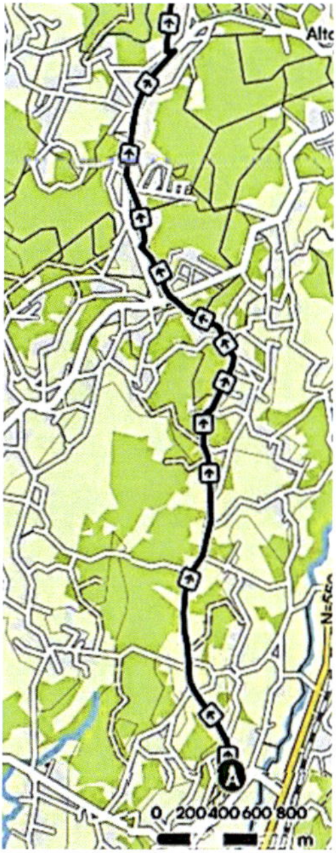

Karte CPCr20

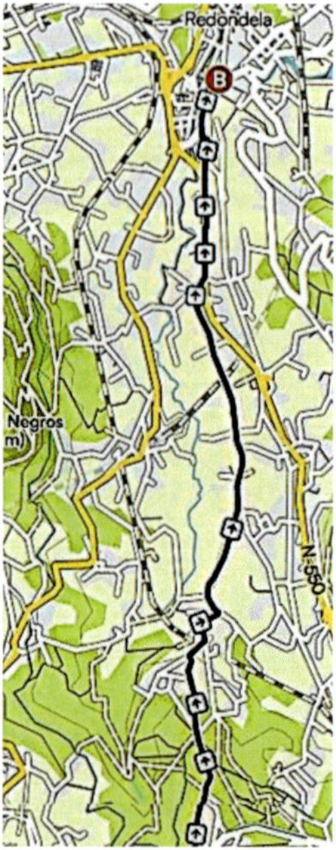

⁂ Am Jakobustag, 25. Juli, führt eine Prozession hierher.

Ihr überquert die Straße zu einem Fußweg, passiert einen

☿ römischen Meilenstein (⚱), folgt am Ende (3,4 km)

☛ rechts der Fahrweg Cam. Xacobeo zu einer zweispurigen Straße (3,9 km) und dieser erneut nach

☛ rechts

🍎 an einem kleinen Lädchen (4,2 km) vorbei, lasst eine doppelte Einmündung von links links liegen, biegt anschließend (4,7 km)

☛ links in einen schmalen Fahrweg ein, stoßt mit der Nase direkt auf eine

☕ Bar, an der ihr

☛ rechts einschwenkt.

Der etwas später von rechts kommende Asphaltweg (5,1 km) lässt euch

☛ linksgeradeaus durch den Wald zu einem großen Schild „Comunidade de Montes" (5,5 km) traben.

Dort wechselt ihr

☛ rechtsgeradeaus in einen breiten Forstweg, kreuzt eine Straße (5,8 km) zu einem Fahrweg, schlendert (5,9 km)

☛ rechts fröhlich bergab und kommt an der nächsten Verzweigung (6,1 km)

☛ links auf dem Cam. Rommano so in Fahrt ... ähm ... Lauf, dass ihr die Rechtskurve schier mit quietschenden Schuhsohlen nehmt.

🏠♿☕ Res., 12/1, ⧗ ganzjährig, ab 16,--

Albergue Corisco Mos, C/Romano, 47, ☎ 986 402 166, contacto@albergueocorisco .com, ab 42,--/EZ, ab 75,--/DZ, Frühstück möglich.

Spätestens nach der Herberge (6,3 km) müsst ihr allerdings ein bisschen abbremsen, um die Kurve nach

☛ links zu schaffen. Dieser Fahrweg wird bald wieder weniger abwärtsig und führt euch immer euren Stiefelspitzend folgend

☛ unter einer Eisenbahnbrücke (7,7 km) hindurch, an der ihr euch mit einer

☿☺ Pilgerstatue gerne noch ein bisschen ausruhen könnt, bevor ihr (8,4 km) an der N-550 landet.

✋ Wenn euch 150 m stramm hinauf nichts ausmachen, findet ihr direkt
- ☛ gegenüber eine schmale Gasse, von der der nächste Fahrweg nach
- ☛ links nunmehr wieder eben parallel zur Nationalstraße verläuft, nur eben weiter oben. Nach einer Überführung (9 km) schlupft ihr
- ☛ rechts unter dem gerade begangenen Weg hindurch und fädelt euch unten rechtsgeradeaus wieder auf den Camino ein (9,5 km, dort bei 9,2 km).

Die Pfeile lassen euch

☛ links mit der N-550 einen geschäftigen Vorbezirk von Redondela durchqueren, bevor ihr die Straße vor einer Linkskurve (9 km) –

✋ ⌂⌂♿ Res., 11/1, M, W/T,⧗ ganzjährig ab 12.30, 20,-- €
zur Albergue A Rotonda, R. Rabadeira Canabal, 1, ☎ 657 805 988, arotonda @outlook.es, geht ihr geradeaus weiter zu einem Kreisel –

☛ rechtsgeradeaus in Richtung „Centro Urbano“ verlassen dürft.

⌂⌂⇐++☕ ⏱ Redondela

Das Bemerkenswerteste in dieser Stadt an der Ría Vigo ist wohl ihre gigantisch hohe Eisenbahnbrücke. Sie stammt bereits aus dem 19. Jh. und brachte ihr den Spitznamen „*Pueblo de Viaductos*“, Dorf der Viadukte, ein.

Gleich (9,2 km) befindet sich links von euch das Kloster

☿ **Convento de Vilavella**

Die Kirche dieses 1554 vom Orden von San Lorenzo Justiniano gegründeten Konvents hat mit seinem durch Querbögen in fünf Abschnitte unterteilten rechteckigen Innenraum seine ursprüngliche Struktur bewahrt.

Um möglichst viele Unterkünfte in die Wegbeschreibung einzubauen, rutsche ich am **Convento de Vilavella** über die Praza de Ponteareas

- ein bisschen nach links und folge der R. Pai Crespo vorbei an

Res., 46/1, M, W/T, März – Januar, 12.00 – 20.30, ab 17,--
Albergue Santiago de Vilavella, R. Pai Crespo, 55, ☏ 673 414 752, reservas@redondelaalbergue.com

Res., 40/1, K/M, W/T, WiFi, ganzjährig (s. u.) ab 12.00, ab 15,--
Albergue A Conserveira, R. Pai Crespo, 60, ☏ 676 667 293, hostelaconservieira@gmail.com, Nov. – März nur nach Anmeldung, ab 45,--/DZ, ab 60,--/3Z, ab 80,--/4Z, Frühstück möglich.

- Es handelt sich hier um eine ehemalige Konservenfabrik mit originalen Dekorationsgegenständen.

Nachdem ihr die wirklich beeindruckend hochgestelzte Eisenbahnbrücke unterquert habt, kommt ihr zu einem Kreisverkehr (9,6 km).

42/2, M, W/T, ganzjährig 13.00 – 22.00, 10,--
Die Albergue de peregrinos Casa da Torre, Praza de Ribadavia, ☏ 628 338 045, www. caminodesantiago.gal, befindet sich auf der direkt gegenüberliegenden Seite des Kreisels (älteres Steingebäude mit zwei Balkontüren).

- Halblinks in der R. Alfonso XII:

  Res., 8/1, K/M, W/T, WiFi, März – Oktober ab 11.00, 15,--
  Albergue Alfonso XII., R. Alfonso XII., 22 - 24, ☏ 648 745 287, contacto@alberguealfonsoxii.com, Frühstück möglich, ab 40,--/DZ.

Hier ist das eigentliche Ende dieses Kapitels, aber weil es noch einige andere Herbergen gibt, gehe ich euch uneigentlich hier noch dem Camino folgend voraus,

- an der linken Seite der Herberge und dem schmalen Häuschen dahinter vorbei und
- linksgeradeaus durch R. Isodoro Quemaliños zum Plätzchen **Praza da Alfondiga** mit Kreuz:

🏠♿➪ Res., 24/3, K/M, W/T, WiFi, ⌛ ganzjährig 13.00 – 20.00, ab 16,--
Albergue A Casa da Herba, R. Isidoro Queimaliños, 35, ☏ 644 404 074, acasadaherba@gmail.com, ab 45,-- €/DZ, Frühstück möglich

🏠➪ 6/1, M, W/T, WiFi, ⌛ ganzjährig 15.00 – 23.00, ab 15,--
Albergue Rosa D'Abreu, R. Isidoro Queimaliños, 33, ☏ 688 422 701/ 886 096 755, rosaredondela.33@gmail.com, Frühstück 4,--, ab 43,--/EZ, ab 50,--/DZ.

Im weiteren Verlauf der R. Isodoro Quemaliños führt euch die nächste kreuzende Gasse, R. Telmo Bernárdez:

☛ nach rechts zur

🏠🏠♿ Res., 32/2, M, W, ⌛ 01.05. – 31.10., 12.00 – 14.00/16.00 – 19.00, ab 14,---
Albergue parroquial Santiago Apóstol, R. Telmo Bernárdez, 15, ☏ 627 748 802, alberguesantiagoapostol@gmail.com, und der Kirche

☿ **Igrexa de Santiago.** Sie entstand im 15. Jh. auf den Grundmauern einer 1114 geweihten Kirche.

☛ nach links zur Praza da Constitución.

++ Zum *Centro de Salud* (+ 850 m), ⌛8.00 – 22.00, Av. Mendiño, 42, ☏ 986 400 387, folgt ihr dem Kanal diesseits nach rechts und bleibt, wenn der nach links abknickt, geradeaus. Den folgenden Kreisel verlasst ihr linksgeradeaus und überquert mit der Av. Mendino sofort ein Kanalzuflüsschen. Danach auf der rechten Seite.

☛ geradeaus nach Santiago d. C.

Folgt ihr weiter dem Camino, kommt ihr außerdem zur

🏠♿ Res., 32/2, M, W/T,⌛ 01.03. – 31.10., 12.00 – 20.00, ab 15,--
Albergue Avoa Regina, R. da Picota, 23, ☏ 986 125 297, alberguevoaregina @gmail.com, auf dem Weg aus Redondela hinaus an der Capilla de Santa Marina.

Redondela – Arcade

(6,9 km, ⇧ 170 m, ⇩ 130 m)

Pontevedra, Caldas de Reis und Padrón liegen jeweils einen Tagesmarsch voneinander entfernt, was mitunter zu einer „Pilgerwelle" führt: Alle starten etwa zur gleichen Zeit vom gleichen Ort und sind entsprechend auch immer so ein bisschen im Rudel unterwegs. Wenn ihr aus dieser Woge ausbrechen möchtet, übernachtet in den kleinen Orten dazwischen und genießt morgens und nachmittags einen etwas ruhigeren Camino.

Die Muscheln führen an der Herberge und dem schmalen Häuschen dahinter vorbei durch die R. Isodoro Queimaliños/R. L'Outeiro/R. da Picota

☛ unter der Bahn (0,5 km) hindurch, an der

⌂♿ Albergue Avoa Regina (0,6 km, s. o.) vorbei zu einem Kreisel und

☛ links zur N-550 (0,7 km). Der folgen sie

☛ rechts nur so, damit sie gleich

☛ linksgeradeaus wieder von ihr abrutschen können in die R. Campo de Fútbol. Nach einem kleinen Wasserlauf (1,3 km) wechseln sie

☛ linksgeradeaus in den Camiño do Esteiro und bleiben anschließend (1,7 km) –

✋ geradeaus geht es in 500 m zur Bucht –

☛ rechtsgeradeaus auf der Estrada de Zacande oben.

⌂♿ Res., 29/5, K/M W/T,⧗ ganzjährig ab 13.30, 20,-- incl. Frühstück
Albergue a Dársena do Francés (1,7 km), Estrada de Zacande, 2, ☏ 663 911 233, adarsena@adarsena.com, 60,--/DZ

Danach (2,1 km) haltet ihr euch

☛ rechts und verlasst den Fahrweg R. Torre de Calle sofort nach einer Bahnüberbrückung (2,3 km) nach

☛ links, folgt am Ende (2,7 km) dem asphaltierten Camiño Abreavella nach

- ☞ links, genießt, wenn sich der Blick nach einem hohlwegigen Abschnitt öffnet, die Aussicht auf die Bucht und die Brücke Ponte de Rande, lasst gleich darauf (3 km)
- ☞ rechtsgeradeaus eine Sackgasse links liegen und kommt zurück auf die N-550 (3,1 km).

⌂♿ Res., 24/1, K/M, W/T, WiFi, ⌛ 01.02. – 15.12, 12.00 – 22.00, ab 18,--
Das Refuxio de la Jerezana, Estrada do Pereiro, 43 – 45, ☏ 601 165 977, www.orefuxio.org, Garten, 40,--/EZ, 60,--/DZ, 100,--/4Z, 12,--/Menü, rechts in 270 m.

Ihr überquert die Nationalstraße zur zweispurigen EP-2901 und biegt (3,5 km)

- ☞ links in den schmalen Cam. do Lorueiro do Viso ein, der euch stramm
- ☺ zu einem Rastplatz (3,7 km) mit einem alten Brunnen hinauf asphaltiert. Nach 90 m (keine 80 km mehr!) bringt euch
- ☞ halblinks ein Kiesweg bequem durch Bäume zum asphaltierten Cam. da Tomada (4,3 km).
- ☞ Links hüpft ihr kurz auf ihn hinauf, bewundert
- ✋ ein Muschelkunstwerk und verschwindet sofort wieder
- ☞ rechts in forstliche Gefilde. Bergab, mit den Stiefelspitzen voraus und dort, wo die Bäume es zulassen, mit einem Blick auf die Bucht,
- ☞ fädelt ihr euch auf einen von scharflinks kommenden Fahrweg (5,2 km) ein und erreicht unten (5,7 km) mit der N-550 nach
- ☞ rechts

⌂⌂++ Arcade.

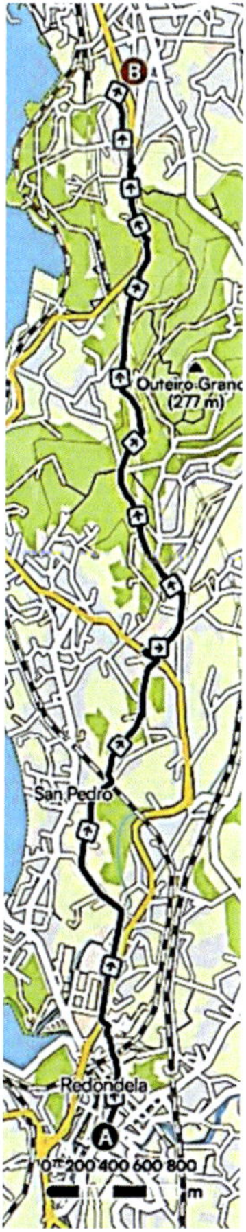

Karte CPCr21

⌂⇨☕ Res., 26/5, W/T, ⧗ganzj. ab 12.00, ab 35,-- incl. Abendessen/Frühstück
Albergue A Filla do Mar, N-550, 144, ☎ 680 558 495, albergueafilladomar@gmail.com, ab 81,--/DZ, Pool, Ortseingang links.

++ *Centro de Saúde*, R. Castelao, 140, ☎ 986 701 026, ⧗ Mo. – Sa. 8.00 – 15.00, gleich nach der Albergue links.

Nach der kleinen
☺ Grünanlage dürft ihr
☛ links – rechts in eine Parallelstraße rutschen.

⌂☕ Res., 26/2, W/T, ⧗ ganzjährig, 15,--
Albergue Casa Calvar, Campo da Feira, 1, ☎ 986 401 754, albergue@casacalvar.com, Menü/Frühstück möglich.

Etwas später kehrt ihr auf die Nationalstraße zurück und kreuzt sie in die R. Lameiriñas.

⌂⌂⇨ Res., 28/1, K, W,⧗ 01.03. – 31.10. 12.30 – 22.30, 16,--
Albergue Lameiriñas/Hotel Duarte, R. Lameiriñas, 8, ☎ 616 107 820, alberguealmeirinas@gmail.com, ab 35,--/EZ.

⌂ Res., 10/4, K, W/T,⧗ ganzjährig 13.00 – 22.00, 12,--
Albergue O Lar de Pepa, C. Ribeiro,1, ☎ 968 678 006, info@olardepepa.com.

Arcade - Pontevedra

(12,8 km, ⇧ 200 m, ⇩ 210 m)

Der Weg ist richtig schön und führt sehr abwechslungsreich über Wirtschafts-, Forst-, Platten- und felsige Naturwege durch den Wald.

Ihr folgt der R. Lameiriñas, geht an einem Kreiselchen (0,3 km)
☛ schrägrechts in die R. do Veleros, biegt bald darauf –
✋ ✚ an der PO-264 findet ihr links einen Markt und rechts eine Apotheke
☛ links die die R. Barroncas ein,
☛ überquert eine etwas größere Kreuzung (0,7 km) mit
Bars und einem Supermarkt (rechts) zur R. da Coutada, wechselt an einem Hórreo (8, 0,8 km)
☛ rechts in die R. Fonte do Conde und überquert am Ende
☛ links den Río Verdugo (1,1 km) auf der

☿ **Ponte Medieval de Pontesampaio**
Aus ihrer römischen Ursprungszeit sind leider keine Elemente mehr erhalten. Ihre heutige Form mit zehn Bögen erhielt sie im Mittelalter. Dafür spielte sie im Spanischen Unabhängigkeitskrieg eine nicht ganz unwichtige Rolle: Am 7. Und 8. Juni 1809 wurde sie zum Schauplatz der Batalla de Pontesampaio (Puentesampayo), Schlacht von Pontesampaio, die mit dem Sieg der Spanier und dem Ende einer fünfmonatigen Besatzung der Region durch die Franzosen endete.
✋ Auf der anderen Seite der Brücke rechts findet ihr, wenn ihr mögt, einen Badestrand.

In
Pontesampaio folgt ihr kurz der Hauptstraße PO-264 nach
☛ links.

✋ Diese PO-264 wird gar nicht viel weiter vom Camino gekreuzt (2,1 km, dort 2,2 km), führt aber bis dahin vorbei an

Einkehrmöglichkeiten und der Unterkunft

Res., 8/2, K/M W/T, März – Okt. ab 12.00, ab 14,--
Hostel-Albergue O Mesón, R. Mesón, 12, ☏ 687 462 398, hostelalberguepontesampaio .com, ab 32,--/DZ, ab 42,--/3Z, ab 53,--/4Z, Abendessen/Frühstück möglich.

Der Camino verlässt die Hauptstraße allerdings nach wenigen Metern (1,3 km)

☞ links in einen schmalen Durchgang und schlängelt sich dann (1,4 km)

☞ links – rechts – und an der Straße Ballota (1,5 km, kleines Kreuz auf hohem Schaft) –

✋ hier geht es rechts auch zur Unterkunft –

☞ links durch die Häuser. Mit der nächsten Gasse

☞ rechts macht er eine Linkskurve zum Kreuz

☿ **Cruceiro de Souto**, wendet sich dort nach

☞ rechts, verlässt etwas später

☞ halblinks die Häuser in Gärten und Wiesen und kommt zurück zur PO-264 (2,2 km).

Karte CPCr22 (a: Complementario links/b: offizieller Camino rechts)

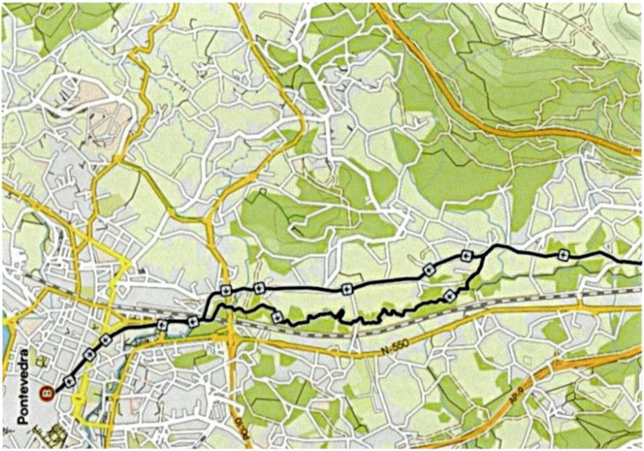

Denkt ihr gerade, dass das ja bisher schon sehr nett war? – Stimmt, das war nett. Jetzt kommt schön!

☞ Hüpft über die PO-264 hinweg und lustwandelt auf einem Wanderweg, der euch lauschig über den Río Ulló, haltet euch hinter einem Werkgelände

☞ rechts, pilgert mal durch dichtere Bäume, mal durch lichtere Wiesen, mal auf bequem befestigtem Untergrund und mal auf dem uralten Gepflaster eine Corredoira (8). Immer der Nase nach kreuzt ihr einen schmalen Asphaltweg (3,6 km),

☞ folgt kurz der zweispurigen EP-0001 (4,2 km), verlasst sie (4,5 km)

☞ linksrechts in einen Forstweg (keine 70 km mehr!),

☞ überquert die A-57 (4,9 km), fädelt euch (5 km)

☞ rechts auf einen Fahrweg ein, bleibt an den nächsten Häusern (5,3 km)

☞ rechtsgeradeaus zwischen Gartenmauern und steiler Böschung, lasst zwei Fahrwege links liegen und kommt am Ende (6,3 km)

☞ links mit der EP-0001 sofort an einem

☺ Rasplatz vorbei.

An einem Stop-Schild (6,4 km)

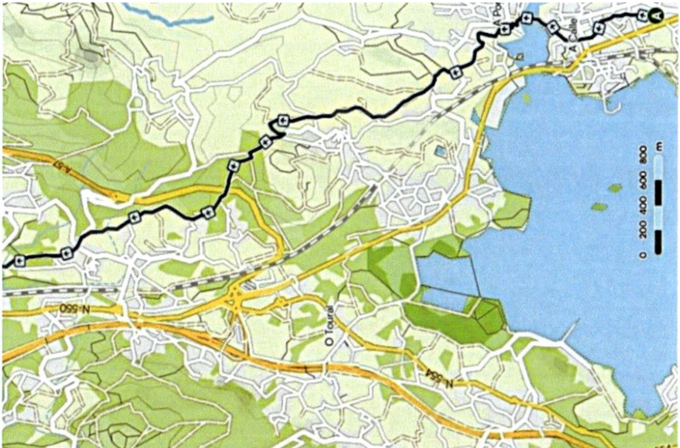

☞ überquert mit ihr die EP-0002 (sie wird zu einem schmalen Fahrweg), verlasst sie, wenn sie nach links abknickt (6,6 km)
☞ geradeaus zu einem sehr netten Waldweg, wendet euch an seinem Ende (7 km) nach
☞ rechts, kreuzt die EP-0105 (7,2 km) in einen ebenso netten Feld- und Wiesenweg, reduziert an den ersten Häusern von Ganderón (8 km) –
☝ ☕ hier rechts und dann links über einen Trampelpfad kommt ihr zu einer Bar (120 m); von dort ein Stück die Straße hinauf stoßt ihr wieder auf den Camino –
☞ geradeaus eure Schrittgeschwindigkeit auf 10 km/h und erreicht die
☿ ✱ **Capela da Santa Marta** (1617, 8,2 km) mit *Cruceiro* (♁) und Stempel.

Nur wenige Schritte weiter kommt ihr mit der EP-002
☞ links kommt ihr zu einer Wegteilung (8,5 km).

Complementario – wenn Pilgern einfach nur Genuss ist
Diese Wegalternative am Fluss ist etwa 800 m länger, grundsätzlich gut befestigt, kann aber bei/nach Regen ziemlich matschige Stellen haben. Ohne Matschepampe ist er aber … Ach, genießt ihn einfach!
Er biegt hier
☞ links ab, verlässt das Sträßchen in der nächsten Rechtskurve (8,6 km) nach
☞ linksgeradeaus, lässt einen Weg rechts liegen, überquert den Río Tomeza (8,8 km) und lässt euch dann sofort
☞ rechts an dessen Ufer lustwandeln. Einen Fahrweg (10,1 km), überhüpft er einfach nur, wechselt über eine Steinbrücke (11 km) auf seine rechte Seite, unterquert erst die PO-10 (11,6 km), dann eine Bahntrasse (11,8 km) und fädelt sich am Ende
☞ linksgeradeaus wieder auf den offiziellen Camino ein, der gerade unter der Bahn hindurchgeschlüpft kommt (11,9 km, dort bei 11,1 km).

Camino
Die offizielle Route führt euch mit der EP-002 an
☿ steinernen Pilgerfiguren (9 km, an einem Park- und Spielplatz), einer
✚ Apotheke (9,3 km) –

✋ danach (9,6 km) könnt ihr mit einem Fahrweg noch einmal auf den Complementario wechseln –
☕ und zwei Einkehrmöglichkeiten (10,2 km/10,6 km) –
vorbei nach **O Marco**, umrundet dort einen Kreisverkehr (10,7 km) nach
☛ geradeaus, biegt dann in die nächste zweispurige Straße (10,9 km)
☛ links ein und
☛ unterquert mit ihr eine Bahntrasse (11,1 km).

Gemeinsamer Weiterweg

⌂ 56/2, K, W/T,⧗ 24.12. – 07.01. geschlossen, 13.00/16.00 – 22.00, 10,--
Zur Albergue Virgen Peregrina, C. Ramon Otero Pedraio, s/n, ☏ 986 844 045, geht ihr gleich nach der Bahnunterführung eine Zufahrt hinauf (noch 1,6 km zum Zentrum)

Am Kreisel vor dem Bahnhof geht es
☛ halblinks durch die R. do Gorgullón vorbei an:

⌂ Res., 40/3, K/M, W/T,⧗ ganzjährig 12.00 – 20.00, ab 19,--
GBC Hostel, R. do Gorgullón 72, ☏ 676 188 664, Abendessen/Frühstück/Vespertüte möglich

⌂ Res., 60/2, M, W/T, WiFi, ⧗ April – Okt. 12.00 – 24.00, ab 19,--
Albergue Aloxa, C. Gorgullón, s/n, ☏ 663 438 770, alberguealoxahostel@hotmail.com,

⌂♿ Res., 20/1, M, W/T,⧗ ganzjährig 14.00 – 20.00, ab 18,--
dpaso Urban Hostel, R. do Gorgullón, 16, ☏ 625 145 630, reservas@dpasohostel.es.

⌂♿ Res., 42/1, K/M, W/T, ⧗ März – Nov. 12.00 – 20.00, ab 20,--
Nacama Hostel, R. Lavandeiras, 1, ☏ 986 050 888, info@nacamahostel.es.

Der Camino führt mit einer Rechtskurve zur N-550, kreuzt sie nach
☛ schräglinks, führt euch sofort an einem
🍎 Supermarkt vorbei, schlendert durch die Av. de Vigo, dann R. Peregrina und am

☿ **Fonte dos Nenos,** einem Brunnen mit spielenden Kindern, vorbei –

☝ ⌂♿ Res., 54/4 K/M, W/T, ⧗ April – Nov., 13.00 – 21.00, ab 25,--
Das Bulezen Urban Hostel, r. García Camba, 12, ☏ 886 060 247, www.bulezen .com, befindet sich an der nächsten Möglichkeit links – rechts –

auf direktem Weg zur

☿ **Praza da Peregrina**.

Pontevedra

Die Legende sagt, der Urvater Pontevedras sei Teukros gewesen, ein griechischer Held des trojanischen Krieges. Der sei nach eben diesem Krieg um 1200 v. Chr. in den Westen gereist, habe hier eine Brücke gebaut und damit die Stadt gegründet.

Nachvollziehen lässt sich eine Heimstatt von Römern, die den Ort *Ad Duos Pontes,* zu den zwei Brücken, nannten und flugs die Römerstraße XIX einrichteten. Später wurde aus diesem Namen *Pontis/Pontem Veteris,* alte Brücke (s. Puente del Burgo Seite 235).

Während des 14. Jh. erhielten die Sardinenfischer das Privileg, ihren Fang zu pökeln, zu räuchern und ins Binnenland bzw. auf dem Seeweg nach Portugal und bis in den Mittelmeerraum zu vermarkten, was die Stadt bald zu einem der wichtigsten Häfen Galiciens machte. Im 16. Jh. erlebte Pontevedra seine Blüte, wurde jedoch im 17. bis 19. Jh. umso mehr gebeutelt: Das Wetter spielte Katastrophe, machte den Fischern einen Strich der Leere durch die Netze und entzog ihr das wichtigste Einkommensstandbein. Dazu kamen wiederholte kriegerische Auseinandersetzungen mit Portugal und Großbritannien, Piratenüberfälle, ein Erbfolgekrieg (18. Jh.) sowie die Napoleonischen Unabhängigkeitskriege (19. Jh.). Als i-Tüpfelchen versandete der Flusses Lérez, was den hiesigen und so wichtigen Hafen unschiffbar machte. Erst seine Ernennung zur Provinzhauptstadt 1833 brachte wieder neuen Schwung ins Örtchen.

Als Station auf dem Weg nach Santiago d. C. war Pontevedra seit jeher ein wichtiges Zwischenziel für Jakobspilger. Das Labyrinth aus Straßen und Plätzen mit bedeutenden Gebäuden macht ihre Altstadt zu einer der elegantesten Galiciens.

⁂ Das *Festa dos Maios*, an dem die Menschen am 1. Mai singen und tanzen, hat seinen Ursprung in heidnischen Fruchtbarkeitsriten.

⁂ Mit dem *Festa de San Benitiño de Lérez* wallfahren Gläubige, die von ihren Beschwerden, besonders von Warzen, befreit werden möchten, an den Ort eines ehemaligen Benediktinerklosters, um den Heiligen, der den Beinamen *más Milagroso*, der Wundertätigste, trägt, zu ehren.

⁂ Das *Festas da Peregrina* beginnt am zweiten Augustsonntag und feiert die Schutzheilige eine ganze Woche lang mit Konzerten, einem Feuerwerk ... und einem Stierkampf in der einzigen Stierkampfarena Galiciens.

⁂ Am ersten Septemberwochenende wird während der *Feira Franca* in der Altstadt ein mittelalterlicher Jahrmarkt abgehalten.

☿ **Capela da Virxe Peregrina**

Sie ist fast so etwas wie eine kleine Liebeserklärung der Stadt an Jakobus und seine Pilger, nicht nur, weil sie 1832 der jungfräulichen Pilgerin, der Schutzheiligen Muttergottes im Pilgergewand, geweiht wurde, nicht nur, weil neben ihr und dem Heiligen Rochus Jakobus aus einer Nische über dem Hauptportal grüßt, nein, ihr ganzer Grundriss hat die Form einer Jakobsmuschel. Auch in ihrem Inneren steht alles im Zeichen der Pilgerschaft: die Virgen Peregrina auf dem Hochaltar, die Muscheln mit gekreuzten Wanderstöcken im Glasfenster und an den Beichtstühlen ... Die Muschel des Weihwasserbeckens hat Admiral Méndez-Núñez im 19. Jh. aus dem Pazifik mitgebracht. ⧗ Tägl. 9.00 – 14.00/16.00 - 21.00, Messen: werktags 12.30/19.30, So./Feiertage 13.00.

Auf dem Kirchplatz

☿ **Praza da Peregrina** findet ihr außerdem die Bronzefigur eines Vogels:

☿ **Loro Ravachol**

Der Papagei des Pharmazeuten Perfecto Feijoo (1858 – 1935, Förderer der galicischen Kultur und Begründer einer ersten Musikgruppe mit ursprünglichen Instrumenten) hatte es faustdick hinter den Federn und mischte sich gern lautstark mit frechen Sprüchen wie „Wehe, wenn ich die Rute hole!“ oder „Hier wird nicht angeschrieben!“ in Gespräche ein. Als er 1913 starb, trauerte die ganze Stadt um ihn. Seit 1985 endet der Karneval ihm zu Ehren mit der Verbrennung einer Nachbildung von ihm.

♁ Im übrigen Spanien endet der Fasching übrigens mit dem ***Entierro de la Sardina***, der Beerdigung einer Sardine, und unter Wehklagen, mit Kerzen und inbrünstigen Stoßgebeten, deren Inhalt sich sicher auf einen möglichst kleinen Kater am nächsten Morgen beziehen.

Welcher Ort könnte besser sein, um ein Kapitel dieses Bauchfüßlers zu beenden? Damit aber nicht all die schönen Ecken Pontevedras ins nächste Kapitel rutschen und ihr vielleicht lieber noch heute einen kleinen Bummel machen möchtet als morgen, lade ich euch zu einem kleinen Bummel ein und schlendere mit den gelben Pfeilen einfach noch ein Stück weiter in den

Beginn der nächsten Etappe
Dem Blick des Loro Ravachol folgend erreicht ihr durch den sehr kurzen

☛ Paseo Antonio Odriozola die

☿ **Praza Fereira** (linke Seite des Platzes)
Unter seinen Kolonaden gingen einst Eisenschmiede ihrer Arbeit nach.

☿ **Praza de Ourense** (rechte Seite des Platzes) mit

☿ **Brunnen Ferreira**
Der monumentalen Brunnen aus Granit im Renaissance-Stil ist eine Rekonstruktion eines Vorgängers aus dem 16. Jh.

Rechts dahinter befindet sich das Kloster Convento de San Francisco mit

☿ **Iglesia San Francisco**
Die Klosterkirche der Franziskaner mit den eckigen Apsiden wurde im 14. und 15. Jh. erbaut. In ihrer Gruft befindet sich die Grablege des Admirals und Dichters Payo Gómez Chamiro (13. Jh.), der während der Reconquista (♁) maßgeblich an der Rückeroberung (♁) Sevillas beteiligt war.
⧗ Mo. – Fr. 7.30 – 13.00/ 17.00 – 20.00, Feiertage und Wochenenden 8.30 – 13.00/17.30 – 20.30, Messen: Mo. – Fr. 9.00/12.00/19.30, So./Feiertage 9.00/11.00/12.00/13.00/19.30.

☝ Wenn ihr zwischen beiden Plätzen nach hinten und nach der **Praza da Leña**, dem ehemaligen Holzmarkt (*Leña* = Holz), rechts geht, kommt ihr zur

☿ **Parroquia San Bartolomé**
Die Weihe der von Jesuiten errichten Kirche am 12. Aug. 1714 wurde mit einer großen Prozession und vier geschlachteten Stieren gefeiert. Von den vielen Skulpturen und Altarbildern mag ich am liebsten die Darstellung der schwangeren Jungfrau Maria.
⧗ Mo. – Sa. 10.00 – 12.00/16.30 – 19.30, So. 11.00 – 12.00, Messen Sommer: werktags 9.30/20.30, So./Feiertage 11.30/12.30/20.30, Messen Winter: werktags 9.30/18.30, So./Feiertage 11.30/12.30/20.30.

☿ Im angrenzenden sog. Sarmiento-Gebäude, bis 1767 der Hauptsitz des Jesuitenkollegs, befindet sich heute ein Museum mit wunderschönem Kreuzgang und einer beeindruckenden Treppe.

Lasst die Praza Fereira

☛ links an eurer rechten Schulter und bummelt durch die

☿ wunderschönen Arkaden der R. dos Soportais zur **Plaza Curros Enriquez,** lasst dort

☛ schrägrechts einen Brunnen an eurer linken Seite und schlendert durch die R. Real vorbei am Brunnen

☿ **Fonte de Teucro.**

✋ ☿ an der **Praza do Teucro** darüber findet ihr Pazos (🕯) aus dem 18. Jh. und eine Parallelgasse dahinter das

⌂♿ Res., 24/6, K/M, W/T,⧗ ganzjährig 15.00, ab 35,-- incl. Frühstück
Hostel Charino, R. Paio Gomez Charino, 19, 615 641 432, hostelcharino .com, ab 50,--/EZ.

✋ ⌂♿ Res., 20, M, W/T,⧗ ganzj. außer Weihn. und Feb., 14.00, ab 18,--
Turoqua Hostel, R. Licenciado Francisco de Paula Cousiño, 2, 603 042 964, hostelpotevedra .es, ab 50,--/DZ, ab 65,--/3Z, nach dem Fonte de Teucro die zweite Gasse rechts, nächste links.

Hier gehe ich noch ein paar Schritte mit der R. Real am Fonte de Teucro vorbei zur nächsten nach links abzweigenden Gasse, R. Isabell II.

✋ Durch eben diese und eben nach links –

🏠 Res., 6/1, K, W, ⌛ Nov. geschlossen, 13.00 – 21.00, ab 20,--
das Slow City Hostel, C. Amargura, 5, ☏ 631 062 896, slowcityhostel@gmail.com, ab 45,--/DZ, findet ihr in der vierten Straße links –

kommt ihr zur

Basilica de Santa Maria a Maior

Ihre

platereske (*platero* – Silberschmied, fein ziseliert) Hauptfassade sieht ein bisschen aus wie ein Altar. Erbaut wurde sie – und das ist eine wirklich nette Geschichte – im 16. Jh. nicht im Auftrag eines Großkopferten, sondern auf Initiative der Fischer und Seefahrer. 1962 erhielt die Kirche von Papst Johannes XXII. den Ehrentitel *Basilica Menor.*

An ihrer Südseite findet ihr die Figur von Jesus am Kreuz als ***Cristo del Buen Viaje***, Christus der guten Reise, der ja auch für Pilgernde zuständig ist. ⌛ Mo. – Sa. 10.00 – 13.00/17.00 – 21.00, So./Feiertage 10.00 – 14.00/18.00 – 21.00, Messen: werktags 11.00/20.00, So./Feiertage 11.00/12.30/20.00.

🏠 Res., 16/1, M, W/T, WiFi, ⌛ ganzjährig 13.00 – 23.00, 20,--
Die Albergue Acolá, R. Arcebispo Malvar, 15, ☏ 678 680 758, albergue@ acolahostel.com, findet ihr gleich an der Treppe zum Hauptportal.

Wenn ihr euch entschieden habt, den Camino Espiritual (s. s. 303) zu gehen und ein bisschen planen möchtet, informiert euch am besten schon hier in eurer Unterkunft (ich denke, es gibt kaum noch einen *Hospitalero*, der auf diese Frage nicht eingestellt ist) oder bei https://www.labarcadelperegrino.com, ☏ 607 911 523, über die voraussichtliche Abfahrtszeit des Bootes.

Der Camino Espiritual ist auf der ersten Etappe wirklich anstrengend und auf der zweiten einfach nur schön! Für euch ist er keine Option, weil ihr nicht gut mit einem Boot fahren könnt? – Doch! Ihr kommt auch mit dem Bus (s. S. 313/316) oder zu Fuß (s. S. 316) von Vilanova de Arousa nach Pontecesures.

Pontevedra – Wegteilung Zentralweg/Camino Espiritual

(Karten, Kilometer und Höhen s. fortführende Kapitel)

Folgt bitte dem „Beginn der nächsten Etappe" im vorhergehenden Kapitel durch die R. Real vorbei am Fonte do Teucro (0,3 km), macht, kurz bevor ihr aus den Häusern heraustretet, einen Schlenker nach

☛ links in die R. da Ponte und gleich danach nach

☛ rechts, werft einen Blick auf eine

☿ Ausgrabungsstätte, zu der ich leider keine weiteren Informationen gefunden habe, und überbrückt den Río Lérez (0,6 km) auf der

☿ **Puente del Burgo**.
Ihre römische Vorgängerin wurde im 12. Jh. durch diese Halbbogenkonstruktion ersetzt.

Den Kreisverkehr auf der anderen Flussseite verlassen die Pfeile

☛ geradeaus in die R. da Coruña, biegen

☛ links in die nächste Straße, R. da Santiña (0,9 km) ein und folgen ihr

☛ linksgeradeaus über den nächsten Kreisverkehr (1,2 km).

☿ Haltet bitte die Augen ein bisschen nach links gerichtet, damit ihr das besonders schöne Steinkreuz über einem Torbogen nicht überseht!

☛ Rechtsgeradeaus (1,7 km) und immer forsch voran führt euch die R. da Gándara langsam, aber spürbar aus den Häusern heraus und endet an einer Straße mit einer Bahnunterführung rechts und einer Brücke links (3,2 km).

Hier teilt sich der Weg:
Der Camino Espiritual biegt nach links zur Seite 303 ab,
der Zentralweg pilgert rechts ins nächste Kapitel.
Die Kilometer zähle ich fortlaufend ab Pontevedra weiter.

Wegteilung – A Portela (Barro)

(ab Pontevedra 9,7 km, ⇧ 150 m, ⇩ 100 m)

Wegen Etappen wie dieser weiß ich, warum ich das Pilgern in Spanien so gerne mag: Wunderschöne Hórreos (ⓘ), kleine, heimelige Kirchen, halsknödelnde *Cruceiros* (ⓘ), entspannte Naturwege durch lauschige Wälder, oft tiefe Corredoiras (ⓘ), lustige Flussüberquerungen, hölzerne Kunstwerke, mit denen man Pilgernden eine Freude machen möchte, ... Ach ja, stimmt, Straße ist da auch, aber nett.

An der Wegteilung (3,2 km) folgt ihr den Pfeilen nach
☛ rechts unter der Bahn hindurch und kommt
☛ links, vorbei am Steinkreuz
☿ **Cruceiro de Santa María de Alba** (3,8 km) an der ihr auch den Apostel eurer Reise findet, kommt ihr zur PO-225 (4,2 km), mit der ihr
☛ links die Schienen erneut unterquert.

Nach der
✱ **Capela de San Caetano** (4,6 km), aber noch vor dem nächsten Kreisel führen euch die Pfeile (4,8 km)
☛ rechts in eine Fahrspur (keine 60 km mehr!), bleiben bald (5 km)
☛ linksgeradeaus zunächst diesseits der Schienen und schlendert auf Naturwegen durch einen lauschigen Wald, tiefe Hohlwege, überqueren ein Wässerchen mit einem Steinübertritt – Ach, genießt es einfach!

Nachdem ihr die Gleisseite an einem Bahnübergang (8,3 km) dann
☛ noch einmal gewechselt habt, erreicht ihr
☕ **San Amaro** (keine 55 km mehr!), wo in der
☿ ✱ **Capela de San Amaro de Barro** (8,9 km) ein Stempel und ganz dicht dabei
☕ die Möglichkeit einer Erfrischung auf euch wartet.

Karte CPCr23

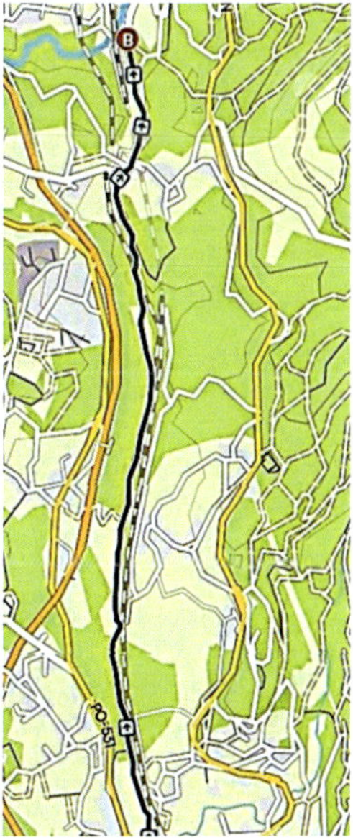

50Ihr lasst mit der einspurigen EP-0508

☞ linksgeradeaus eben diese Bar rechts liegen und passiert bald ein sehr nettes

☺ Rastplätzchen.

⌂⌂ Res., 18/1 + 20, K, ⧗ ganzj. 14.30 – 22.00, 14,--
Zur Albergue de Peregrinos de A Portela – Barro (200 m), A Cancela, ☎ 655 952 805, alberguedaportela@gmail.com, Abendessen/Frühstück gegen Spende,
geht ihr an der nächsten spitzen Verzweigung oder einer der beiden folgenden Möglichkeiten nach rechts hinauf (ganz nah an der Kirche).

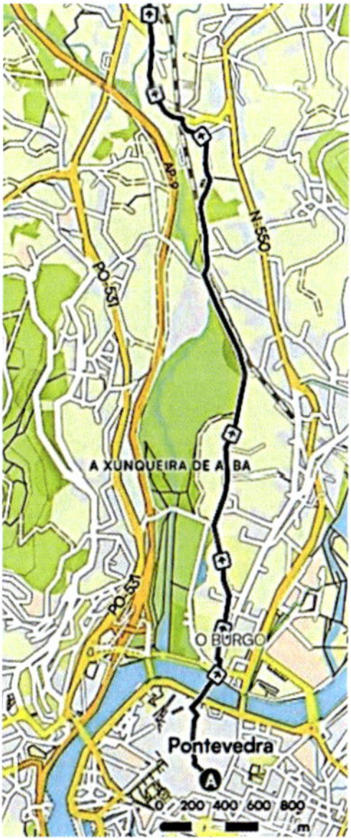

Der Camino bleibt an dieser spitzen Verzweigung (9,3 km)

☞ linksgeradeaus unten und marschiert mit euch vorbei an

☿ sehr schönen Holzskulpturen und dem **Cruceiro** (✝) **de Lamas** ins nächste Kapitel.

A Portela/Barro - Briallos

(6,8 km, ⇧ 30 m, ⇩ 80 m)

Bis Caldas de Reis verläuft der Camino zwar lange Zeit auf Asphalt, trägt euch dabei aber richtig schön durch Felder, Wiesen, Wälder und lässt ganz viele Weinstöcke über euren Köpfen die Blätter zusammenranken.

Ihr folgt dem asphaltierten Fahrweg vorbei am **Cruceiro** (✝) **de Lamas** und weiter zur EP-0506 (1 km), kreuzt sie nach

☞ schräglinks in einen Wirtschaftsweg und genießt das Pilgern durch die Felder, lasst eins links, zwei rechts Wege von euch liegen, überquert den Rego do Areal (2,2 km) und kommt mit einem Fahrweg (2,5 km)
☞ rechts nach **Areal**, das ihr nach dem **Cruceiro** (✝) **da Monisa** erneut
☞ rechts und direkt an einer
☕ Bar (2,7 km) vorbei durchquert.
☿ Am **Cruceiro** (✝) **de Vilar** (2,9 km) schaut der Heilige Jakobus in Richtung Santiago. Also folgt ihr seinem Blick
☞ linksgeradeaus erst in ein schmaleres Sträßchen und dann
☞ links einem Fahrweg, der euch immer rechts neben der Eisenbahn durch die Felder und Weinstöcke pilgern lässt.

Ihr bleibt, wenn dieser Fahrweg nach links abknickt (4 km),

☞ rechtsgeradeaus diesseits der Schienen und weiter auf Asphalt, verlasst ihn mit der zweiten Möglichkeit (4,3 km)
☞ rechts in einen Wirtschaftsweg,
☞ überquert den Rego do Areal (4,5 km), kreuzt die EP-9407 (4,7 km, keine 50 km mehr!) und bleibt bald (4,8 km)
☞ linksgeradeaus unten und im Schatten der Bäume.

An der nächsten Kreuzung (5,5 km) biegt ihr

☞ rechts ab und bleibt mit der zweiten Möglichkeit (5,8 km)
☞ links mit Abstand parallel zur N-550. Nach einer

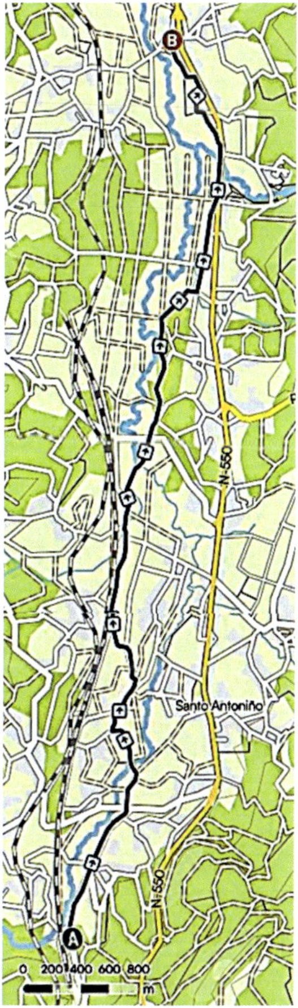

- 🍵 Bar (6,4 km) stoßt ihr dann doch auf die Nationalstraße mit einer weiteren
- 🍵 Gaststätte und begleitet sie nach
- ☞ links auf einem eigens für euch angelegten Weg.

Nachdem ihr mit ihr den Río Barosa (6,7 km) überquert habt, entfernt sich der Fußweg ein bisschen von der Straße, rutscht dann wieder dichter an sie heran und endet an einer Straße (7,7 km).

🏠🏠♿🍵 27/4 K/M, WiFi, ⧗ ganzjährig 13.00 – 22.00, 10,--
Zur Albergue de Peregrinos de Briallos, Lugar San Roque, ☎ 986 536 194, Aufenthaltsraum, Garten, folgt ihr dieser Straße nach links ca. 360 m zu einem einstöckigen Anbau mit Oberlichtern.

Karte CPCr24

Briallos – Caldas de Reis

(5,3 km, ⇧ 30 m, ⇩ 30 m)

Karte CPCr25

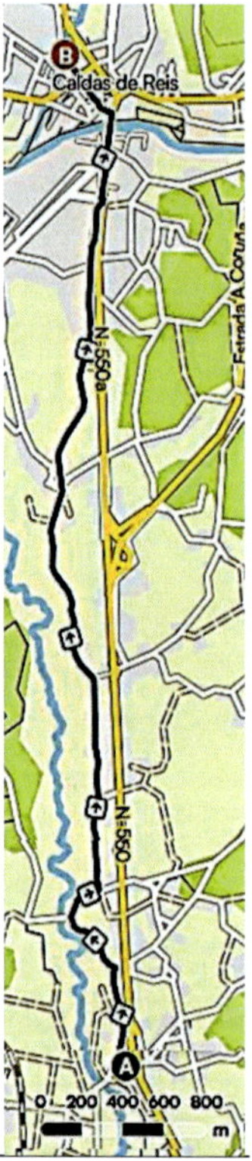

Der Camino hält an dieser Stelle

☞ geradeaus auf einen Kreisel (0,2 km) zu, zeigt ihm

☞ linksvorbei die kühle rechte Schulter und bleibt sehr lauschig zwischen dem Río Chaín links und der N-550 rechts. An einem Haus (0,6 km) biegt er

☞ links ab, wechselt (1 km)

☞ in Laufrichtung auf einen Fahrweg, dreht noch vor den nächsten Häusern an einem sehr niedrigen

⛲ Steinbrunnen (1,2 km) nach

☞ links ab und lässt euch nach Belieben eurem Bedarf

☕ an Kalt- und Heißgetränken (1,8 km) stillen, bevor ihr in **Souto/Tivo** erst einen geräumigen Platz mit

⛲ Brunnen und Baum und

☞ geradeaus kurz darauf einen weiteren

⛲ Brunnen (3,2 km)

⌂☕ Res., M, W/T, 15,--
Albergue Vintecatro, ☏ 611 735 503, www.alberguevintecatro.com, links von euch

☞ Rechts und dann immer munter voran kommt ihr erst an der **Igrexa de Santa Maria** (4,5 km) vorbei und kurz vor Caldas de Reis zurück auf die N-550.

⌂⌂♿ 72/4, M, ⧗ ganzj., 13.00 – 18.00, ab 14,--
Albergue A Queimada, R. Ferrería, 25, ☏ 986 189 194, albergueaqueimada@gmail.com.

Res., 16, M, W/T, ganzjährig, 16,--

Albergue Alecer, R. Ferrería, 50, ☏ 630 105 582, 20,--/EZ, ab 30,--/DZ, Vespertüte möglich, gegenüber der Albergue Queimada (s. o.) scharf-links,

Res., 20/1, K/M, W/T, ganzjährig 12.00 – 22.00, 13,--

Albergue-Pensión Timonel, R. Ferrería, 3, ☏ 986 540 840, reservas@alberguetimonel.es, 18,--/EZ, ab 28,--/DZ, 42,--/3Z, Frühstück mögl., nach der Albergue A Queimada (s. o.) rechts – links.

Ihr überquert den Río Umia nach

Caldas de Reis

Funde belegen eine Besiedlung bereits in der Steinzeit, was eventuell mit den Thermalquellen zusammenhängt, die die Stadt zu einem Kurort machen.

++ Zum *Centro de Saúde*, Av. de Román López, s/n, ☏ 986 540 112., geht ihr wenige Meter mehr auf der Hauptstraße und nach dem großen Gebäude rechts in Richtung Kurpark.

Gleich die erste Gasse nach der Brücke, R. Laureano Salgedo,

☛ links bringt euch an einer

\+ Apotheke vorbei zum sehr schönen alten Thermalbrunnen

☿ **Fonte termal das Burgas** mit Füßebadzuber aus dem Jahr 1881.

26/1, K/M, W/T, ganzjährig 12.00 – 22.00, 25,--

Albergue As Pozas Termais, R. Carlos García Bayón, 5, ☏ 666 941 113, info@aspozastermais.es, 5,--/Frühstück, am Fonte termal das Burgas rechts durch die R. Don Carlos Garcia Bayón, gleich nach einem Zebrastreifen, linke Straßenseite.

☿ **Iglesia de Santo Tomás Becket** (1890 – 1894)

Im Mittelalter machten namhafte Pilgernde in Caldas de Reis ein Päuschen, so u. a. um 1167 Thomas Becket, Erzbischof von Canterbury und Kanzler von England, dem man diese Kirche widmete.

☛ Folgt jetzt der R. Real (mit dem Rücken zum Spielplatz neben der Kirche halblinks) zur N-640.

✋ ⌂ ⧗13.00 – 21.00 17,--
Zur Pensión Agarimo, Av. Pedro Mateo Sagasta, 48, ☏ 677 333 703 ab 23,--/EZ, ab 40,--/DZ, ab 60,--/3Z, ab 70,--/4Z, geht ihr die N-640 rechts zur N-550 und dort rechts.

✋ ⌂ Res., 28/3, M, W/T, ⧗ 01.04. – 30.11., 13.00 – 20.00, ab 19,--
Zur Albergue Argemira, R. da Constitución, 3, ☏ 623 063 551, arcanosuite1alojamientos .com, geht ihr die N-640 nach links, nächste Straße, R. Porto do Río, rechts und nach dem Fluss links – rechts.

✋ ⌂ Res. 100 Plätze, ⧗ 01.02. – 30.11., 13.00 – 18.00, ab 18,--
Zum GBC Hostel Caldas, R. as Silgades, 16, ☏ 604 053 729, caldas@gbchostel. com, Abendessen/Frühstück/Vespertüte möglich, geht ihr die N-640 nach links, an einem Hochspannungsmast rechts, gleich auf der linken Straßenseite.

☛ Ihr überquert die Straße und bleibt auf der R. Real.

⌂ 35/5, M, W/T,⧗ Dez. geschlossen 11.00 – 19.00, 22,-- incl. Frühstück
Albergue Albor, R. Real, 63, ☏ 600 351 157, contacto@alberguealbor.com, Garten, Vespertüte möglich.

☿ **Puente Romano del Rio Bermaña**
Geht nicht nur über sie drüber, sondern schaut euch ihre drei Bögen auch von den Seiten an – mit dem idyllischen Flüsschen ist sie ein Foto wert. Sie enthält bis heute Teile aus ihrer Bauphase im 1. Jh.! Ihr Steinkreuz wurde im Mittelalter zugefügt. – So schöne alte Steine!

⌂ 26/4, K/M, W/T, ⧗ ganzjährig 13.00 – 22.00, 15,--
Die Albergue de Caldas de Reis Urraca, R. Campo da Torre, 1, ☏ 683 605 335, hospederiasdocaminosl@gmail .com, befindet sich gleich nach der Brücke links.

Caldas de Reis - Valga

(9,5 km, ⇧ 160 m, ⇩ 50 m)

Bis Padrón verbringt ihr nun viel Zeit auf mehr oder weniger befestigten Fahrwegen, die nur sehr selten tatsächlich als solche genutzt werden. Dabei wellt ihr euch höchstens mäßig durch Felder, sehr schöne Wälder, Wiesen und nur vereinzelte Häuser.

Von der Brücke kommend folgen die Pfeile
geradeaus erst der R. San Roque zum Kirchlein

☿ **Capilla de San Roque** (0,3 km), an dem ihr unbedingt einen Blick auf den
Ʊ **Brunnen** werfen solltet!

Kurz schert ihr

- ☛ links auf die N-550 ein, aber nur, damit ihr sie nächstmöglich (0,4 km)
- ☛ halbrechts in die mal asphaltierte, mal unbefestigte Verlängerung der R. San Roque verlassen könnt. Immer im Laufschritt
- ☛ unterquert ihr die N-550 (1,2 km) und pilgert sehr schön – vielleicht sogar mit Fasanen! – am Rand der Niederung des Río Bernaña, den ihr
- ☛ geradeaus auf einem noch lauschigeren Weg auch dann an eurer rechten Seite behaltet, wenn der Fahrweg nach rechts abknickt (2,8 km).

In

Carracedo (5 km)

- ☛ überquert der Camino die N-550 nach schräglinks in einen schmalen Durchgang, schlägt einen Rechtsbogen zur Kirche

☿ **Igrexa de Santa Mariña de Carracedo** (5,5 km) mit besonders schönem *Cruceiro* und (leider nur) einem Siebenmeilenstiefel,, lässt –

☟ + rechts an der N-550 gibt es Erfrischungen und Durchhaltetabletten (jetzt wird nicht mehr schlapp gemacht!), ein Stück weiter stoßt ihr wieder auf den Camino (6,5 km, dort bei 6,8 km) –

- ☛ linksgeradeaus bald einen Weg links liegen, lässt
- ☛ linksgeradeaus – rechts ein Plätzchen mit

☺ Bänken und einer Wasserstelle (6 km) an seiner linken Seite – bei mir fuhr hier ein Betonmischer! -, biegt dann (6,1 km)
☞ links und anschließend (6,3 km)
☞ rechts ab und stößt am Ende wieder auf die N-550 (6,8 km).

Ihr kreuzt die Nationalstraße nach
☞ schräglinks in Richtung „Casalderrique“, kommt gleich an einer
☕ Bar (7 km) vorbei und biegt direkt danach
☞ links in einen breiten Fußweg ein, der euch erst dicht an der rechten und an der nächsten kreuzenden Straße PO-220 (8,1 km)
☞ über sie hinweg und sofort
☞ rechts ebenso dicht an der linken Seite der Autobahn marschieren lässt, bevor ihr mit einem Fahrweg (8,8 km)
☞ von ihr abdreht und O Pino (Valga) erreicht.

Gleich nach einer
☺ Rastmöglichkeit und Bushaltestelle am Ortsanfang biegt der Camino nach
☞ rechts ab ins nächste Kapitel.

78/3, M, W/T, ganzj., 13.00 – 22.00, 10,--
Zur etwa 200 m entfernten Herberge O Pino, ☏ 699 831 738, Garten, geht ihr wenige Schritte zur N-550 und mit ihr nach rechts, auf der linken Seite, ein bisschen zurückgesetzt hinter Bäumen.
Auch wenn ihr hier nicht übernachten möchtet: Die Pilgerstatue vor der Herberge ist klasse!
☕ Wenige Meter weiter auf der rechten Straßenseite gibt es eine Gaststätte.

Karte CPCr26

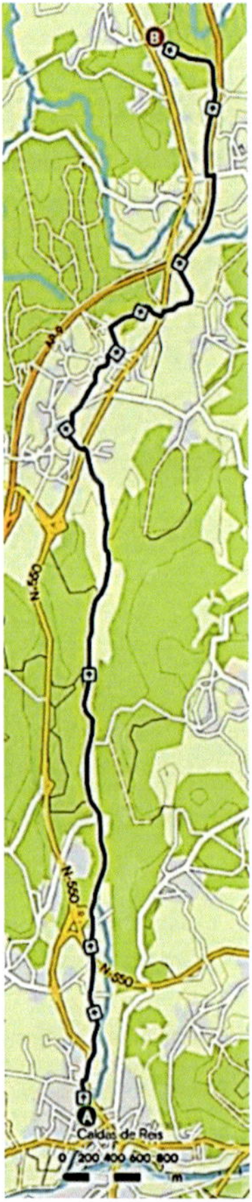

Valga – Pontecesures

(6,6 km, 40 m, 160 m)

Der Camino biegt noch vor der N-550

☛ rechts auf einen Fußweg ein, der euch bald sehr lauschig und bequem als Forstweg links des Río Valga durch einen richtig schönen Wald spazieren lässt, bis er

☛ rechts den Fluss (1,8 km) überquert.

☿ **O Muiño do Xalleiro**
In diesem kleinen Steinhüttchen wurde einst mit Wasserkraft Weizen und Mais gemahlen.

Immer euren Stiefelspitzen folgend erreicht ihr mit einer zweispurigen Straße

☕🍎 **San Miguel** (2,3 km).

☿ Die Figur des Heiligen Michael wurde hier durch das Behängen mit Jakobsmuscheln von euren Vorgängerpilgernden kurzerhand adoptiert.

Wenn die Straße nach der Kirche und einem Zebrastreifen nach links abknickt (2,5 km), trennt ihr euch von ihr nach

☛ halbrechts und wechselt nach dem nächsten Haus (2,6 km)

☛ links in einen Fußweg.

Folgt euren Nasenspitzen und genießt nach einem Brunnen (3,1 km)

☛ linksgeradeaus den Weitblick. In Fontello macht der Fahrweg eine Linkskurve, aber direkt danach (3,4 km)

☛ rechts kommt ihr wieder in Laufrichtung,

☛ kreuzt die nächsten beiden Straßen, pilgert durch einen Wald und biegt am Ende (4,3 km)

☛ rechts in einen Fahrweg Cam. do Regadio ein, dem ihr in **Condide** über eine Kreuzung hinweg und bis zu seinem Ende an einem Stop-Schild folgt. Dort fädelt sich der Camino (5,6 km)

☞ rechts auf den Cam. A Carreiras ein, folgt ihm an einem Stop-Schild nach

☞ rechts, knickt gleich kurz nach

☞ links ab, kreuzt die die R. Ullán/PO-214 in den Cam. Infesta (5,8 km) und erreicht mit ihm –

++ zum *Centro de Saúde*, ☏ 986 557 710, ⧗ Mo. – Fr. 8.00 – 15.00, geht ihr nächstmöglich links, dann rechts, in die R. Raimundo Garcia Dominguez Borobo, rechte Seite –

⌂⌂ ++ **Pontecesures**.

Nach einer Sporthalle stoßt ihr auf die nächste Kreuzung (6,1 km).

⌂⌂ 54/2, K ohne Ausstattung, W/T, ⧗ ganzjährig 13.00 – 22.00, 10,-- zur Albergue de Peregrinos de Pontecesures, Estrada das Escolas, ☏ 699 832 730, geht ihr rechts, auf der linken Seite hinter einer Schule.

Hier möchte ich euch noch zum Abzweig zum Kloster Herbón führen. Dazu

☞ überquert ihr diese Kreuzung zur R. Castro und stiefelt behände bergab.

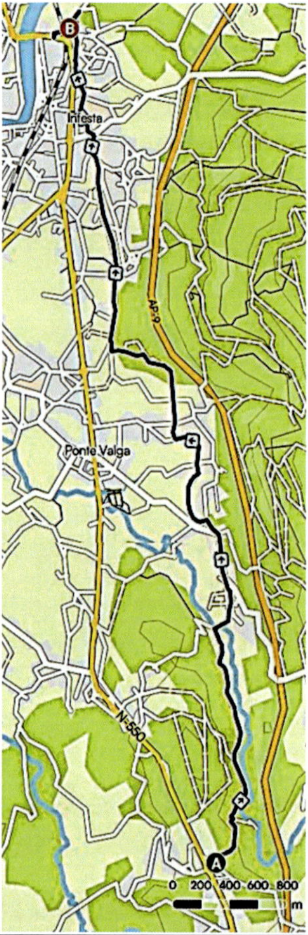

Karte CPCr27

An ihrem Ende (6,4 km) wäre es „just a step to the left“ zur N-550, aber ihr macht einen „jump to the

☛ ri-i-iiiiight“ und kommt mit der R. do Pilar zum besonders schönen

☿ **Cruceiro de San Lázaro** vor der

☿ **Igrexa de San Xulián de Requeixo** (6,4 km)
Weil diese romanische Kirche auf dem Friedhof dem Camino den Rücken zeigt, flitzen viele leider einfach an ihr vorbei, dabei verbindet sie tatsächlich Erdzeitliche Epochen: Errichtet wurde sie bis Oktober 1116 an der Stelle eines Castros und unter Diego Xelmírez geweiht. 1918 aber spannte sich bei archäologischen Arbeiten in oder an der Kirche der Bogen ihrer Geschichte noch einmal zurück in die römische Epoche: Man fand einen Jupiter-Altar und Opfergaben an die Laren, die römischen Haus- und Schutzgötter. Bitte bedenkt, dass Galicien stark keltisch geprägt und Geistern jeder Art gegenüber sehr aufgeschlossen ist.
Besonders interessant ist die Südseite (vom Camino gesehen die linke, halbrund „geflickte“ Seite) der Kirche, in der sich unter Kragsteinen mit den Darstellungen von zwei Ungeheuern (eins streckt der Welt die Zunge raus) ein ursprüngliches Fenster befindet. Und dann ist da noch ein Männlein, das verschämt sein Geschlechtsteil mit seinen Händen bedeckt (vielleicht, weil es in jener Zeit noch keine Fotos gab, mit denen Mann … mangels zu bedeckender Masse mit „mein Haus, mein Auto,“ (es gab ja noch gar keine Autos!) „mein Pferd“ ausgleichen wollen hat können (Tschuldigung, aber ist doch wahr!)).

Weiter schlängelt ihr euch immer in Laufrichtung und immer bergab durch den enggassigen Ortskern und habt an der Stelle, an der die R. do Pilar an der R. Cantillo endet die Walh zwischen

für den Weg nach Herbón nach rechts
oder für den Weg direkt nach Padron nach links.

Pontecesures – (Herbón) - Padrón

Karte CPCr28 (a: direkter Weg unten, b_ Über Herbón oben)

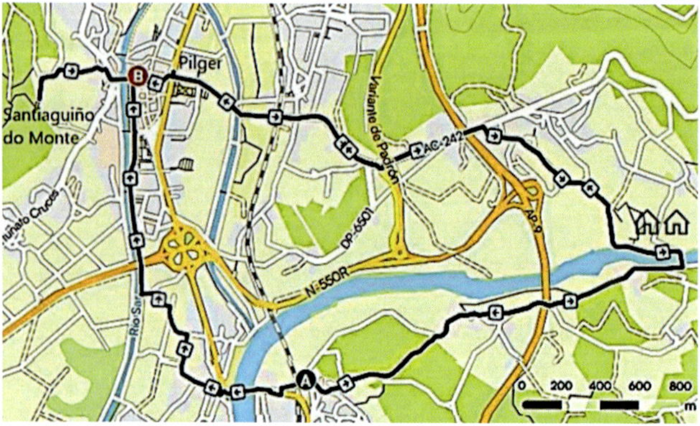

<u>Über ⌂⌂ Herbón nach Padrón</u> (5,6 km, ⇧ 80 m, ⇩ 80 m)

Um das Kloster Herbón zu besuchen, das ganz bestimmt einen Besuch und noch mehr ganz bestimmt eine Übernachtung wert ist, folgt ihr dem Pfeil nach

☛ rechts, haltet euch anschließend (0,2 km) und fortan stets

☛ links und unterquert nach **Cortiñas** (1,1 km) die Autobahn (1,4 km).

☛ Links geht ihr über den Río Ulla und mit ihm abermals

☛ links rückwärts zum Kloster, das ihr durch ein „malerisches Holztor" betretet (2,8 km).

☿ **Convento Padres Franciscanos Herbón**

Das Franziskanerkloster mit weitläufigem Garten wurde im Jahr 1396 gegründet. Das von einer eiskalten Quelle gespeiste Wasserbecken stammt aus dem späten 18. Jh. Die Dattelpalme ist ein Geschenk aus Jerusalem.

💣 Um 20.00 wird die Hl. Messe mit Pilgersegen gefeiert.

⁂ 1. Sonntag im August findet die *Fiesta del Pimiento de Herbón* statt

⌂⌂ 30 Plätze, K, ⧗ 01.04. – 31.10. 16.00 – 22.00, Spende
Hospital de Peregrinos San Antonio de Herbón, Convento de Herbón, gemeinsames Abendessen und Frühstück gegen Spende.

Pementos/Pimientos de Padrón
Diese kleinen in Olivenöl scharf angebratenen und mit grobem Hagelsalz bestreuten Paprikaschoten gehören nicht nur zu den besonderen Spezialitäten Galiciens, sondern werden in ganz Spanien oft und gerne als Tapas (🍷) vernascht. *De Padrón,* aus Padrón, heißen sie, weil die Franziskaner hier die ersten Samen aus Mexiko einpfanzten. Ein galicisches Sprichwort sagt, *„os Pementos de Padrón, uns pican e outros non“*, manche sind scharf, andere nicht, oder: Eine ist immer dabei, die brennt!

Die Pfeile
☛ folgen dem Weg zur AC-242 (3,5 km) und führen
☛ mit ihr im Stechschritt unter einer Autobahn (3,7 km), und einer anderen Straße hindurch, nach
☛ halbrechts um einen Kreisel (4,2 km) herum, über Bahngleise (4,8 km) und den Río Sar (5 km).
☿ Dort, wo ihr die N-550 überquert (5,4 km), befindet sich rechts im begrünten Mittelstreifen die Figur eines Pilgers, der über einen steinigen Weg wandert (s. S. 140). Ich finde sie so schön!
☛ Geradeaus durch eine Steinplattengasse trefft ihr an deren Ende
☛ links an der Jakobuskirche die Direktgehpilgernden wieder.

Direkt nach Padrón (2,4 km, ⇧ 10 m, ⇩ 10 m)
Um direkt nach Padrón zu gehen, biegt ihr auf die R. Catill nach links ein, überquert Bahngleise, schlupft kurz vor der N-550 (0,1 km)
☛ halblinks unter eben dieser hindurch, bevor ihr nach einer sehr schönen
☿ ***Santiago*-Figur**
☛ mit ihr den Río Ulla überquert. Die zweite Straße (0,5 km)
☛ links – rechts führt euch zu einem etwas tiefer liegenden Platz mit einer Nachbildung des Pedrón (s. u.), die ihr

☞ linksgeradeaus an eurer rechten Schulter lasst. Ihr bleibt auch am vorerst letzten Haus (0,8 km)

☞ geradeaus, biegt danach (0,9 km, rechts ein Haus, links Felder) nach

☞ links ab, stoßt am Ende dieses Fahrwegs (1,3 km) auf ein Ärmchen des Río Sar (keine 25 km mehr!), folgt ihm mit der Fahrspur nach

☞ rechts und unter einer Straße hindurch.

Res.,20/1, K/M, W/T, WiFi, 01.03. – 31.10., 13.00 – 17.00, ab 20,--
Albergue Camiño do Sar, Travesía de la Feria, ☏ 618 734 373, wwwcaminodosar.com, erstes Haus.

Res., 50/2, M, W/T, ganzjährig 13.30 – 20.00, ab 18,--
O Albergue da Meiga, R. Noirmoutier, 16, ☏ 639 994 048, ab 50,--/DZ, erste Straße rechts, erste Straße links.

Res., 44/3 K/M, W/T, ganzjährig 13.30 – 23.00, ab 14,--
Albergue O Pedrón, C/Via de Rianxo, 11, ☏ 881 121 266, albergueopedron@gmail.com, Frühstück möglich, hinter dem ersten großen Parkplatz.

Res, 22/5., K/M, W/T, WiFi, ganzj. 11.00 – 16.00/19.00 – 23.00, ab 20,--
Die Albergue Flavia, Campo de la Feria, 13, ☏ 981 810 455, www.alberguepen-sionflavia-padron.com, ab 60,--/DZ, ab 65,--/3Z, Frühstück möglich, in der Reihe Mehrfamilienhäuser gegenüber einer Fußgängerbrücke über den Río Sar.

☞ Nach einer langen Mauer kommt ihr zu einem großen Parkplatz.

++ Hier nach rechts unter den Bäumen entlang findet ihr gleich auf der linken Seite das *Centro de Saúde*, ☏ 981 810 920.

☞ Ihr geht entlang der Markthalle (2 km) – oder durch sie hindurch – und erreicht durch den Park **Paseo de Epsolón** zur Jakobuskirche.

Res., 22/4, K/M, W/T, 01.04. – 31.10., 13.00 – 18.00, ab 20,--
Albergue A Barca de Pedra, C/Vida Cepeda, 6, ☏ 679 199 770, info@abarcadepedra.es, Frühstück mögl., vorletzte Straße vor der Kirche.

Padrón

Seinen heutigen Namen verdankt das einst von den Römern *Iria Flavia* genannte Städtchen dem Stein Pedrón (s. u.). Einige Quellen führen einen hiesigen Bischofssitz im 1. Jh. auf; urkundlich belegt ist der jedoch erst im 6. Jh. mit der Kirche Santa Maria Maggiore de Iria Flavia (s. S. 257). Im 10./ 11. Jh. wurde der Ort so oft von Wikingern überfallen, dass Alfonso V. die Verteidigungsanlage *Torres do Oeste* (s. S. 315) errichten und die zerfallene römische Verteidigungsanlage *Castellum honesti* wieder aufbauen ließ, in dem der erste Erzbischof von Santiago d. C., Diego Gelmírez (ab 1120), geboren wurde und einen Hafen anlegen ließ. Dieser Hafen versandete jedoch im 17. Jh.

Padrón, im Mittelalter wichtiger Ausgangspunkt der von über See anlandenden Pilger, spielt in der gesamten Jakobus-Legende eine zentrale Rolle: Hier soll er auf dem Santiaguiño do Monte (s. u.) seine erste Predigt auf der Iberischen Halbinsel gehalten haben, hier soll das Boot mit seinem Leichnam angelandet sein, von hier soll er nach Santiago d. C. überführt worden sein.

Pedronía – die Pilgerurkunde von Padrón

Bereits im Mittelalter machten sich viele Pilger nach dem Besuch des Grabes des Apostels auf, um auch den Ort zu besuchen, wo er zu Lebzeiten gewirkt haben soll. Also führte Padrón eine eigene Urkunde ein, zu deren Erlangung man auf dem Weg hierher mindestens 18 km zu Fuß zurückgelegt haben und die beiden Kirchen Igrexa de Santiago (s. u.) und Igrexa Santa Maria Maggiore de Iria Flavia (s. S. 257) besucht haben muss. In der öffentlichen Herberge (s. u.) erhaltet ihr erst einen kleinen, rosafarbenen Zettel, die *Carta para a Obtención da Accreditación de Pedronía,* stempelt ihn an beiden Kirchen ab (sollte letztere geschlossen sein, genügt ein Beweisfoto) und erhaltet in der Herberge auch die Urkunde.

Igrexa de Santiago

In diesem im 19. Jh. erbauten Gotteshaus dreht sich alles um den Apostel eurer Pilgerschaft. Ihr begegnet Jakobus in ganz vielen Darstellungen: wie er seine erste Predigt auf dem Santiaguiño do Monte hält (s. u.), wie er Menschen zum Christentum bekehrt und wie sein Leichnam von seinen Schülern Teodoro und Atanasio im Boot von einem Engel geleitet nach Spanien gebracht wird … Sicherlich Geschmacksache ist die Darstellung als Matamoros (), sehr beeindruckend dagegen ist die Kanzel aus dem 15. Jh., die aus einem einzigen Stein gearbeitet wurde.

☿ **Pedrón**

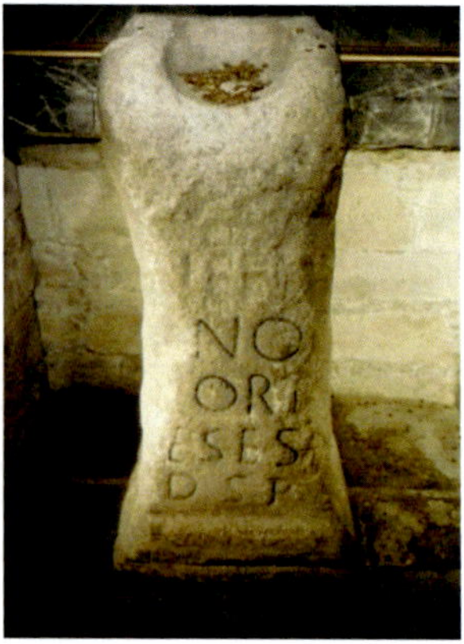

Das Herzstück der Kirche befindet sich unter dem Altar: Am Pedrón, einem schon von den Römern als Opfer- und/oder Milarium (🕯) genutzten Felsstück, haben seine beiden Schüler der Legende nach das Boot mit den sterblichen Überresten des Jakobus festgemacht. Später wurde er als Altar benutzt. – Ihr dürft euren Blitzlichtern freien Lauf lassen! allerdings hatte ich das Gefühl, dass mich manche Menschen ein wenig … verständnislos beobachteten, wie ich da so auf der Erde kniete und andächtig hingerissen in ein Loch guckte.

⧗ (Sommer): (Mo. 18.00 – 20.00) Di. – Sa. 10.00 – 13.00/17.00 – 19.30 (20.00), So. 10.00 – 12.00; Messen Mo. – Sa. 20.00 (20.30), So. 9.30/12.30.

Res, 32/1, M, W/T,⧗ März – Okt, ab 13.00, ab 18,--
Zur Albergue Murgadán, R. Corredoira da Barca, 10, ☎ 638 298 437, alberguemurgadan@hotmail.com, ab 48,--/DZ

und der

Res., 17/1, K/M, W/T, ⧗ 03.04. – 31.10. 13.00 – 18.00, ab 18,--
Albergue Corredoiras, R. Corredoira da Barca, 10 bj, ☎ 981 817 266, info@alberguecorredoiras.es, lasst ihr das Hauptportal der Kirche mit dem Camino an eurer linken Schulter und geht geradeaus in die R. Murgadán und mit ihr rechts um die Ecke.

Wenn ihr mögt, schlendert gegenüber der Kirche mit einem ganz leichten Hänger nach links hinauf zur N-550 und freut euch auf seinem kurzen, begrünten Mittelstreifen am linken Ende des **Jardin Botanico** über die

☿ 2 m große Skulptur eines **Pilgers auf einem steinigen Pfad** (+ 300 m, s. Foto S. 140), der so aussieht, wie ihr euch sicher manchmal auf diesem Weg gefühlt habt.

☞ An der linken hinteren Ecke der Kirche kommt ihr über die Brücke **Ponte de Santiago** zum Brunnen

☿ **Fuente del Carmen**
Am 1577 gebauten Trinkwasserbrunnen findet ihr unten die *Virgen de los Dolores*, die Jungfrau der Schmerzen, in der Mitte eine Darstellung der Ankunft des Leichnams von Jakobus mit seinen beiden Schülern und in der Nische darüber die Taufe der Königin Lupa (s. S. 18).

⌂☕ Res., K/M, W/T, ⌛ ganzj., 12.00 – 23.00, ab 19,-- incl. Frühstück
Zur Albergue d'Camiño, R. Peregrinos, 3, ☎ 615 046 723, info@baralberguedcamino .com, Aufenthaltsraum, Terrasse, geht ihr hinter dem Brunnen rechts.

☞ Links die groben Kopfsteine hinauf kommt ihr zu einer Treppe.

⌂⌂ 48/1, M, ⌛ ganzjährig 13.00 – 22.00, 10,--
Albergue de Peregrinos de Padrón, C/ Costiña do Carmen, ☎ 673 656 173, alberguepadron@gmail .com.

☿ **Convento del Carmen**
Die aus den Jahren 1737 – 1744 stammende neoklassizistische Kirche blickt von ihrem erhöhten Standort am Hang des Monte San Gregorio auf die Stadt hinunter. Sie war Teil eines 1752 eröffneten Klosters, das zunächst von Nonnen der Carmelitas Descalzos, barfüßigen Carmeliterinnen, und ab 1836 von Dominikanern betrieben wurde.
⌛ geöffnet ist sie leider nur zu den Gottesdiensten, Sommer: Mo. – Sa. 20.00, So. 9.00/13.00/20.00, Winter: Mo. – Sa. 19.30, So. 9.00/13.00/19.30.

🍎 Einen großen Supermarkt findet ihr dem Camino im nächsten Kapitel folgend in 300 m.

Santiaguiño do Monte (+ 0,6 km, ⇧ + 50 m)

Auf dem Hügel Monte San Gregorio, auf dem sich bereits ein Castro und später eine römische Kultstätte befunden haben, soll Jakobus seine erste Predigt auf spanischem Boden gehalten haben.

☞ Hinter dem Fuente del Carmen rechts durch die R. Peregrinos kommt ihr zu einer Treppe.

☝ Damit euch die „Gnade" zuteilwird, müsst ihr die 132 Stufen in einem Rutsch hinaufsteigen. Geht also langsam, bedächtig und ohne Pause.

☞ Am Weg oben haltet ihr euch links zur

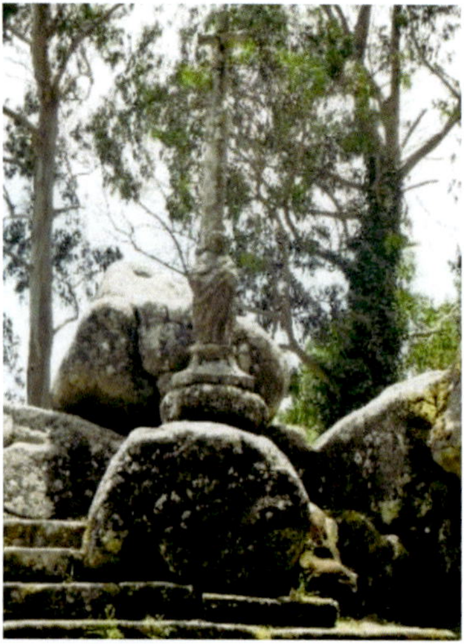

☿ **Capela de Santiaguiño do Monte**

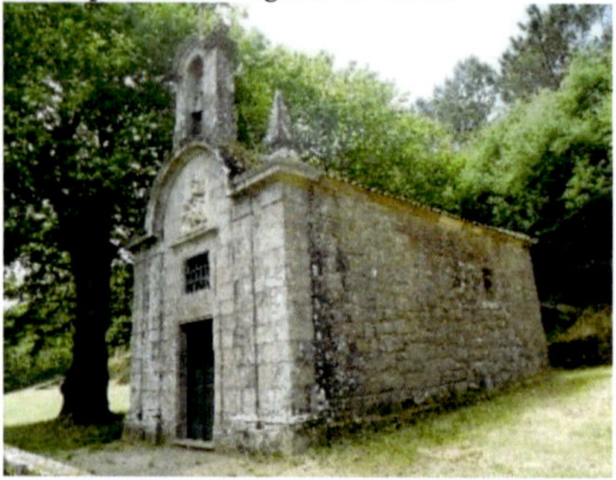

Sie stammt aus dem 15. Jh., wobei einzelne Teile ihrer Mauer auf älter geschätzt werden. Das Relief über dem Portal zeigt die Bekehrung der Königen Lupa durch den Apostel (was allerdings nicht zur

Geschichte der Traslación () passt). Leider ist sie bis auf den Jakobustag (25.07.) und das Überführungsfest (30.12.) fast immer verschlossen.
Auch die einzige Glocke wird nur an festgelegten Feiertagen geläutet. Hierfür war jahrhundertelang ein Wächter zuständig, der in der klitzekleinen Hütte seitlich der Kapelle wohnte. In den 1930er Jahren wurde die Hütte dafür genutzt, hungrigen Pilgern ein Süppchen zu kochen.

☿ Nahe der Kapelle befindet sich eine **Quelle**, von der es heißt, Jakobus selbst habe sie durch dreimaliges Klopfen seines Pilgerstabs auf einen Stein entspringen lassen. Ob er dies tat, um einer durstigen Zuhörerin eine Labung zu verschaffen, oder um eine Ungläubige von der Wahrheit seiner Worte zu überzeugen, darüber sind sich die Legenden nicht so einig.
Späterhin wurde sie wohl nicht selten von Pilgern dazu genutzt, sich vor der Ankunft in Santiago d. C. noch einmal ihre Sünden und den Schmutz der Reise abzuwaschen und so innen und außen rein an der dortigen Kathedrale anzukommen.

☿ **Felsentreppe**
Die steinerne Treppe mit dem Steinkreuz und der Jakobusfigur ist das eigentliche Herz dieser Wallfahrtsstätte. Möchtet ihr es euren mittelalterlichen Vorgängern gleichtun, besteigt sie kniend und kriecht durch die drei Löcher in den Felsen, die Himmel, Hölle und Fegefeuer symbolisieren.

Legenden sind ja immer so eine Sache, aber ganz bestimmt muss man lange nach einem Ort suchen, der schöner und besser geeignet ist, kurz vor der Ankunft in Santiago d. C. noch einmal seinen Camino Revue passieren zu lassen, ein bisschen über ihn zu resümieren und noch einmal ganz in Ruhe durchzuatmen.

Padrón – Faramello (Teo)

(11,5, ⇧ 140 m, ⇩ 70 m)

Die Pfeile zeigen mit dem Hauptportal der Jakobuskirche an der linken Schulter

☛ geradeaus in die Pflastergasse R. Murgadán, biegen an deren Ende

☛ rechts in die R. Corredoira da Barca ein und, wenn der Bodenbelag in Steinplatten wechselt (0,2 km),

☛ links in die R. Dores ab. Mit der zweispurigen Trav. de Iría -

🍎 gleich rechts ist ein großer Supermarkt (0,3 km) – und

☛ überqueren sie den Rio Sar (0,6 km).

⌂☕ Res, 18/2, M, ⧗ ganzj., 12.00 – 23.00, ab 18,--
Albergue O Sabor do Camiño, Trav. Iría Flavia, 131, ☎ 981 811 555, Frühstück möglich.

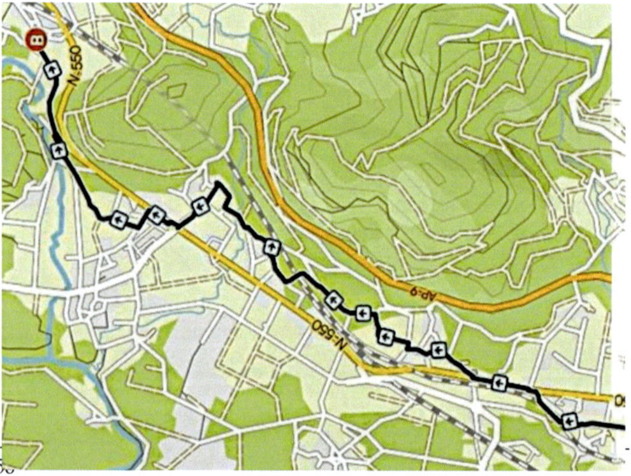

In einer starken Linkskurve (0,7 km) wechselt ihr

☛ geradeaus in die Av. Camilo José Cela und überquert an ihrem Ende (0,8 km) die N-550 nach schräglinks in die Straße Lugar de Pedreda.

☿ **Igrexa Santa Maria Maggiore de Iria Flavia** (1 km)
Die Legende erzählt, die Jungfrau Maria selbst sei dem Apostel Jakobus, dessen Predigten hier nur selten auf interessierte Ohren stießen, an diesem Ort erschienen, um ihn zu ermutigen, den christlichen Glauben weiter auf der Iberischen Halbinsel zu verbreiten.
Wann genau mit dem Bau der Basilika, der wahrscheinlich zwei vorromanische Tempel vorausgingen, begonnen wurde, lässt sich nicht mehr nachvollziehen. Sicher ist, dass sie eine der ältesten Sakralbauten Galiciens und eine der ersten der Muttergottes geweihten Kirchen überhaupt ist. Spätestens ab dem 6. Jh. bis zum dessen Umzug nach Santiago d. C. im 12. Jh. war dieses Gotteshaus das Refugium der hiesigen Bischöfe; danach wurde sie zu einer Stiftskirche. Ihre Fassade stammt wahrscheinlich aus dem 13. Jh. Das Portal mit drei

Archivolten (den Bögen des Portals) trägt im

Tympanon (Schmuckfläche im Dreiecks- oder Bogenfeld über einem Portal) eine Darstellung der Anbetung der Heiligen Könige.
Mittelpunkt des Hauptaltars ist eine gotische Darstellung der Jungfrau Maria; der kniende Jakobus stammt aus dem 17. Jh.
Im Außenbereich findet ihr einen dem Heiligen Franziskus von Assisi gewidmeten Gebetsstock.
⧗Sommer (Winter) 10.00 – 14.00/17.00 – 20.00 (Mo. - Sa. 18.15 – 19.30, So. 10.30 – 12.30, Eintritt frei; Messen: Sa. 7.30, So. 11.30.

Karte CPCr29

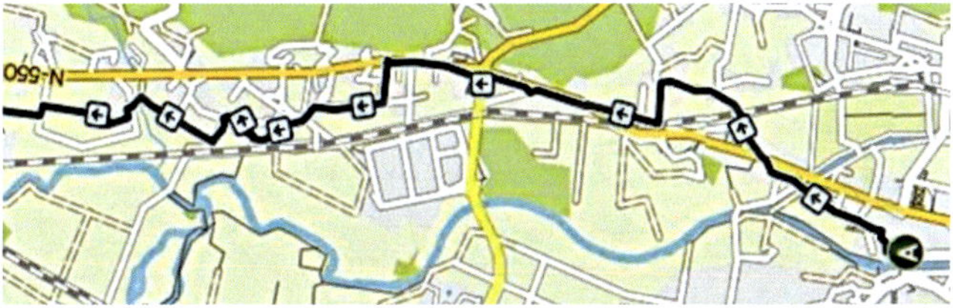

Die Muscheln lassen euch sofort nach der Kirche mit der Lugar de Pedreda

☛ die Bahn unterqueren und stets mit der Nase voraus an Höhe gewinnen, bis sie euch mit einer von rechts oben kommenden Straße (1,4 km) nach
☛ links weiter auf der Lugar de Pedreda wieder zur Bahnlinie zurückbringen (1,6 km) und
☛ rechts mit der Car.. Vieja de Iría wieder auf die N-550 (2 km) stoßen.
☛ Rechts kommt ihr an einem Steinmetzbetrieb vorbei, unter dessen
✋ **Ausstellungsstücken** ihr ein ***Cruzeiro*** (♁) mit einer besonders kunstvoll gestalteten Darstellung der Kreuzabnahme Jesu findet.

Die Pfeile folgen der Nationalstraße über einen großen Kreisverkehr (2,5 km) hinweg, biegen an einer Autowerkstatt (3,1 km)

☛ links in einen asphaltierten Fahrweg ein und wenden sich am Ende nach
☛ rechts.

Nun fisselt euch durch einen schmalen Korridor zwischen Bahntrasse (links) und der N-550 (rechts) durch die Gassen von **O Souto**, lasst (3,5 km)

☛ geradeaus ein Steinkreuz an eurer rechten Schulter, geht in **Cambelas** an
☺ Bänken
☛ geradeaus, verlasst diese Häuser mit einem rechts-links-Haken (3,8 km) in Gärten, quetscht euch (3,9 km) durch eine enge Gasse nach **Anteportas,** schlupft dort zwischen den Häusern (4 km)
☛ links sofort unter einem Anbau hindurch und biegt (4,1 km)
☛ rechts auf einen Fahrweg ein, mit dem ihr den Rego de Tarrío überbrückt.
☿ Auf der linken Seite steht eine kleine Wassermühle.

Gleich nach dem ersten und verfallenen Gebäude von **Tarrío** drückt ihr euch

☛ rechtslinksgeradeaus durch die Gasse und verlasst das Dorf auf einem sehr geraden Fahrweg. An dessen Ende (5,1 km) geht ihr
☛ links – rechts in Richtung **Vilar,** wo ihr auf eine kreuzende Straße stoßt.

✋ ⌂♿☕ 16/2, Res., M, W/T, WiFi, ⧗ April – Okt. ab 11.00*, 22,--
Zur Albergue O Lagar de Jesús (+ 150 m), A Escravitude, ☎ 881 060 708, info@olagardejesus.com, *sonst nach Reservierung, geht ihr hier links – rechts.

Der Camino bleibt an dieser kreuzenden Straße

☞ geradeaus, knickt an einem Waschhäuschen ein bisschen nach

☞ rechtsgeradeaus ab und führt euch zurück zur hier leider sehr verkehrsreichen N-550 (5,9 km), mit der ihr nach

A Escravitude kommt.

Res., 30/4, K/M, W/T, 01.04. – 31.10., 15.00 – 20.00, ab 25,--*
Albergue Villa Vieira, A Escravitude, 31, 696 790 965, villavieira .es, ab 70,--/DZ, incl. Frühstück.

Gerade am Brunnen unterhalb der Kirche ist die Straße nicht ungefährlich!

☿ **Fuente Santa**

Der Brunnen ist nicht wirklich eine Augenweide, aber legendenumwoben: Im Jahr 1582 wurde der Pfarrer von Cruces während eines heftigen Sturms von einer großen, umstürzenden Kastanie nahezu erschlagen. Während er verletzt und hilflos unter dem Stamm und Astwerk lag und sein letztes Stündlein gekommen sah, betete er in seiner Not zur Jungfrau Maria und bat sie um Beistand und Hilfe. Nach seiner Rettung ließ er ein Bild seiner Retterin in Stein hauen und an diesem Brunnen aufstellen.
Viele Jahre später, nämlich 1732, kam genau hier ein schwer erkrankter Pilger des Wegs, der seine Reise nach Santiago d. C. in der Hoffnung machte, dort von seinen Leiden geheilt zu werden. Erschöpft und durstig von seiner anstrengenden Wanderung hielt er hier inne und erfrischte sich am kühlen Brunnenwasser. Auch er bat die Jungfrau um Hilfe und siehe da: Es dauerte zwar noch 72 Stunden, aber danach war er gesund!! Aus Dankbarkeit für seine wundersame Genesung spendete er all sein Hab und Gut und legte damit den Grundstein zum Bau der Kirche

☿ **Iglesia Santuario de la Exclavitud/Escravitude** (6,6 km)

Ihre Weihe fand tatsächlich erst 1852 statt und umarmt mit ihren beiden Treppen den Grund ihres Daseins, nämlich den Brunnen Fuente Santa. Einer der beiden 32,5 m hohen Barocktürme stammt aus dem Jahr 1885, der zweite wurde später hinzugefügt.
Interessant ist das verschnörkelte Lilien-Kreuz ganz oben mittig in der Hauptfassade, dem Zeichen des

8 **Orden von Calatrava**

Während der maurischen Ära wurde die Stadt Calatrava zu einer der wichtigsten zwischen Córdoba und Toledo. 1147 eroberte Alfons VII. sie im Zuge zurück und übertrug die Sicherung dieses strategisch wichtigen Vorpostens an der Grenze zum islamischen Machtbereich an einen 1158 gegründeten Zisterzienserorden. Calatrava fiel 1195 noch einmal in die Hand der Almohaden, kam 1212 endgültig unter christliche Krone, verlor dann aber an Bedeutung und endete zu Beginn des 16. Jh. als Ruinenlandschaft irgendwo im Nirgendwo.

⁂ Am 8. September finden Messen und Wallfahrten zu Ehren der *Virxe da Escravitude* statt.

Nach dem Parkplatz der Kirche bringt euch ein Sträßchen

☛ rechtsgeradeaus wieder in Wiesen und Felder. Und? Merkt ihr was? – Wäre dieses grottenhässliche Stück Straße vorher nicht gewesen, würdet ihr die Ruhe hier vielleicht gar nicht so genießen können! Oder, wie unsere Oma immer sagte: „*Dabb* (tritt) dem Teufel auf den Fuß, du weißt nie, wofür es gut ist!“ – Unsere Oma war eine sehr kluge Frau.

Nach einem Friedhof (6,5 km) wenden sich die Pfeile nach

☛ links, hüpfen am Ende (6,9 km) –

✋ Res., 22/2, M, W/T, WiFi, ⧗ 10.03. – 05.11., 17,--

zur Albergue Cruces Inn (+ 450 m), Lugar de Cruces, 5, ☏ 646 596 573, crucesinn@gmail.com, Abendessen/Frühstück möglich, Pool, geht ihr links und dann rechts; verlasst die Herberge am nächsten Morgen nach rechts und kommt mit dem nächsten Weg links wieder auf den Camino (dort bei 7,5 km) –

☛ rechts – links und nach einer Rechtskurve (7,3 km)

☛ links – rechtsgeradeaus (7,5 km) durch einen Wald und unterqueren (7,8 km)

☛ linksgeradeaus eine Bahnlinie (8 km).

✋ Res., 13/2, K/M, ⧗ ab 15.00, 24,-- incl. Frühstück

zur Albergue Camiño da Vieira (+ 240 m), Angueira de Suso, 80 C, ☏ 696 790 965, 61,--/DZ, geht ihr links zur N-550, direkt gegenüber.

Der Camino wendet sich nach der Bahntrasse nach

☞ rechts, durchquert an einem *Cruceiro* (♁)

☞ rechtsgeradeaus **A Angeira de Souso**, verlässt es durch einen Weintunnel, fädelt sich (8,5 km)

☞ rechtsgeradeaus auf einen Fahrweg ein und führt euch am Ende (8,8 km)

☞ rechts – links nach und in den Häusern (8,9 km)

☞ links durch **O Areal**, kehrt im Laufschritt zurück zur

☕ N-550 (9,4 km).

Mit ihr geht ihr nur kurz an einer Ladenzeile vorbei und biegt gleich danach (9,6 km)

☞ links in einen asphaltierten Fahrweg ein. Das erste Stichsträßchen lässt er rechts liegen, biegt am nächsten Gebäude (9,8 km)

☞ rechts in einen Fußweg ab, hält auf eine Mauer mit Hundemotiven zu, verschwindet an dessen

☞ linken Seite (10 km) in den Wald und dreht gleich ein bisschen nach

☞ rechts ab. Den nächsten Fahrweg (10,5 km)

☞ kreuzt ihr nur schnell und erreicht an dem danach (10,7 km) mit einem kleinen Zickzack

☞ rechts-links **O Faramello** auf einer zweispurigen Straße.

⌂ ☕Res., 36 Plätze, W/T, ⧗ 12.00 – 23.00, ab 18,--

Albergue La Calabaza del Peregrino (11 km), Lugar O Faramello, 5, ☏ 981 194 244, alberguecalabazaperegrino@gmail.com, Abendessen/ Frühstück möglich.

Nach dem Ortsausgangsschild lässt der Camino eine rechtwinklig abführende Straße links liegen und biegt sofort darauf

☞ halblinks in nächste Kapitel ein.

⌂⌂ 20/2, W/T, ⧗ ganzjährig 13.00 – 22.00, 10,--

Die Albergue de Peregrinos de Teo, R. de Francos findet ihr geradeaus und am Ende der Leitplanke halblinks etwas unterhalb der Straße.

Faramello (Teo) – Santiago de Compostela

(bis 14,8 km, ⇧ 320 m, ⇩ 140 m)

Diese letzten rund 15 km – je nach Wegvariante – führen euch mäßig, aber stetig bergauf.

Die Pfeile verlassen die zweispurige Straße (0 km) nach

☛ halblinks in einen asphaltierten Fahrweg, mit dem sie euch durch Felder, Wiesen und **Teo** nach **Rúa de Francos** kurven. Dort führen sie euch (0,5 km) nach

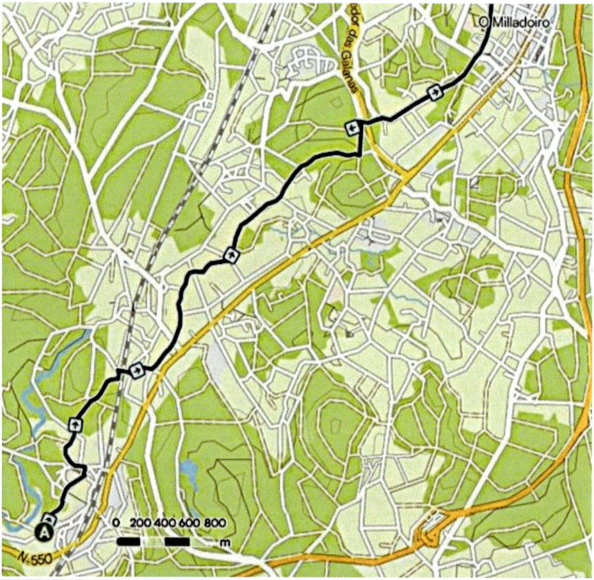

Karte CPCr30 (a: kürzeste Route)

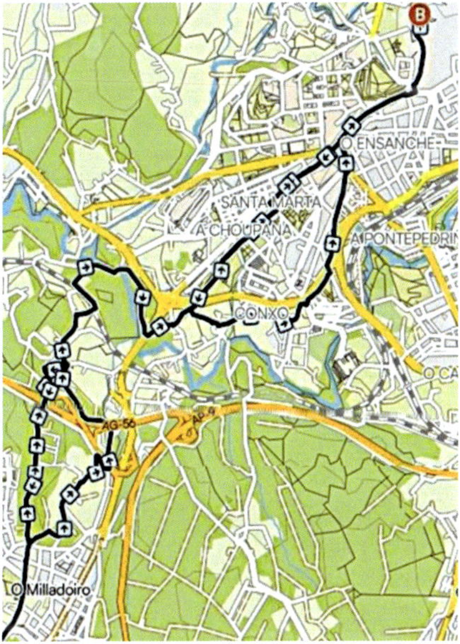

- ☛ links an der **Capilla de San Martiño** (0,6 km) vorbei zu einem sehr beeindruckenden gotischen
- ☿ *Cruceiro* (♙, 14. Jh.) Natürlich ist der Gekreuzigte darauf die wichtigste Person, aber übersieht nicht die beiden Pilger jeweils an den Seiten. Die Gravuren am Schaft deuten vermutlich darauf hin, dass zu seinen Füßen Menschen (je nach Quelle Ungläubige oder Pilger) bestattet wurden.

An ihm führen die Pfeile

- ☛ links an einem
- ☿ steinernen Herrn auf einem Esel vorbei, biegen nach einem Waschhäuschen (0,7 km) nach
- ☛ rechts ab, überqueren ein kreuzendes Sträßchen (1 km) in einen Fahrweg und wackeln auf ihm durch einen lockeren Wald immer forsch drauflos, bis eine kreuzende Straße (1,7 km)
- ☛ rechts sofort mit einer Brücke über eine Bahntrasse führt. Anschließend
- ☛ überqueren sie die erste Kreuzung, biegen danach an der zweten Möglichkeit (2 km) – geradeaus führt ein schmaler Durchgang zur N-550 –
- ☛ links ab und
- ☛ kreuzen die zweispurige DP-0205 (2,3 km) in

☞ in Richtung „Rio Tinto", den sie bald darauf
☞ überqueren (2,6 km).

Res., 20/2, K/M, W/T, 24,--
Albergue Casa Aldea da Pedreira, Pedreira 90, ☎ 619 544 966, info@casaaldeadapedreira.com.

Nun geht es immer fröhlich geradeaus durch Häuser und Wälder und mit ein paar Hupsen einfach nur über kreuzende Straßen hinüber, bis euch ein Camino-Stein (4,7 km, keine 10 km mehr!) nach
☞ links und mit einem
☞ links-rechts-Zickzack zu einem Kreisel (5,1 km) schickt, an dem ihr
☞ in Richtung „A Grela" die zweispurige VG-1.7 überbrückt. Den Kreisverkehr danach (5,3 km) verlasst ihr
☞ rechtsgeradeaus auf die DP-0206 in Richtung, nach und durch **A Grela** und flotten Fußes weiter nach **O Milladoiro.** Dort verlasst ihr die Straße in einer Rechtskurve (6,2 km)
☞ linksgeradeaus in Richtung „Capela da Madalena".

Res., 62/3, K/M, W/T, WiFi, ⧗ 16. Jan. – 13. Dez. 13.00 – 22.00, 17,--
Zur Albergue Milladoiro, C/Buxo, ☎ 981 938 382, www.alberguemilladoiro.com, geht ihr nach 400 m links an Parkplätzen entlang.

Ihr kreuzt die Straße direkt nach einem Einkaufszentrum (6,9 km) zu Bäumen
und findet dort einen Camino-Stein mit zwei gelben Pfeilen.

Links (1,5 km, Karte CPCr30a) folgt ihr dem Fahrweg sehr schön und ruhig durch den Wald, überbrückt die AG-56 (8,1 km), bleibt noch kurz
☞ rechts auf Asphalt, wechselt aber gleich
☞ links in einen breiten Weg nach A **Rocha Vella**.

Rechts (2,2 km) führt der Weg ebenfalls in Bäumen, biegt erst (7,1 km)
☞ rechts auf einen breiteren Weg und an dessen Ende (7,2 km)
☞ links in den Fahrweg R. das Espiñas ab. An einem Stop-Schild (7,4 km)

☛ linksgeradeaus durchquert er **O Porto de Conxo** zu einer spitzen Verzweigung an einem Garagentor (7,6 km).
☛ Rechtsgeradeaus und am Ende (7,9 km)
☛ rechts – links unterquert ihr erst einen Autobahnzubringer, dann
☛ rechtsgeradeaus eine Autobahn und knickt in **A Rocha Vella** ein bisschen
☛ nach links ab.

✌ Ab hier rechne ich die Kilometer jeweils mit der längeren Variante, weil früher ankommen, obwohl man mit später gerechnet hat, ist viel angenehmer als später ankommen, obwohl man eigentlich schon längst da sein wollte.

In **A Rocha Vella** treffen sich beide Wege an einem Kreisel, auf dem ein Rabe auf einem Türmchen thront (9 km).

Gemeinsamer Weiterweg
Am Rücken des Rabens
☛ rechtsgeradeaus und bald (9,1 km)
☛ linksgeradeaus folgt ihr der R. do Piñeiro zu einem Sackgassenschild (9,4 km), überquert
☛ rechts eine Bahntrasse, wendet euch am Ende (9,9 km) abermals nach
☛ rechts, überbrückt den Fluss Sar auf der **Ponte Vella de Arriba** (10,1 km) und erreicht eine Verzweigung an einem Metalltor mit Glocke (10,2 km).
☛ Rechtsgeradeaus pilgert ihr noch einmal ein sehr nettes Stückchen durch den Wald,
☛ schlupft unter der N-550 hindurch (10,8),
☛ kreuzt in **Escuridia** eine Straße (11 km) in die R. da Volta do Castro de Abaixo und erreicht kurz vor einer Brücke über die SC-20
💣 eine weitere Wegteilung (11,2 km).

Links (2,8 km bis zur Kathedrale) geht ihr
☛ mit der Brücke über die SC-20 und auf der rechten Seite einer Wohnanlage entlang, schlendert an deren gegenüberliegenden Kurzseite
☛ durch die Av. da Liberdade mit einer Fußwegallee zwischen den Fahrspuren, biegt an deren Ende
☛ links – rechts auf die R. de Santa Marta de Ariba ein (1 km) ein, folgt

☞ immer geradeaus auch der Av. de Rosalía de Castro über zwei Kreisel hinweg und

☞ hakt euch auf ihr bei den von rechts kommenden Pilgernden des rechten Wegs in den gemeinsamen Weiterweg und das allerfinalste Finale (s. u.) ein.

Rechts (3,2 km bis zur Kathedrale, Karte CPCr30a) verlasst ihr den Fahrweg, wenn er an den ersten Häusern von **Torrente** rechts abdreht (11,4 km),

☞ geradeaus in eine enge Gasse und kommt

☞ rechts – links-linksgeradeaus zur zweispurigen R. da Benéfica de Conxo (11,5 km). Sie bringt euch

☞ links und über einen aufgemalten Kreisel (11,9 km)

☞ geradeaus hinweg zum

☿ **Monasterio Nosa Señora da Mercè de Conxo** (12,1 km)
Eine Legende erzählt, sie sei von Doña Rusuida als Grablege für ihren Gatten gegründet worden, der auf seiner Pilgerfahrt nach Santiago d. C. getötet wurde. Dokumentiert ist allerdings nur die Gründung eines Nonnenklosters durch den Erzbischof Xelmírez, das ab dem 15. Jh. von den Barmherzigen Brüdern *Mercedarios* (♁) bewohnt wurde, deren Wappen sich über dem Haupteingang befindet. Seit dem 19. Jh. ist in ihm eine psychiatrische Einrichtung untergebracht.
Aus seiner Gründungszeit stammen zwei Flügel seines romanischen Kreuzgangs mit einer Inschrift aus dem Jahr 1129. Fragt gerne an der Pforte des Sanatoriums, ob ihr ihn besuchen dürft.
Die heutige Kirche stammt aus dem 17./18. Jh.

Ihr geht die Straße

☞ links hinauf zu einem Verkehrsknoten (12,2 km) und umgeht ihn nach

☞ geradeaus in die R. de Sánchez Freire,

☞ überquert die vierspurige Av. de Romero Donallo (13,3 km) nach schräglinks in die Av. de Vilagarcía, geht an ihrem Ende

☞ rechts mit der Av. de Rosalia de Castro hinauf.

Gemeinsamer Weiterweg und allerfinalstes Finale

Nachdem ihr auf der linken Straßenseite von einem Park begleitet wurdet, dreht die Straße nach links ab. Ihr

☞ überquert ein bisschen rechts an der Fußgängerampel die R. da Senra (14,2 km) und geht

☞ geradeaus durch eine kurze Gasse zu einem kleinen Platz mit Gaststätten (14,3 km).

Hier möchte ich euch gerne kurz über den Arm schrubben und euch nur noch kurz als Orientierungshilfe geben, dass ihr an der südwestlichen Ecke der Kathedrale ankommt. Das Hauptportal an der **Praza do Obradoiro** liegt im Westen (also geradeaus), der Eingang zur Kathedrale am Pferdebrunnen am **Praza das Praterías** im Süden (also rechts).

✋ Rucksäcke sind in der Kathedrale aus Sicherheitsgründen nicht erlaubt. Abstellstellen findet ihr auf Seite 273.

So, und jetzt steckt dieses Büchlein weg und nehmt es erst wieder zur Hand, wenn euch wirklich danach ist

Ihr seid so weit gelaufen, über Pflaster, Holz- und Steinstege, durch Gassen, in denen ihr den Bauch einziehen musstet, uralte Corredouras, Corredoiras (ℹ), Wälder, in denen Märchen geboren werden, Felder, entlang von Stränden und Klippen, wunderschöne und nicht so wunderschöne Wege, bei Regen und Sonnenschein – jetzt seid ihr fast am Ziel! Vielleicht habt ihr euch unterwegs auch mal selbst an die Stirn getippt und euch gefragt, warum ihr euch so etwas antut. Gleich werdet ihr die Antwort darauf erhalten.

Ich habe euch von Herzen gerne begleitet, aber das Ankommen ist ein Moment … der ist so halsknödelig groß! Geht jeden der letzten Schritte ganz bewusst und genießt jeden Bruchteil jeder einzelnen Sekunde aus ganzem Herzen und mit ganzem Bauch!

Betretet hier jetzt einfach die Altstadt und wuselt euch

☞ rechts durch das Getümmel der R. do Franco, die „Fressgass" von Santiago d. C., zur Kathedrale.

Santiago de Compostela

Darf ich euch erst einmal ganz feste umarmen und drücken, bitte? Ihr habt es geschafft! Ihr seid angekommen!

Ihr seid Helden!

Oh, ihr fühlt euch gerade gar nicht heroisch, sondern wisst im Gegenteil nicht, ob ihr lachen oder weinen sollt? – Das geht mir auch immer so, egal wie oft ich in Santiago d. C. ankomme.

Ich möchte euch nun nur noch ein paar Informationen und Tipps geben, die euch euer Hiersein vielleicht ein bisschen vereinfachen und verschönen:

Santiago de Compostela

Als der Eremit Pelayo Anfang des 9. Jh. „von Sternen geleitet“ den Sarg des Jakobus, Santiago, wiederentdeckte (s. S. 18), gab es hier auf der *Libredón* genannten Anhöhe wohl noch nichts als Natur. Wegen der Lichterscheinung wurde der Ort *Campus Stellae*, Sternenfeld, genannt, aus dem sich der Name Compostela entwickelte.

Alfonso II. *el Casto* (🕯) eröffnete die Jakobuspilgerschaft und errichtete über dem Grab eine Kapelle, die schnell zu klein und ab 872 durch eine größere Kirche ersetzt wurde. Schwupps!, kamen auch schon 930 die ersten deutschen Wallfahrer anmarschiert, gerade rechtzeitig, bevor Almansor (🕯) die stark befestigte Stadt sowie sein Gotteshaus am 10. August 997 zerstörte, das Grab selbst allerdings aus Respekt unbeschädigt ließ.

Zu Beginn lagen die Gründe der Pilgerfahrten noch darin, mit der Wallfahrt und den Gebeten am Apostelgrab um Hilfe und Beistand zu bitten oder ein in einer Notlage gegebenes Versprechen einzulösen. 1122 führte Papst Calixt II. das Heilige Compostelanische Jahr (🕯) ein und machte Santiago d. C. zum ersten Ort überhaupt, der einen vollständigen Ablass (🕯) erteilen durfte (für Rom galt das erst ab dem 15. Jh.), was sich freilich rege auf die Pilgerleidenschaft auswirkte (und Rom einigen Verdruss bereitete). Papst Alexander III. (bis 1181) erklärte sie gar zu einer „Heiligen Stadt“ und setzte sie damit Rom und Jerusalem gleich.

Seit 1985 steht die Stadt auf der Liste der UNESCO Weltkulturerben.

Pilgerbüro – hier bekommt ihr eure Compostela (🕯)!

Es befindet sich mit dem Rücken zum Hauptportal der Kathedrale

☞ am Hotels Parador (🕯) vorbei die Treppe hinunter und die nächste Straße

☞ rechts, R. Carretas, 33, ☎ 981 568 846.

⧗ April – Okt. 8.00 – 21.00 Uhr, Nov. – März 10.00 – 19.00 Uhr.

💣 Dazu müsst ihr euch vorher online über den QR-Code in eurem Credencial (🕯) oder der Internetseite https://oficinadelperegrino.com registrieren.

- 💣 Die Compostela wird anhand der von euch angegebenen Daten ausgedruckt – incl. Tippfehler. Möchtet ihr euren Namen gerne in lateinischer Form, müsst ihr ihn in lateinischer Form angeben.

Am Pilgerbüro erhaltet ihr eine Wartenummer, stellt euch an (die Wartezeit ist durch dieses System sehr kurz) und bescheinigt am Schalter mit Credencial und Personalausweis, dass ihr es auch wirklich seid.

🕯 Zusätzlich könnt ihr euch gegen eine Gebühr eine **sportive Urkunde** ausfertigen lassen, in die der Startpunkt und die zurückgelegten Kilometer eingetragen werden. Bei der Registrierung setzt ihr dafür ein Häkchen an der entsprechenden Stelle.

✌ Vielleicht mögt ihr ja gleich ein neues Credencial mitnehmen.

✌ In der kleinen Kapelle gibt es einen besonders schönen *Santiago*-Altar.

Ich habe in alphabetischer Reihenfolge einige wenige Punkte zusammengestellt, die für euch interessant oder wichtig sein könnten. Bitte habt Verständnis dafür, dass ich nicht alle Kirchen, Herbergen und Hotels aufzähle, denn das würde, wie ihr euch vorstellen könnt, Bände füllen:

„Ankommen – erwartet werden“

Volontäre der Diözese Rottenburg bieten vom 1. Mai bis 15. Oktober

⧗ um 8.00 Uhr eine Heilige Messe in deutscher Sprache in der Kapelle des Pilgerbüros (🕯),

⧗ um 16.00 Uhr ein Gruppengespräch und

⧗ um 18.00 Uhr einen spirituellen Rundgang um die Kathedrale an.

- 💣 Ihr glaubt gar nicht, wie viele kleine Besonderheiten man an ihr entdecken kann!

Der **ewige Pilger** (♁)

☿ Die **Igrexa de Francisco**, mit dem Rücken zum Hauptportal rechts durch die R. da San Francisco, ist Teil eines Klosters, das der Heiligen Franziskus von Assisi persönlich bei seinem (nicht wirklich sicher belegten) Besuch in Santiago d. C. 1214 gegründet haben soll. Wenn man ein bisschen Ruhe vor dem Trubel in der Stadt braucht, ist dies neben der Kapelle im Pilgerbüro genau der richtige Ort.

Ö Zu den über 100 Jahre alten **Markthallen** geht ihr mit dem Rücken zum Nordportal rechts dem Camino entgegen zur Praza de Cervantes, an der rechten Seite des Kirchleins Igrexa de San Bieito do Campo entlang, danach rechts, die nächste links zur Igrexa de San Augustín und dort rechts (auf der linken Seite).

ⓘ Die **Pilgerinformation**, R. Nova, 7, ☏ 981 074 083, befindet sich mit dem Rücken zum Südportal links in der nächsten Straße rechts.

- Hier könnt ihr euer Gepäck auch für mehrere Tage (z. B. wenn ihr erleichtert nach Finisterre/Muxia weiterpilgern möchtet) abgeben: 1 Tag 3,-- €, dann gestaffelt (z. B. 4 Tage 10,-- €).

Pilgermesse (♁)

Restaurants

Die **Rúa do Franco** (mit dem Gesicht zum Hauptportal rechts und geradeaus) ist eine echte Schlemmermeile, in der niemand ungesättigt bleibt, aaaber ich habe da zwei kleine „Geheimtipps" unter Pilgernden für euch – also wundert euch bitte nicht, wenn sie überfüllt sind:

- In einer Seitengasse der R. do Franco, der R. da Rafiña gibt es im **„Gato Negro"** vor allem Meeresfrüchte und *Pulpo* auf heimeligen, nackigen Holzschemeln mit Hauswein aus Schalen. Ich liebe es!
- Auch sehr beliebt ist das „**Casa Manolo**" an der Praza de Cervantes (mit dem Rücken zum Nordportal rechts dem Camino entgegen) links der Igrexa de San Bieito do Campo. Eigentlich ist es ein Studentenrestaurant,

entsprechend preisgünstig, ziemlich groß und der Gästeanzahl entsprechend lebhaft.

☕ Auch eine tolle Idee: In einer der **Markthallen** (s. o.) könnt ihr eure frisch eingekauften Sachen zubereiten lassen und direkt verputzen. Fisch und Meeresfrüchte schmecken hier garantiert besser, als wenn ihr sie mit nach Hause nehmt!

Pilgerspeisung

Das Parador-Hotel direkt am Kathedralplatz wurde 1499 von den *Reyes Católicos*, Katholischen Königen (🕯) als Pilger-*Hospital* (🕯) errichtet. Das gilt jetzt nur noch für die, die bereit sind, 130,-- € und mehr für ihren Schlafplatz zu berappen. Aber wenn ihr mögt: Die ersten zehn Pilger, die morgens im Pilgerbüro ihre Compostela (🕯) abholen, erhalten einen Gutschein für eine kostenlose Pilgerspeisung in seinem Restaurant.

Parador-Hotels

Ursprünglich entstammt diese hochpreisige, staatliche Hotelkette übrigens der Idee, Wanderern Unterkunft zu bieten. Alfonso XIII. (bis 1941) dachte dahin weiter, zu diesem Zweck historische Gebäude zu erhalten und so das Land für den Tourismus attraktiver zu machen.

Guckt zwischendurch auch mal auf die Dächer der Häuser mit ihren beeindruckenden **Schornsteinen**, die ein Zeichen für den Wohlstand ihrer Besitzer waren!

Einen größeren **Supermarkt** findet ihr mit dem Rücken zum Südportal geradeaus am Ende der R. do Vilar links.

ⓘ Die **Touristeninformation** findet ihr am Südportal geradeaus in der R. do Vilar, kurz bevor sie auf einen Platz (s. 🍎 u.) mündet, links.

Unterkünfte:

Wie ihr euch denken könnt, gibt es in Santiago unzählige Unterkünfte. Da sollte es doch gar nicht so schwer sein, sein müdes Haupt wenigstens eine Nacht auf einem Kissen zu betten.

- Doch! Kann es! Zu besonderen Anlässen, Festen oder Konzerten ist die Stadt komplett ausgebucht – auch die Herbergen! Informiert euch also bitte rechtzeitig und bucht sicherheitshalber vor!

Hier beschränke ich mich auf Herbergen um Umkreis von bis zu 1 km von der Kathedrale:

- Albergue Santiago Km. 0, R. das Carretas, 11, ☏ 881 974 992, ab 15,--, auf dem Weg zum Pilgerbüro.
- Albergue Azabache (50 m), R. Azabachería, 15, ☏ 981 071 254, ab 20,--, mit dem Rücken zum Nordportal rechts.
- Albergue The Last Stamp (100 m), R. do Preguntoiro, 10, ☏ 981 563 525, ab 19,--, Rückseite der Kathedrale hinter dem Monasterio San Pelayo
- Albergue Mundoalbergue (300 m), R. San Clemente, 26, ☏ 981 588 625, ab 19,--, mit dem Rücken zum Hauptportal der Kathedrale gegenüber links die Av. de Raxoi hinunter, links um die Ecke und dann rechts.
- Albergue Blanco (500 m), R. das Galeras, 30, ☏ 881 976 850, ab 15,--, mit dem Rücken zum Hauptportal rechts gegenüber R. das Hortas zu einer Kreuzung, rechts.
- Das Seminario Menor (1 km), Av. de Quiroga Palacios, ☏ 881 031 768, ab 16,--, ab 18,--/EZelle, ab 36,--/DZelle, befindet sich hinter den Markthallen (s. u.) zur zweispurigen R. da Virxe da Cerca hinunter und zwischen Rampe (rechts) und Treppe (links) gegenüber die R. das Trompas bergab, bergauf und dann rechts.
- Ein „Geheimtipp“ ist das Seminario San Martin Pinario (gegenüber des Nordportals). Für 30,--/Pilgernder incl. Frühstücksbuffet dürft ihr in einer ehemaligen Einzelzelle der Mönche schlafen. Weil es aber ein Geheimtipp ist, solltet ihr unbedingt reservieren! ☏ 981 560 282.

Kathedrale

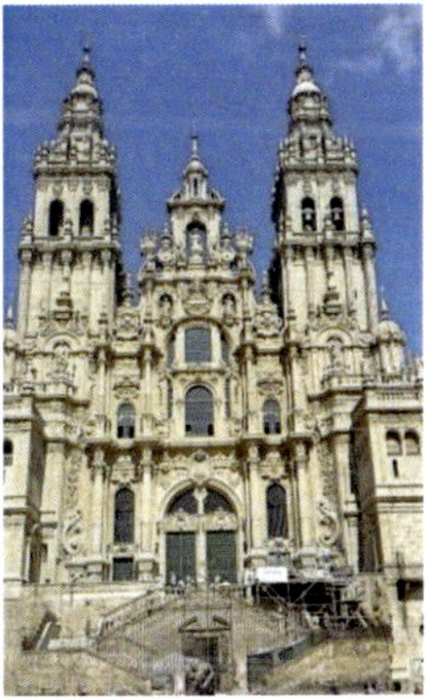

⌛ Täglich 7.00 – 20.30 Uhr.

Der Eingang zur Kathedrale befindet sich am Südportal (Pferdebrunnen).

- Rucksäcke dürfen nicht in die Kirche! Abgeben könnt ihr ihn
  - im *Correos*-Postamt in der R. de Franco (mit dem Gesicht zum Hauptportal rechts und geradeaus in die Schlemmermeile, rechte Seite)
  - im Eck-Laden oben an der Treppe zum Südportal, 2,--,
  - in der Pilgerinformation (🕯).
- Möchtet ihr die Kathedrale in Ruhe genießen, nutzt die frühen Morgenstunden!

Geschichte
Alfonso II. *el Casto* (🕯) veranlasste den Bau einer ersten Kapelle, die dem Ansturm der Gläubigen bald nicht mehr gewachsen war. So vergrößerte sein Nachnachnachfolger Alfonso III. nicht nur seine Fußstapfen, sondern auch das Gotteshäuschen. Aus dem 9. Jh. geblieben ist die romanische **Capela da Corticela** (Ecke links des Nordportals), seit jeher Gotteshaus für Pilger, Ausländer und ausdrücklich auch für Basken, die den hiesigen Einwohnern wohl nie wirklich geheuer waren.
Nach der Zerstörung durch Almansor (🕯) folgte 1078 – 1122 die Errichtung der heutigen Kathedrale.
Die Kathedrale zählt zu den wichtigsten romanischen Bauwerken Spaniens, wobei sie im Laufe der Jahrhunderte so oft um- und angebaut wurde, dass man bei einem Rundgang alle Stilepochen findet.

Hauptportal – Praza do Obradoiro (Platz der Werkstatt)
Es sieht aus wie ein Altarretabel, nur viel größer, findet ihr nicht? Freilich steht in seinem Mittelpunkt, wie an allen Seiten der Kirche, *Santiago*, Jakobus,

umgeben u. a. von seinen Schülern Teodoro und Atanasio, seinem Bruder Johannes und seinen Eltern.
Von den beiden ca. 75 m hohen Türmen beherbergt der rechte **Torre de las Campanas** eine Glocke, der linke **Torre de las Carracas** eine riesige Holzratsche (bei der Führung aufs Dach der Kathedrale (s. u.) kann man eine sehen), die am Karfreitag und Ostersamstag erklingt (wenn die Kirchenglocken nach Rom fliegen, um vom Papst gefüttert zu werden).
Die Freitreppe stammt aus dem frühen 17. Jh.
Das Besonderste jedoch ist der Eingangsbereich oberhalb der Treppe, der

Pórtico de la Gloria
Gestaltet wurde er in meisterhafter und liebevoller 20jähriger Kleinstarbeit von

- **Maestro Mateo**
  Ein großer Baumeister, der seine Spuren in Kunstwerken, nicht aber durch sein Leben hinterließ. Geboren wurde er um das Jahr 1150 und verstarb zwisch 1200 und 1212. Woher er stammte, wer seine Lehrer und Vorbilder waren, wer er war, ist leider völlig unbekannt. In seinen Arbeiten deutlich wird jedoch, dass er sich völlig der Romanik verschrieben hatte.

Jede Figur ist ein Kunstwerk für sich und alle zusammen einfach halsknödelig.

- Der Meister verewigte sich selbst darin in betender Haltung.
- Diese Selbstdarstellung wird im Volksmund ***Santo d'os Croques***, Heiliger der Beulen, genannt: In der Hoffnung, auf diese Weise ein bisschen des Genies Mateos auf die lieben Kleinen überspringen zu lassen, ditschten, viel hilft viel, liebende Eltern („Du wirst mir noch dafür dankbar sein!") die Köpfe ihrer Kinder dreimal gegen diese Figur.

Leider darf er nur noch im Rahmen einer 15-minütigen Führung besucht werden, für die man unbedingt rechtzeitig im Internet ein Ticket buchen sollte: https://visitas.catedraldesantiago.es, 25,--.

- Für Pilgernde gibt es ein kleines Kontingent an kostenlosen Tickets!

Nordportal – Praza da Immaculada (Platz der Unbefleckten (Maria))
Neben Jakobus findet ihr hier eine Dame mit verbundenen Augen, *la Fe*, der Glaube, der nur mit dem Herzen gut sieht. An der linken Kathedralecke steht die **Capela da Corticela** (s. o.).

Südportal – Praza das Praterías (Platz der Silberschmiede) am **Fonte do Cabalos** (Pferdebrunnen)

An der am ursprünglichsten erhaltenen Seite der Kathedrale findet ihr ein, wie ich finde, sehr schönes und wichtiges Symbol für uns Pilger: Die Zeichen für Alpha und Omega im Rad der Unendlichkeit am Trumeau (Mittelpfeiler) stehen verkehrt herum – hier beginnt mit dem Ende der Pilgerreise ein neues Leben. Ist das nicht ein schöner Gedanke?!

Der linke Tympanon (🛈) trägt Szenen der Versuchung Jesus durch Dämonen und gipfelt in einer Ehebrecherin mit Totenkopf auf dem Schoß, zu der es im Codex Calixtinus (🛈) heißt: „... zweimal am Tag küsst sie jenes Haupt, von ihrem Mann dazu gezwungen." – Heideröslein!

Der rechte Tympanon (🛈) rafft in Szenen das gesamte Leben Jesus zusammen, von der Geburt (Maria mit Kind) über sein Wirken (Heilung eines Blinden) bis zur Hinrichtung (Verrat, Aufsetzen der Dornenkrone).

Sehr schön finde ich auch die Darstellung der Schaffung an den äußeren Seiten links von Adam und rechts von Eva. Beide sind gleich groß wie Gott, der sich ihnen liebevoll zuwendet und die Hand auflegt (bei Eva sieht es ein bisschen ... unangemessen aus).

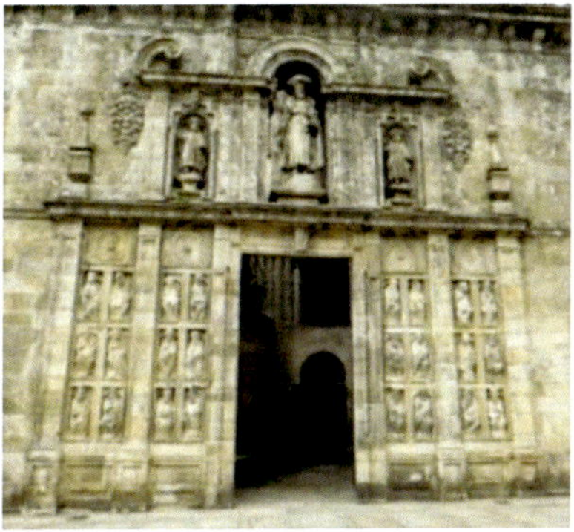

Puerta del Perdón – Praza da Quintana

Das barocke Gnadentor (1611) befindet sich auf der Rückseite der Kathedrale am unteren Teil, **Praza de los Muertos**, Platz der Toten (hier befand sich einst ein Friedhof; der obere Teil heißt **Praza de Vivos**, Platz der Lebenden) und wird nur in den Años Santo Compostelano (🛈) geöffnet. Man durchschreitet sie einzeln und mit großem Bedacht, wobei man die Hände in die tausendfach vorgefingerten Löcher an den Seiten legt.

Innenraum

Das fast 100 m lange und rund 20 m hohe Hauptschiff führt hin zum Hochaltar mit einer Statue des Heiligen Jakobus, welche schon seit 1211 dokumentiert ist und im 16. Jh. ein Pilgergewand erhielt.

☝ Sie ist Teil eines Rituals, mit denen Pilger ihre Reise abschließen:

1. Man steigt zu ihr hinauf und umarmt sie mit einem dicken Dankeschön dafür, dass man einen wunderbaren Weg erleben durfte und heil und gesund bei ihm angekommen ist und
2. man steigt die andere Treppe hinunter in die Krypta zum Sarg des Apostels und ... – Was ihr dort tut, geht nur das Heilige Jaköbchen und euch etwas an.

Die 33 m hohe Vierungskuppel wurde 1445 vollendet und erhielt 1604 eine Vorrichtung zum Schwingen des

Botafumeiro

Er ist ca. 1,60 m hoch, 54 kg schwer und saust mit bis zu 65 km/h durch das Querhaus der Kirche (entsprechend ist er in den Seitenschiffen am besten zu sehen!). Um in Schwung zu kommen, wird er von acht *Tiraboleiros* angeschupst.

Erstmalig erwähnt wird ein Weihrauchkessel *Turibulum magnum* bereits im Codex Calixtinus (🕯). Man geht davon aus, dass das jetzige Exemplar im 15. Jh. von Ludwig XI. gespendet und 1554 in Dienst genommen wurde. Dabei hatte man zu alter Zeit weniger das Spektakel im Auge als vielmehr die Ausdünstungen der Piger, die auf dem oberen Rundgang in der Kathedrale schliefen, kochten und aßen, in der Nase. Die wurden durch den Weihrauch nicht nur überdeckt, sondern man versuchte darüber hinaus, mit seinen desinfizierenden Dämpfen wenigstens ein bisschen die Krankheiten im Zaum zu halten, die sie so anschleppten.

💣 Leider kommt er außer in Heiligen Compostelanischen Jahren (🕯) nur zu speziellen Anlässen in Einsatz: wöchentlich zum Freitagabendgottesdienst (19.30 Uhr), am Dreikönigstag (6. Jan.), Ostersonntag, Christi Himmelfahrt, Tag der Erscheinung des Apostels in der Schlacht von Clavijo (🕯, 23. Mai), Pfingstsonntag, Jakobustag (25. Juli), Mariä Himmelfahrt (15. Aug.), Allerheiligen (1. Nov.), Christkönigstag (Sonntag vor dem 1. Advent), Mariä Empfängnis (8. Dez.), 1. Weihnachtstag und

Traslación (🕯, 30. Dez.) … oder wenn die Kosten für sein Schwingen in Höhe von 450,-- € vorab im Pilgerbüro entrichtet worden sind.

- Bestaunt bitte nicht wie ich beim ersten Mal hingerissen die *Alcachofa* (Artischocke). Der „kleine" (50 cm) Metallknubbel mit den Blättern dient nur als Gewicht, wenn der Botafumeiro nicht am Seil baumelt.
- Oft wird er als das größte Weihrauchfass der Welt bezeichnet. Das kann ich als *Wissedäler* nicht stehenlassen: Das größte Weihrauchfass der Welt befindet sich nämlich bei uns in der Kirche St. Jodokus in Waghäusel/Wiesental und kann auch schwingen – nur nicht so weit, weil sonst würde es dem Jesus am Kreuz gegen den Kopf dotzen.

Der Botafumeiro ist übrigens auch schon gedotzt: 1499 durch das Fenster des Südportals auf die Praza de las Platerías, 1622, 1925 und 1937. Aber nicht schlimm, wehgetan hat sich nur einmal ein übernaseweisiger Pilger, der ihm nicht schnell genug aus dem Weg sprang und sich dabei Rippen und Nase brach.

Ablass

Die Vergebung all unserer Sünden stellt drei Bedingungen:

1. den Besuch der Kathedrale aus „Gründen der Verehrung und Bußgesinnung",
2. die Teilnahme am Gottesdienst mit Verrichtung des Vaterunsers, des Credos (Glaubensbekenntnis) und dem Empfang der Kommunion,
3. das Ablegen der Beichte innerhalb von fünfzehn Tagen danach (es gibt hier auch einen deutschen Priester).

Pilgermesse

⧗ Täglich um 12.00 und freitags um 19.30 Uhr mit *Botafumeiro* (s. o.).

Am Beginn des Gottesdienstes werden die Pilger begrüßt und aufgezählt, wie viele von ihnen aus welchen Ländern kommend wo auf den Camino gestartet und in Santiago d. C. angekommen sind. Wenn ihr gerne sitzen möchtet, empfehle ich dringend, rechtzeitig in der Kirche zu sein, besonders dann, wenn der *Butafumeiro* geschwungen wird (wenn ihr das nicht schafft: Ein guter Platz ist auf den rechten Stufen des Nordportals ganz oben!).

- Einen ganz besonderen Gottesdienst habe ich an einem Pfingstsonntag erlebt, an dem die Statue des Jakobus mit galicischer Musik durch die Kathedrale getragen wurde. Das war … halsknödelig!

Dach

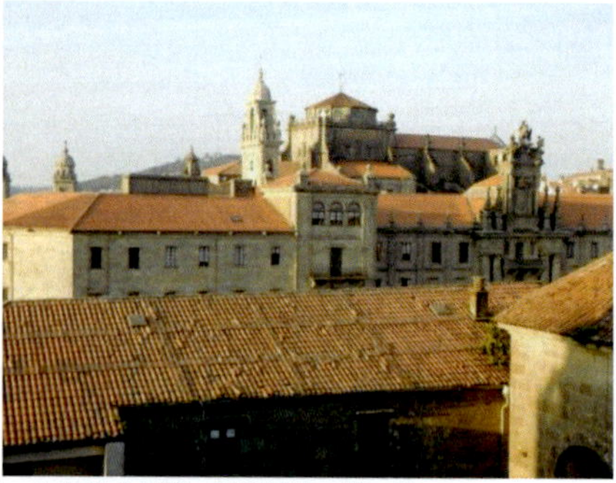

Die Kathedrale ist eine Wehrkirche mit begehbarem Dach, auf das Besucher im Rahmen einer Führung hinaufsteigen können. Von oben hat man einen sehr schönen Blick auf die Stadt und das Cruz do Farapos (s. u.). ⌛ Tickets und Treffpunkt am Kartenschalter unter dem Hauptportal, tägl. 7.00 – 20.30 Uhr, 12,-- €.

Cruz do Farapos – Lumpenkreuz

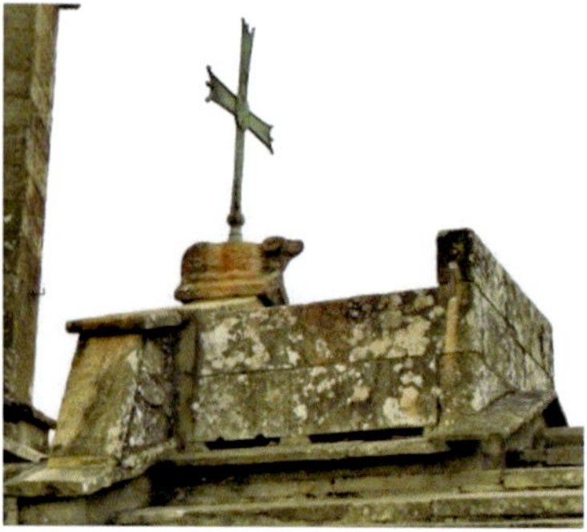

Ihr könnt euch sicher denken, dass die Gewänder der ankommenden Pilger so voll Leben steckten, dass sie den Heimweg auch ohne ihre Träger wie nix gemeistert hätten. Um nicht mehr in die Stadt einschleppen zu lassen als unbedingt nötig, mussten sich die Wallfahrer, noch bevor sie sie betreten durften, entkleiden und erhielten neuen Zwirn, der vom „Jakobspfennig“, einer in Nordspanien erhobenen Steuer, bezahlt wurde. Die alten Sachen wurden auf dem Dach der Kathedrale in der Steinwanne unter dem Kreuz verbrannt.

Museum

⌛ April – Okt. täglich 9.00 – 20.00, Nov. – März 10.00 – 20.00, 6,-- €.

… und dann kommt der Abspann

Für mich endet jeder Camino mit einem kleinen Abendritual, zu dem ich euch gerne einladen möchte. Es beginnt mit einem Spaziergang auf die Rückseite der Kathedrale. Dort findet ihr links der Puerta del Perdón () in einer Ecke an einer halbhohen Steinsäule den

ewigen Pilger – eine Liebe ohne Happy End
Er zeigt sich nur bei Dunkelheit. Seht ihr ihn? – Der Schatten sieht aus wie ein Pilger und erzählt eine sehr schöne und leider traurige Geschichte:

- Gegenüber im Kloster **Mosteiro de San Paio de Antealtares** lebte eine Nonne (heute gibt es dort nur noch ganz wenige) und im Kloster **San Martín Pinario** (gegenüber des Nordportals der Kathedrale) ein Mönch, die sich unsterblich ineinander verliebt und beschlossen hatten, gemeinsam aus dem Ordensleben und der Stadt auszubrechen. Als Pilger verkleidet versuchten sie sich davonzustehlen. Leider wurden sie erwischt und die Nonne wieder ins Kloster gesteckt. Doch für wahre Liebe gibt es keine Riegel: Jede Nacht im Schutz der Dunkelheit stellte sich der Mönch hier unten hin und blickte schmachtend zum Fenster seiner Angebeteten hinauf … und das tut er heute noch. – Hach ja!

Musik und Tanz
Dann geht zu den Arkaden gegenüber dem Hauptportal der Kathedrale, in denen ab 22.00 Uhr die galicische Musikgruppe

- **Tuna de Derecho** zum Tanz aufspielt und lasst vor Freude und Stolz – *„¡Eviva España!“* – nicht nur eure Herzen hüpfen!

So, und jetzt tut es! Legt euch auf der Praza do Obradoiro mit dem Kopf zur Kathedrale und guckt an den Türmen entlang in die Sterne der Milchstraße. Das ist … Halsgeknödel der feinsten Art! Ihr müsst euch auch nicht komisch vorkommen, denn ihr liegt bestimmt nicht lange alleine!
Hier ist euer Weg und dieser Bauchfüßler zu Ende. – Und jetzt?

Jetzt fahrt ihr zurück nach Hause und vielleicht wird euch der Einstieg in den Alltag ein bisschen schwerfallen. Ihr wart auf dieser Reise ein bisschen wie in einer Parallelwelt – zwar auch auf der Erde, aber irgendwie ganz anders. Ihr

wart reduziert auf das, was ihr auf dem Rücken trugt, musstet nicht weiter als bis zur nächsten Bar oder Herberge denken, habt die Nächte vielleicht mit ganz vielen Menschen in einem Raum verbracht, sie kennengelernt, ihre Geschichten gehört, euch von ihnen berühren lassen. Ihr hattet die Zeit, Ruhe und den nötigen Abstand euch neu zu sortieren, zu gucken, wo ihr seid und wo ihr hinwollt, euch neu aufzustellen, Dinge neu und vielleicht ganz anders zu bewerten (‚Heiderösslein, was hab ich da nur für ein Brimbamborium drum gemacht, das war/ist es ja gar nicht wert!‘ ... oder auch eben umgekehrt) und eure Gedanken zu hören.
Ihr kennt sicher die Szene im Film „Der Club der toten Dichter“, in der die Schüler auf einen Tisch steigen, um ihre Perspektive zu verändern. Das könnt ihr jetzt auch ohne Tisch: Beamt euch im Alltag in eine Corredoira (🕯) und betrachtet die Dinge mit euren Pilgeraugen. Das Zähneputzen am Montagmorgen (uuuäääähhh! und die Woche nimmt kein Ende!) kriegt eine ganz andere Note, wenn man sich erinnert, wie man das Waschbecken mit drei Mitpilgernden teilte, während in der Toilette direkt daneben ... – Na? – Na bitte! Und wenn euch jemand doof kommt, stellt ihn euch nach einer 25-km-Etappe vor und klebt ihm (aber bitte nur gedanklich!) ein Blasenpflaster auf den Mund oder tauscht vor eurem inneren Auge sein grantiges Gesicht mit dem eines besonders lieben Mitpilgers. Schwupps!, sieht er viel netter aus, oder?
Wundert euch nicht, wenn in den nächsten Tagen eure Füße ein wenig unruhig sind und irgendwie einfach wieder loslaufen möchten. Das ist das Pilgervirus. Es erwischt ganz viele und ist unheilbar, aber glaubt mir: Man kann guuut mit ihm leben, denn es gibt sooo viele schöne Jakobswege! Vielleicht treffen wir uns ja auf einem von ihnen wieder!

Mir bleibt nicht mehr mehr zu tun, als euch noch einmal ganz lieb und fest zu umarmen: Vielen Dank, dass ich euch begleiten durfte! Das ist für mich ... halsknödelig groß und wertvoll.

Wohin auch immer eure Füße euch tragen:
Ich wünsche euch von Herzen allzeit
¡buen Camino!

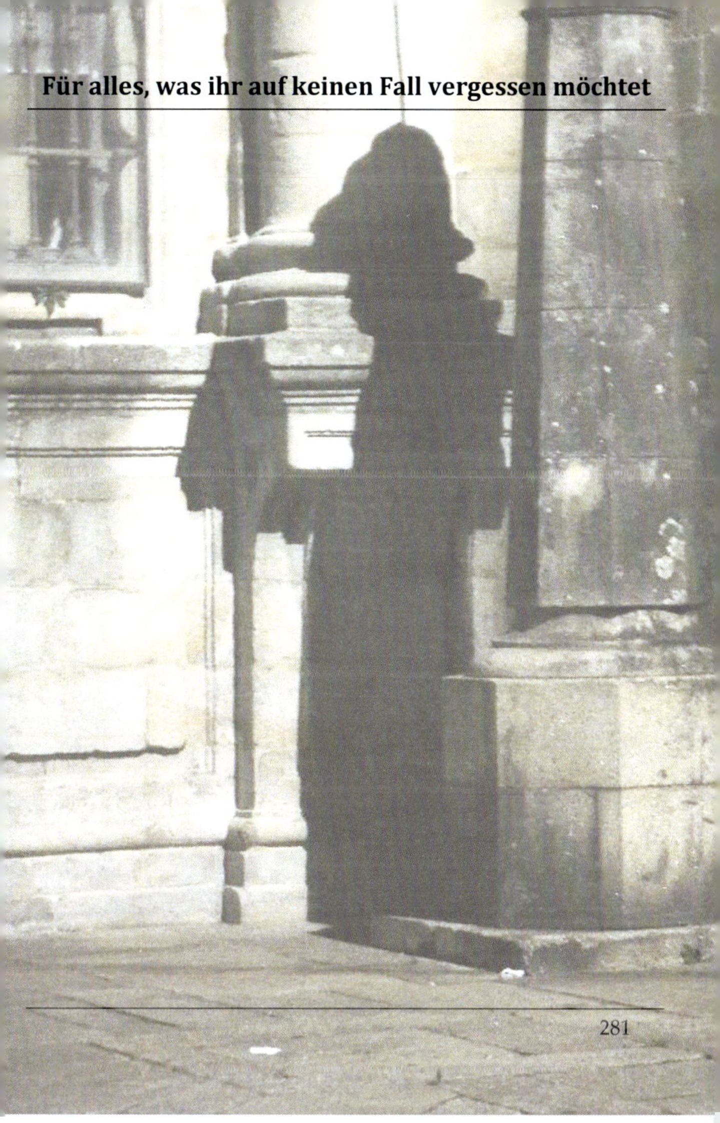

Vila do Conde – São Pedro de Rates (Camino Central)

Aquäduktweg: 13,1 km, ⇧ 150 m, ⇩ 90 m
alte Verbindungsroute: 13,8 km, ⇧ 180 m, ⇩ 130 m)

Karte CPV01 (a: Aquäduktweg links/b: alte Verbindungsroute rechts)

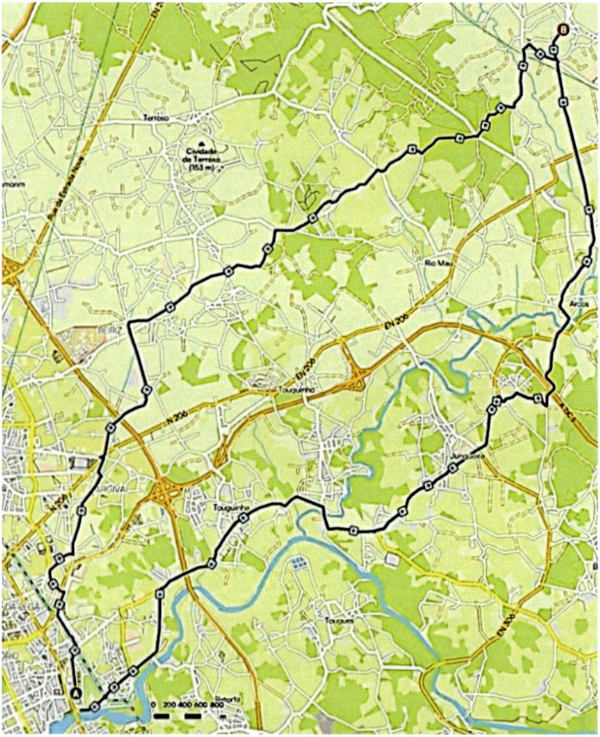

Von Vila do Conde zum Camino Central gibt es zwei Verbindungsrouten, die beide gut markiert sind.

Verbindungsroute am Aquädukt entlang (a: linker, oberer Weg, 12,2 km)
Diese Variante ist meiner Meinung nach die schönere und angenehmere.
Den Weg zum Aqueduto de Santa Clara findet ihr auf Seite 64 und die Route von dort ist erst einmal ganz einfach: Folgt der alten Wasserleitung!
Um einen Autobahnzubringer zu umgehen, verlasst ihr die alten Mauern

☛ zu einem großen Kreiseverkehr (1,4, etwas links von euch), folgt der nach
☛ rechts in Laufrichtung abzweigenden Straße auf einem schmalen Fußpfad an deren linken Seite und dem anschließenden Fahrweg, bis ihr wieder zu ihnen zurückkommt (2,1 km).
✋ Ist euch dabei unwohl zumute, umgeht den Kreisverkehr nach geradeaus, verlasst den folgenden Kreisel nach rechts und kommt jeweils nächstmöglich links und rechts zum Aquädukt zurück (auch 2,1 km).

Wenn das Aquädukt hinter Mauern verschwindet (3,2 km), rutscht ihr nach

☛ links zur R. da Gândara, kommt noch ein bisschen weiter
☛ links zur N-206,
☛ überquert sie aber nur in Richtung „Beiriz" in die R. de Calves, unterquert mit ihr die A-28 (4 km) und kommt in der nächsten Rechtskurve
☛ links mit der R. do Comendador Brandao in Richtung „Quartel Militar" in **Beiriz** zurück an einen noch erhaltenen Teil der alten Wasserleitung. Den folgenden Kreisverkehr verlasst ihr
☛ in Richtung „Amorim" in die R. de Mauverde und schlupft
☛ rechts mit der R. do Aqueduto ein letztes Mal unter den alten Bögen hindurch, die bald darauf enden.

Jetzt geht es ohne Aquädukt weiter, aber fast noch ein bisschen schöner als bis hierher: Die nächste Straße, R. do Cruzeiro

☛ links bringt euch zur **Igreja Paroquial de Santa Eulália** (6,2 km). An
☛ ihrer linken Seite findet ihr die Av. Eng. Ezequiel de Campos, die sich nach einer Kreuzung als R. de Costa Beiritz fortsetzt und euch aus den Häusern heraus in die Felder bringt. Am einem alleinestehenden Gebäude (7,3 km) geht ihr
☛ links entlang, biegt anschließend (7,7 km)
☛ rechts in die R. do Toureiro ein und folgt der zweiten Straße, R. de Bouço,
☛ links bis zu deren Ende an der R. Central (9,7 km). Dort wechselt ihr
☛ rechts – links auf einen Wirtschaftsweg, biegt an dessen Ende (10,4 km)

☞ links auf eine Pflasterstraße ein und kreuzt die asphaltierte R. Caminho do Porto (10,8 km) in einen Forstweg. An einer Verzweigung (11,1 km) wendet ihr euch nach

☞ rechts und erreicht am nächsten Ende (11,5 km)

☞ llliiinks mit der gepflasterten R. do Dr. Luis Ferreira **Rates** genau an der Igreja de São Pedro (12,2 km, s. S. 153).

Verbindungsroute am Fluss (b: rechter, untere Weg, 9,3 km)

Also, wenn ihr mich fragt: schön gehen geht anders. Diese Route verläuft hauptsächlich auf Straßen mit vielen Kopfsteinen und manchmal sind die Autos sehr ... hurtig und ... sich ihrer Überlegenheit bewusst unterwegs.

Die Pfeile führen sofort nach der Brücke

☞ flussauf, drehen allerdings schon nach 300 m

☞ halblinks von ihm ab in die Av. Figueiredo Faria, folgen dieser über eine Bahntrasse (0,5 km) mit Kreisel drumherum hinweg durch **Vila Ducão**, und lassen ein riesiges Bauwerk, das aussieht wie Hütten auf Elefantenstelzen, rechts liegen. An ihrem Ende (2,2 km)

☞ rechts unterqueren sie die Autobahn (2,5 km), verlassen in **Aldeia** einen Kreisverkehr (3,4 km)

☞ geradeaus in die R. Nossa Sra. do Ó (rechts ist eine Bushaltestelle) und überqueren an deren Ende

☞ rechts den Rio Este (4,7 km). Mäßig, aber stetig bergauf passieren sie

☺ einen Rastplatz unter Bäumen (5,3 km), halten sich an der spitzen Verzweigung gleich danach

☞ linksgeradeaus – linksgeradeaus und wellen ab einem Baum (5,9 km)

☺ mit Ruhebänken sanft mal asphaltiert, mal gepflastert durch Häuser und Mauern.

Ihr überquert eine etwas größere Kreuzung (7,1 km) zu einer Kirche und folgt, der zweispurigen Straße unter einer Autobahn (8,6 km) hindurch, um schließlich mit den von rechts aus einem Wirtschaftsweg kommenden Pilgernden, die von Porto direkt den Zentralweg genommen haben, nach

☞ links abzubiegen und über die Steinbrücke **Puente románico de São Miguel** (9,3 km) in Richtung „São Pedro de Rates“ zur Seite 151 zu blättern (dort bei 7 km).

Caminha - Valença

(Route am Fluss: 28,1 km, ⇧ 130 m, ⇩ 90 m
Route durch die Dörfer: 30,1 km, ⇧ 400 m, ⇩ 350 m)

Mit dem Rücken zum Torre do Relógio bringt euch euch

☞ links die R. São João über einen Kreisel (0,2 km) hinweg und mit der

☞ N-13 über einer Brücke über den Rio Coura. Wenn nach einer Kapelle der Bürgersteig endet (1,6 km), rutscht ihr mit einem Fußweg zunächst

☞ rechts von ihr herunter, unterquert eine Bahntrasse (2 km), folgt ihr

☞ linksgeradeaus und kommt auf die N-13 zurück (2,8 km).

✋ Hier könnt ihr gut schon zum Fluss wechseln. Überquert dazu die N-13 und die Bahntrasse, bleibt zunächst noch dicht an ihrer Seite auf der R. do Moinho, die aber ganz bald mit einem wirklich schönen Spazierweg am Fluss endet (3,3 km). An der **Capela de São Sebastião** (4,8 km) trefft ihr wieder auf den Camino (dort bei ebenfalls 4,8 km).

Die gelben Pfeile bleiben hier zunächst noch auf der Nationalstraße, rücken nach einem Kreuz (3,3 km)

☞ eine Parallelstraße, R. Arquitecto Miguel Ventura Terra, rechts von ihr hinauf und erreichen an deren Ende in **Seixas** die

☿ **Capela de São Bento** (19. Jh.), vor deren Fliesenfassade ein *Cruzeiro* (♁) auf einem kunstvoll gezwirbelten Schaft steht.

⌂⌂ 24/4, K/M, W/T, ganzjährig 14.00 – 20.00, 12,--
Albergue São Bento, Av. de São Bento, 43, ☏ 966 437 532, alberguesbento@gmail.com, ab 30,--/DZ, rechts hinter einem Pavillon.

In Laufrichtung bleibt ihr an der nächsten spitzen Verzweigung (4 km)

☞ links unten, windet euch an der hinteren Ecke der **Igreja S. Pedro** (4,2 km)

☞ rechtsgeradeaus die Pflastergasse hinauf und dreht oben (4,4 km)

☞ links in die linkere der beiden Gassen ein. Nach der **Capela da Devesa**

☞ unterquert ihr links die N-13, schlendert an der **Capela de São Sebastião** (4,8 km) vorbei und geht nächstmöglich (5, 1 km)

☞ scharfrechts über die Schienen.

- Hier könnt ihr auch gut links der Trasse bleiben, die Gleise an einem Bahnhof überqueren und euch mit der Straße gegenüber und sofort links wieder auf den Camino einhaken (6,5 km, dort bei 6,3 km).

Ihr folgt der N-13 (5,5 km), bleibt an der nächsten Abzweigung (5,7 km)

- halbrechts mit dem Cam. da Rabada parallel zu ihr, kreuzt eine Straße (6,3 km) und kommt mit der R. do Roncal nach **Lanhelas** und zu einer kleinen Kapelle (6,7 km).
- Linksgeradeaus quetscht ihr euch am Anfang und am Ende des Cam. Entre Muros durch enge Wände, duckt euch an einer lichten Verzweigung
- rechtslinks mit der R. José António Cancela mit eingezogenem Bauch unter einem klitzekleinen Brückchen hindurch und kommt zu einer weiteren kleinen Kapelle (7,1 km).

Karte CPV02 (a: Flussroute links/b: offizieller Camino rechts)

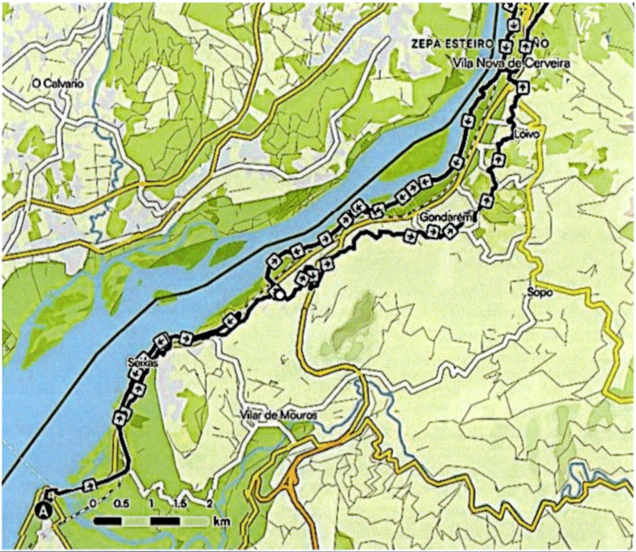

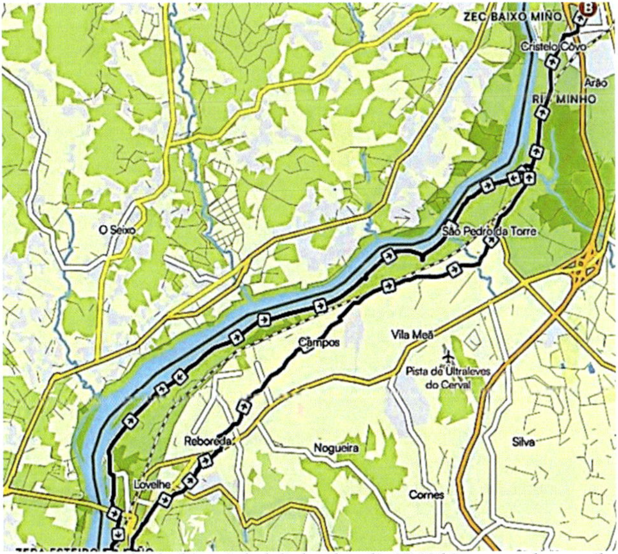

Zum Fluss geht ihr hier einfach links über die N-13 hinweg und wenn ihr nasse Füße bekommt, seid ihr zu weit.

- Zu den Herbergen biegt ihr etwa auf halber Höhe der größeren Flussinsel an einem Bootsslipper (11 km) in einen Fahrweg ein (er macht gleich eine Linkskurve), geht gegenüber der N-13 die R. de Pepim hinauf und kommt mit der R. da Sobrosa zum Camino (hier und dort 12,3 km).
- In Vila Nova de Cerveira (13,3 km) könnt ihr ein Päuschen machen und ebenfalls zum Pfeilweg wechseln (s. unten bei 16 km).
- ☿ Das **Forte Lovelhe** (14,7 km) nach wurde während des Restaurationskrieges ( ) 1660 – 1662 als Teil der portugiesischen Verteidigungslinie gegen Spanien errichtet.
- ☿ An der **Ponte Medival da Veiga** blättert ihr bitte nach unten zum Camino (25 km, dort bei 27,1 km)

Der Camino führt derweil hier

☞ rechts hinauf, an der

☞ linken Seite der **Igreja de São Martinho** (7,2 km) vorbei und biegt dann

☞ links in die R. José António Guerreiro ein. Ihr haltet euch erst ein bisschen mehr links, dann ein bisschen mehr rechts. biegt dann (7,7 km) nach

☞ links ein und spaziert den Menschen, die hier wohnen, fast durchs Wohnzimmer. Am Ende (8,1 km)

☞ rechts überquert ihr eine verschobene Kreuzung in einen richtig netten Pflasterweg, der euch durch den Wald pilgern lässt. Ihr bleibt gleich erst

☞ rechtsgeradeaus und dreht dann (8,6 km) nach

☞ links – linksgeradeaus wieder in die richtige Laufrichtung ein.

In **Gondarém** bleibt es leider nicht so entspannt. An einer kleinen Grünanlage

Ʊ mit Brunnen (9,7 km) kommt ihr

☞ links mit der R. da Pedreira zu Häusern, lasst die ersten beiden abzweigenden Gassen rechts liegen, fisselt euch dann

☞ rechts (C. de Santiago, 10 km) – rechts (R. Feital, 10,1 km) zu einem

☿ *Cruzeiro* (🕯) und der Büste (10,4 km) von **Maria Amélia Carvalheira da Silva** (1904 – 1998). Sie war eine der bedeutendsten Bildhauerinnen Portugals im 20. Jh. und erhielt für ihre sakralen Werke, die u. a. in Fátima (🕯) zu sehen sind, 1992 von Johannes Paul II. die päpstliche Auszeichnung Pro Ecclesia et Pontifice.

Dort geht ihr

☞ links die R. da Chaozinha hinunter, die erste Pflastergasse (10,5 km) nach

☞ rechts und folgt dann der asphaltierten R. de São Sebastião (10,6 km)

☞ rechtsgeradeaus zur **Capela de São Sebastião** (10,7 km).

☞ Links unterhalb eines Pavillons vorbei folgt ihr der zweispurigen R. da Veiga, wechselt an deren Ende

☞ rechts auf eine Pflasterstraße und genießt den Ausblick. An einem

☿ sehr männlichen Steinbrunnen (11,4 km) bleibt ihr

☞ rechtsgeradeaus gepflastert ansteigend und kommt an einem sehr

☿ imposanten **Herrenhaus** (11,7 km) mit zinnenbewehrtem Turm vorbei. Nach einem Hotel (11,9 km)

☞ halblinks ist die Durchfahrt durch das Pflastergässchen nur für Autos verboten, nicht für Pilgernde.

☞ Rechtsgeradeaus stoßt ihr bald auf die R. da Sobrosa (12,3 km).

Mit ihr steigt ihr kurz

☛ rechts hinauf, geht aber noch vor einer kurzen Leitplanke (12,4 km)

☛ links und am Ende mit einer asphaltierten Straße (12,6 km) erneut

☛ links. Die nächste Straße (12,8 km)

☛ rechts bringt euch sehr nett durch einen Wald zur gepflasterten Estr. de Loivo, (13,3 km), mit der es

☛ links bequemer wird. Nach einem Umspannhäuschen (13,6 km) geht ihr

☛ rechts in die R. da Igreja, die euch als R. da Maroussoutos sehr nett durch lichte Bäumchen führt, gewinnt an deren Ende (14,1 km)

☛ rechts mit der R. Senhora do Porto erneut an Höhe, überquert mit ihr an der **Capela de Sra. do Porto** (14,4 km) eine Kreuzung und biegt hernach

☛ links in die R. Reguinha ein.

Res., 4/1, ⧗01.04. – 30.10. ab 14.00, ab 20,--
Casa Gwendoline, R. da Reguinha 136, ☏ 933 740 566, ab 46,--/DZ

Gleich danach (14,7 km)

☛ links und kommt am Ende (14,8 km) abermals

☛ links erreicht ihr

Res., 4/1, K, W/T,⧗April – 31.10, 15.00 – 19.00, 22,-- (13,9 km)
Pilgrims Rest (14,8 km), R. de Segirém, 359, ☏ 968 819 606, ab 49,--/EZ, ab 54,--/DZ, Frühstück 8,--.

Sofort danach kommt ihr an einem Sonnenzaun erst

☛ rechts mit der R. do Senhor dos Esquecidos an eine kleinen Kapelle und an deren Ende

☛ rechtsgeradeaus mit der Bairo de São Roque an einem Fußballplatz vorbei und mit der zweispurigen Largo de São Roque (15,3 km) nach

☛ rechts und der ebenfalls zweispurigen R. das Cortas (15,4 km) nach

☛ links wieder zurück in die urbanen und

bebarten Gefilde des 21. Jh. und die N-13 (15,8 km).

Res., K, ⧗ 24/7, ab 18,-- incl. Frühstück
Jugendherberge HI Cerveira - Pousada de Juventude, R. Alto das Veigas, EN13, ☏ 251 709 933, ab 43,--/EZ, ab 43,--/DZ, links an der N13.

☛ Ein bisschen weiter rechts schlüpft ihr gleich

☛ uner der N-13 hindurch zur Kirche und dem Zentrum von

Vila Nova de Cerveira (16 km).

Gegenüber der Kirche führt eine Fußgängerstraße zum

☿ **Castelo de Vila Nova de Cerveira**

Erbaut wurde es im 13. Jh. als königliche Mitgift. 1320 ordnete König Dinis an, dass die Burg mit 100 Häusern zu besiedeln sei. Weil es für die in ihr aber gar keinen Platz gab, musste er sich damit bescheiden, dass diese außerhalb der Mauern gebaut wurden. Um 1385 machte Dom Nuno Álvares Pereira, Graf von Barcelos, auf seiner Pilgerreise nach Santiago d. C. hier Station und das Castelo für diese eine Nacht zu einer Pilgerherberge. Später wurde es als Teil einer Verteidigungslinie gegen spanische Angriffe ausgebaut. Der Eintritt ist auch eine Mitgift - an euch!

Ab hier wird der Camino eher langweilig und die Flussroute ist nur wenige Schritte entfernt (s. o. bei 13,3 km).

Mit den gelben Pfeilen rutscht ihr derweil erst

- an der linken Seite der Kirche zur R. Queiroz Ribeiro und dann zur
- N-13 (16,3 km) hinauf, die ihr am nächsten Abzweig (16,9 km)
- rechts in Richtung „P.des Coura" verlasst, um nächstmöglich (17,2 km)
- rechts in die R. da Estrada Real zu wechseln und immer euren Stiefelspitzen folgend zur **Capela de S. Anto Amaro** (17,6 km) zu kommen.
- Rechts-links und rechtsgeradeaus geht ihr auch an der **Igreja Paroquial de Reboreda** mit Friedhof vorbei und hüpft auf die N-13 (19,2 km)
- rechts drauf – links runter in die R. da Escola. Mit der nächsten Straße
- rechts (19,5 km), R. de Zuragues, und dann immer forsch voran pilgert ihr durch lockere Bebauung, Bäume und Felder, kreuzt die R. do Monte in die R. Pires Zinão (20,8 km), folgt der (21,1 km)
- linksgeradaus und der sich ihr anschließenden R. 25 de Abril nach und durch **Outerinho** und endet an einer Wand (22,5 km). Dort geht ihr
- links – rechts – geradeaus ein gutes Stück dicht und dann ein gutes Stück undicht an Gleisen entlang und landet gleich nach einem Stop-Schild
- ein bisschen rechts auf einem
- ☿ steinernen Rastplatz (24,3 km) mitten auf einer Verkehrsinsel
- Linksgeradeaus trabt ihr mit der R. de Chamosinhos nach und durch **Chamosinhos**, dreht nach einer Brücke mit Brückenkreuz (25,2 km)

☞ links in die R. da Igreja ein, geht in **Igreja** an der *Igreja* vorbei, lasst ein Kreuz mit der Aufschrift „Independencia" (25,9 km)

☞ rechtsgeradeaus an eurer linken Schulter, nähert euch erneut der Bahntrasse und erreicht an ihrer Seite die Brücke

☿ **Ponte Medieval da Veiga** (27,1 km)
Sie ersetzt seit dem Mittelalter einen bereits zu römischer Zeit für Kaufleute und Militär eingerichteten Übergang über die Mira. Bis um die 1950er Jahre wurde an ihr mit Mitternachtstaufen ein seit vorchristlicher Zeit bestehendes Fruchbarkeitsritual vollzogen. - Hm. Also, wenn diese Taufen wirkten, hatten die Täuflinge hinterher ganz sicher trockene Kleidung!

✌ Ich zähle hier die Kilometer mit dem Camino weiter.

Gemeinsamer Weiterweg

Ein Stückchen weiter schlupft ihr (27,7 km)

☞ unter der Bahn hindurch, löst euch im nächsten Ort von ihren Gleisen und erreicht **Outeiro**.

✌ Wenn ihr möchtet, könnt ihr an einem überdachten und umzäunten *Cruzeiro* (♗, 28,3 km) links wieder am Fluss entlangspazieren.

✌ ⌂⌂↩ Zur Albergue O Brasão (s. S. 195, + 300 m) geht ihr nach dem ebenfalls überdachten und eingezäunten Cruzeiro do Senhor dos Aflitos (28,9 km) die übernächste Straße, R. Hermangarda Alves, nach links und wechselt mit einer Rechtskurve in die R. dos Covelos, auf der linken Straßenseite.

Ihr marschiert hurtig vor euch hin, bis ihr (29,4 km)

☞ rechts seht, dass es da unter der Autobahn hindurch geht. Den anschließenden Kreisel (29,7 km) verlasst ihr nach

☞ links, den danach (28,9 km) nach

☞ geradeaus und findet am dritten Kreisverkehr die Albergue São Teotónio auf der linken Seite bzw. auf Seite 197 und

pilgert auf Seite 198 auf dem Camino Central weiter.

Viana do Castelo – Carreço/Paço – Vila Praia de Âncora

(9,2 km)

Karte s. S. 101

Diese Wegalternative führt euch stets direkt am Meer entlang, vorbei an Windmühlen und um- und berauscht von Wellen.

Ihr folgt meinem Stadtbummel auf Seite 91 ff bis zum **Jardim Dom Fernando,** an deren gegenüberliegenden Spitze ihr einen Kreisel überquert zur Kirche

☿ **Sentuario de Nossa Senhora da Agonia**
An ihrer Stelle stand seit 1674 eine dem Lieben Jesus des Heiligen Grabes von Golgatha gewidmete Kapelle. Die See- und Fischerleute mochten ihre Bitten um Schutz bei Unwettern und Schiffbruch und ihren Dank für ihre unversehrte Heimkehr aber lieber an die Muttergottes richten. So wird jenes Gotteshäuschen schon 1706 als Kapelle Unserer Lieben Frau der Einsamkeit erwähnt, erhielt 1744 ihren heutigen Namen, wurde immer wieder erweitert und 1759 der Schutzpatronin geweiht.
Im Inneren könnt ihr neben verschiedenen Gemälden und Darstellungen Talha douradas (ⓘ) bewundern.

Von ihr trabt ihr die Av. do Atlãntico in Richtung Meer hinunter zum

☿ **Forte de Areosa**
Nach dem Ende des Restaurationskrieges (ⓘ) traute Portugal dem Frieden nicht und errichtete Verteidigungsanlagen, um gegen eventuelle Angriffe von See gewappnet zu sein. Alleine zwischen Viana do Castelo und Caminha gab es es vier davon: dieses hier, das Forte de Montedor in Carreço (s. u.), das Forte do Cão (s. u.) sowie das Forte de Lagarteira in Vila Praia de Âncora..

Weiter geht es vorbei an Windmühlen, um einen Fußballplatz (5,6 km) herum zur **Praia de Carreço** (9 km), unschwer zu erkennen an einem großen Parkplatz, Häusern, Bars und Hotels. Danach endet der Fahrweg.

- Nach Carreço und dem Camino de la Costa geht ihr an einem Grundstück, in dem ein Anker liegt, hinauf und haltet an der R. do Fino (links) kurz an:
  - Sie und die ihr anschließende Av. de Montedor bringen euch zu den
    1. **Moinhos de Montedor.** Diese Windmühlen stammen aus dem Jahr 1855 und sehen aus, wie aus einem Don-Quixote-Buch entsprungen. Ganz in der Nähe findet ihr außerdem den
    2. **Farrol de Montedor**, den nördlichste Leuchtturm Portugals. Er ging 1910 in Betrieb und hat eine Leuchtkraft von 22 Seemeilen, also (1 sm = 1852 m (zwei hin, drei im Sinn…)) 40,7 km.

  Unter der N13 hindurch und die zweite Straße links am

  Casa do Adro (s. S. 99) vorbei kommt ihr zum Camino de la Costa.

Möchtet ihr am Meer weitergehen, bleibt ihr auf mitunter sehr pfadigen Fußwegen dicht an den Wellen, vorbei am

- **Torre de Montedor**, der eher einem Plattenbau der 1970er Jahre als einer Sehenswürdigkeit ähnelt. Nach dem
- **Forte Paçô** bleibt ihr geradeaus (der Weg nach links lässt euch ein Weilchen bauch- – äh – barfüßig durch den Sand schlendern), pilgert eine Weile durch ein sehr schönes Wäldchen, überquert ein bisschen weiter
- rechts den Rio Afife und spaziert die Nase voran durch die Felder.

Ab einem großen Parkplatz könnt ihr wieder auf Stegen lustwandeln.

Wenn der Fahrweg endet,

- wechselt ihr auf einen Wirtschaftsweg, der euch erst längelang an einem Feld vorbeiführt. Danach wird der Weg zu einem Fußpfad, der euch durch Baumgebüsch, Unterholz und Wiesen zum
- **Forte do Cão** pilgern lässt.

Anschließend erwarten euch oft hoch umwachsene Holzstege, bevor ihr auf einer Holzbrücke den Rio Âncora überquert. Bleibt noch kurz

- links am Strand und geht dann die
- R. Cândido dos Reis hinauf über eine Kreuzung zur **Praça Republica** und blättert bitte zur **Seite 103.**

San Pedro de Ramallosa – ⌂⌂ Xurxo (8 km) – ⌂⌂ Vigo

(22 km, ⇧ 180 m, ⇩ 180 m)

Karte CPCL01 (s. S. 124)

Auf dieser Route fehlen zwar die Camino-Steine, aber die Markierung ist so gut und vollständig, dass ihr euch große Mühe geben müsst, um euch zu verlaufen. Anfangs müsst ihr euch auf die grünen Pfeile konzentrieren, aber schon bald werdet ihr euch wieder gelbbepfeilt sehr heimisch fühlen.

Mit der Nase zur Herberge geht ihr nach

☞ links, biegt nach 170 m von Graffitis umgeben –
✋ sind diese Wände und Mauern nicht klasse?!!!!! -
☞ rechts in die R. Séneca ein,
☞ kreuzt die PO-552 (0,3 km) zur Tra. Torrente Ballester, hintergeht an deren Ende (0,8 km)
☞ rechts mit der PO-325 eine Landnase und rutscht an der nächsten Ampel (1,2 km)
☞ links – rechts hinunter zur 1,2 km langen und bis zu 100 m breiten langen Praia América (1,5 km).

Am Ende des Strandes kommt ihr in

✉+☕🍎 **Panxón** zu einem Miniminiminikreisel, der aus einem Punkt in der Mitte und einem schmalen Fahrweg drumherum besteht (3,9 km). Den –

✋ + rechts gibt es eine Apotheke –
überhüpft ihr nach
☞ geradeaus in die R. Tomás Mirambell.

✋ Hier möchte ich euch gerne zu einem kleinen Abstecher einladen, den ich wirklich lohnenswert finde: Gleich führt halbrechts die R. Arco Visigótico ☕🍎 an einer Gaststätte und einem Supermarkt vorbei in 150 m genau dorthin, nämlich dem

☿ **Arco Visigótico** (4 km)

Dieser präromanische Bogen ist der Rest eines Gotteshauses aus dem 10. Jh. Er harrte in Bedeutungslosigkeit aus, bis man ihn 1926 wiederentdeckte. Antonio Palacios (🕯) schließlich war er so wertvoll, dass er, als es um den Bau einer neuen Kirche ging, auf seine Architekten-Gage verzichtete und den Auftrag annahm unter der Bedingung, dass der Bogen erhalten blieb.

Darum ist er also noch da und nun direkt obendrüber die wirklich absolut beeindruckende Kirche:

☿ **Templo Votivo del Mar**

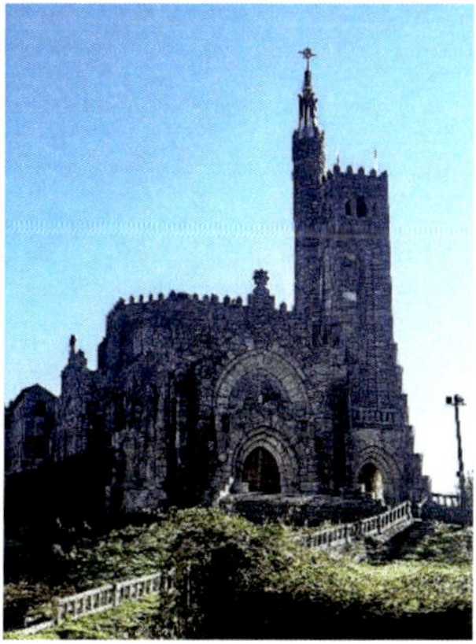

Ihr neogotischer Bau stammt aus den 1930er Jahren. Antonio Palacios (🕯) hat seine Kreativität offensichtlich, inspiriert vom Arco Visigótico und durch seine unentgeltlichen Dienste von allen Pflichten, die der schnöde Mammon nun mal so mit sich bringt, losgelöst, frei ausgelebt: gotische Bögen, mittelalterlich trutzige Zierzinnen, ein maurisches Minarett, ein Turm, der nicht nur den Seeleuten tatsächlich wie ein Leuchtturm zeigen sollte, wo in Panxón der Kirchenglocken-hammer hängt, eine Halbrosette über dem Portal ... Irgendwie scheint alles nicht zusammenzupassen und ergibt doch zusammen ein bemerkenswertes Ensemble.

Und ganz oben wachen am Minarett vier Engel über dieses Gotteshaus, in jeder Himmelsrichtung einer.

Ihr hoher und locker wirkender Innenraum wird beherrscht von neuzeitlich gestalteten Kuppeln und Gewölben – so ein kleiner Schuss Alhambra mit einer Prise Gaudí, gut verrührt und was Neues, Besonderes und Einzigartiges daraus gemacht. – Sie ist einfach klasse!

Mit der R. Tommás Mirambell lasst ihr eine weitere Landnase links liegen und schlendert mit der R. Praia Patos (4,9 km) immer an den Stränden entlang, wechselt in den Passeo de Areosa (5,3 km), verlasst ihn, wenn er vom Meer abdreht (5,7 km)

☞ linksgeradeaus in eine Sackgasse, an deren Ende (5,9 km) ihr ein Stückchen über den Strand geführt werdet. Anschließend leiten euch die Pfeile ein gutes Stück die zweispurige R. Caranquexo hinauf, wechseln an

☕ einer Gaststätte (6,3 km)

☞ halblinks in die R. Cova und zeigen euch, wie das Meer von oben aussieht. Ihr lasst zwei Stichstraßen (6,5 km/6,8 km) links liegen, bleibt auch mit dem anschließenden Cam. do Portiño noch auf Abstand zu den Wellen und erreicht die hohe Mauer eines Hauses mit überdachter Veranda (7 km).

✋ ⌂⌂ Zur Albergue San Xurxo (+ 1 km, + ⇧ 80 m, s. S. 128) geht ihr hier

- ☞ rechts hinauf, überquert die PO-325 (7,1 km) nach
- ☞ schräglinks in den zünftig ansteigenden Cam. Fontán, wechselt an der nächsten Kreuzung (7,2 km)
- ☞ rechts auf den Cam. de San Xurxo, fogt diesem (7,4 km)
- ☞ rechts um die Ecke, biegt anschließend (7,6 km)
- ☞ rechtsgeradeaus in den Cam. da Gándara ein, steigt am Ende (7,8 km)
- ☞ rechts die Baixada a Praia hinauf und geht dann (8,9 km)
- ☞ links und oben an der Kirche vorbei.
- ✋ Die Baixada á Praia endet an einem Kreisel (1,1 km), an dem ihr euch rechtslinks mit dem Cam. Cal do Outeiro auf dem Camino de la Costa einfädeln könnt (s. S. 129 bei 0,3 km).

Der Camino führt euch derweil an dieser Stelle (7 km) mit dem Cam. do Portiño

☞ linksgeradeaus wieder ganz hinunter zum Meer. An seinem Ende stupft ihr an einem Parkplatz und einer

☕ Bar (7,6 km) noch einmal über eine kleine Badebucht und steigt gegenüber die Treppe hinauf zur Baixada Covada Becha, die euch wieder von den Wellen weg und bergauf in **Saiáns** auf die PO-325 (8,1 km) führt, der ihr

☞ links zu einem Kreisverkehr (8,4 km) folgt.

☝ Wenn euch diese Straße zu stressig ist oder ihr nicht nach Vigo hineingehen möchtet, findet ihr unten die Beschreibung einer sehr entspannten Querverbindung zum Camino de la Costa.

Die gelben Pfeile folgen der PO-325 nach **Oya** und über einen weiteren Kreisel (9,5 km) hinweg, bevor sie sie endlich mit der zweiten einmündenden Straße, Camiño da Pirucha (9,9 km)

☞ meerwärts verlassen. Den Fußballplatz von **Pirucha** (10,3 km) umlauft ihr
☞ linksherum, folgt dann der zweispurigen Subida Radio Faro
☞ meerwärts, biegt kurz vor der nächsten Badebucht (10,9 km)
☞ rechts in die R. do Arquitecto Antonio Cominges (10,8 km) ein. An deren Ende (11,5 km) wechselt ihr
☞ linksgeradeaus in die R. de Arquitecto Gómez Román, bleibt mit der R. de Canido (11,9 km) forsch voran entlang der Strände, vorbei am vorgelagerten Inselchen
☿ **Illa da Toralla**, das man nur über eine 400 m lange Brücke erreichen kann.

Ihr überquert den Fluss Río Lagres (14,2 km) und könnt wieder sehr viel schöner auf die Strandpromenade und an deren Ende auf einen Fußweg durch Pinien rutschen. Nach dem Museo do Mar (16,9 km) dürft ihr gleich wieder

☞ zu einem Fußweg am Strand entlang schlendern, müsst noch einmal
☞ ein bisschen hinauf (17,7 km), um wieder
☞ zum Wasser hinunterzukommen, unterquert die zum vorgelagerten Überseeterminal Bouzas führende VG-20 (18,1 km) und erreicht an der **Igrexa de San Miguel de Bouzas** die vierspurige Trav. de Bouzas Portuario (18,7 km).

Der folgt ihr kurz nach

☞ rechts zu einem großen Stein mit der Aufschrift Av. Eduardo Cabello. Diesen Wink folgend rutscht ihr
☞ rechtsgeradeaus zu ihr auf, kommt vorbei an einem sehr schönen
☿ ***Cruceiro*** (♁) aus dem Jahr 1802, erreicht am Ende der Straße (19,2 km)
☞ links die vierspurige Av de Beiramar die euch über einen Kreisel mit Kranaufleger hinweg hinter dem Hafengelände und am Hafen entlang bis fast vor die Türe der Herberge (s. S. 134) begleitet.

Informationen über Vigo findet ihr auf Seite 133 ff.

Querverbindung Camino por Litoral (Saiáns) – Camino de la Costa (Wegteilung Vigo/Herberge Freixo)

(12,1 km, 170 m, 100 m)

Karte CPCL02 (s. S. 130)

Bitte folgt den grünen Pfeilen!
Die Kilometer und Höhen zähle ich fortlaufend weiter.

Ihr verlasst den Kreisel mit der Palme (8,4 km)

- rechtsgeradeaus in die Baixada á Praia, biegt (8,8 km)
- links in den Cam. da Volta ein, folgt ihm (8,9 km, die beiden anderen Wege führen in Sackgassen) nach
- links und gleich rechts um die Ecke, wechselt an der nächsten Verzweigung (9,2 km)
- linksgeradeaus in den Cam. de Vilaverde und gleich danach (9,3 km, rechts Haus Nr. 14) ebenfalls
- linksgeradeaus in die R. Bouzo. Die verlasst ihr vor dem ersten Haus (9,6 km links)
- links in den Cam. Currás und folgt ihm immer im Laufschritt Marsch bis zu seinem Ende an der zweispurigen Av. Cesáro Vázquez (10,3 km).

Die überspringt ihr nur schnell zum Cam. Pedreira, folgt an seinem Ende der PO-552 (10,8 km) nur wenige Meter nach

- links, bleibt aber sofort am Kreisel
- rechts von ihr und wendet euch nach
- rechts an der rechten Seite eines Firmengebäudes vorbei nunmehr wieder gelb bepfeilt von ihr ab.

Nein, die ersten Meter sind wirklich nicht nett, aber dann bewegt ihr euch oberhalb der PO-552 zwar immer auf Hör- und Sichtweite zur Straße, aber sehr schön zwischen Bäumen. Bei einem von scharfrechts kommendem Weg müsst ihr ein bisschen aufpassen, dass ihr von den Pilgern des Camino de la Costa nicht umgerannt werdet. Hakt euch einfach bei ihnen ein, kommt mit ihnen zur Wegteilung Vigo (s. S. 130)/Herberge Freixo (nächstes Kapitel).

Wegteilung - Herberge Freixo – Vigo/Castrelos

(Hinweg 5,2 km, ⇧ 200 m, ⇩ 50 m,
Weiterweg 4,8 km, ⇧ 10 m, ⇩130 m)

- Diese Route folgt den grünen Pfeilen!

Dieser Weg verläuft bis zur Herberge vor allem auf Forstwegen und höchstens dörflichen Sträßchen und ist durchaus eine Überlegung wert!
Ihr verlasst die gelben Pfeile und folgt ihren grünen Brüdern nach

- ☞ rechts durch den Wald, lasst, wenn ihr ihn fast verlasst, einen Fahrweg (1,1 km) links liegen, bleibt anschließend
- ☞ rechts – links in den Bäumen und kommt (1,6 km)
- ☞ links zu Häusern und einer fünffingrigen Verzweigung (1,9 km).
- ☞ Geradeaus lasst ihr einen Weg links und zwei rechts liegen, geht gleich
- ☞ links weder zum Fußballplatz noch zu einem Park, biegt am Ende (2,1 km)
- ☞ links auf die Estr. Fragoselo ein, verlasst sie aber gleich wieder nach
- ☞ rechts und hinter Häusern entlang.

Nun haltet ihr euch immer rechtsgeradeaus, bis der Fahrweg zu Ende ist (2,6 km). Ihr überbrückt auf einem Wirtschaftsweg ein lauschiges Gewässerchen und haltet euch gleich darauf (2,7 km)

- ☞ links. Die grünen Pfeile fädeln sich (2,9 km)
- ☞ linksgeradeaus in einen etwas breiteren Weg ein, verlassen ihn aber schon in der nächsten Rechtskurve (3 km) nach
- ☞ linksgeradeaus, überqueren eine Wegkreuzung (3,1 km), bleiben dann jeweils ein bisschen mehr
- ☞ rechts (3,3 km) – links (3,4 km) – rechts und stoßen auf die Straße Estr. do Zondal (3,5 km). Von ihr genießt ihr
- ☞ links einen tollen Blick über die Bucht von Vigo, gewinnt mit der nächsten Straße (3,8 km)
- ☞ rechts in Richtung Freixo noch einmal tüchtig an Höhe und geht an der kleinen Kapelle **San Xoán do Freixó** (4,1 km) vorbei. Danach biegen die Pfeile in den dritten Fahrweg

Karte CPCI03

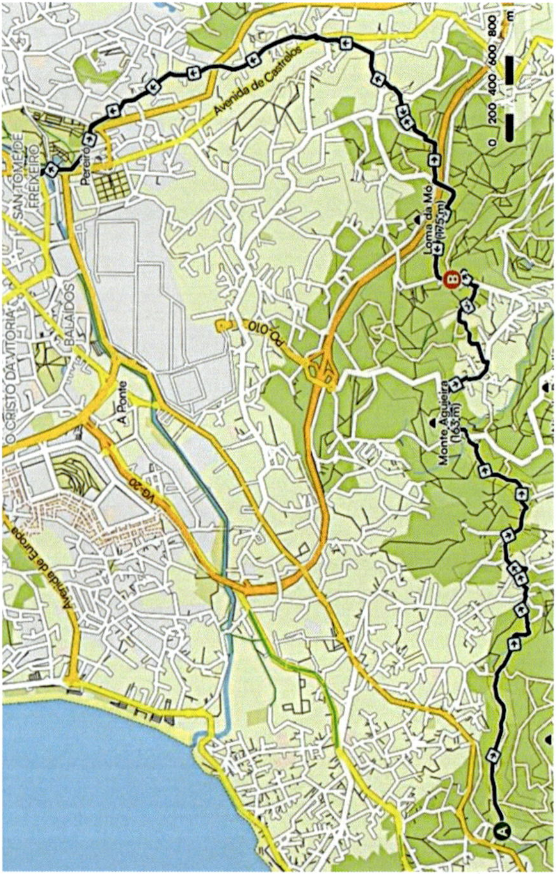

☛ links ein. Das Sträßchen geht rechts um die Ecke, macht als Fahrweg nach den Häusern einen Linksbogen, wird wieder asphaltiert und endet an einer Straße (5,1 km), die ihr nur noch ein Stückchen

☛ links hinaufgehen müsst.

⌂⌂ Res., 6/1, K, W, ⧗ Di. – So. 15.00 – 21.00, 10,--

Die Albergue-Refugio de la Asociación de Vecinos de O Freixo, ☏ 679 652 431. *Hospitaleros* (♗) sind übrigens Luis, der die Karten auf Seite 14 - 16 gebastelt hat, und seine Frau Cris, zwei ganz tolle Menschen.

Ihr folgt der zweispurigen Straße, biegt nach einer Autobahnbrücke (0,9 km)

☛ rechts ab, macht mit dem Fahrweg eine Linkskurve und verschwindet an einem Fußballplatz (1,2 km)

☛ rechtslinks in einen Forstweg, der euch bald durch **Beirán** asphaltiert. Bergab geht ihr an einer kleinen Kapelle (links) vorbei, biegt an Haus Nr. 46 (1,8 links) nach

☛ linksrechts ab, schlupft unter einem Dach hindurch und biegt dann (2 km)

☛ links auf einen Fahrweg ein, der vor euch eine Kurve macht und an die

☕ bebarte „richtige" Straße Av. de Castrelos bringt (2,4 km). Mit ihr geht ihr wenige Schritte nach

☛ links zu einem Abzweig nach

☛ rechts in Richtung „Beade", wechselt aber sofort nach einer

+ Apotheke

☛ links in die R. Macal. Nach einer Straßenbrücke (3,2 km) wechselt ihr

☛ links in einen Wirtschaftsweg, folgt dann einem gelben (!) Pfeil

☛ rechtsgeradeaus und biegt am Ende (3,6 km)

☛ links auf den Cam. Fondo ein. An dessen Ende (3,9 km) kommt ihr erneut

☛ rechtsgeradeaus mit der R. dos Mestres Goldar gleich an einem beeindruckenden Felsen vorbei, biegt bald (4,1 km)

☛ links in den Cam. Ribadavia ein, lasst einen Fahrweg links liegen und

☛ überquert schließlich eine Straße (4,4 km) zu einer langen Steinmauer, hinter der sich der **Parque de Castrelos** befindet.

An seiner gegenüberliegenden Seite am Fußgängereingang blättert ihr bitte zur Seite 135.

Wegteilung – Armenteira

(21,0 km, ⇧ 570 m, ⇩ 340 m)

Diese Wegvariante ist in den letzten Jahren unter Pilgernden zu einem echten Insider-Highlight geworden. Er ist wirklich wunderschön, allerdings ganz sicher nicht mehr so ruhig, dafür aber gerade auf dieser Etappe wirklich anstrengend. Zum Gruseln habe ich euch unten ein Höhenprofil eingebaut. Aber ab oben ist er ein kleiner wasserumplätscherter Traum!

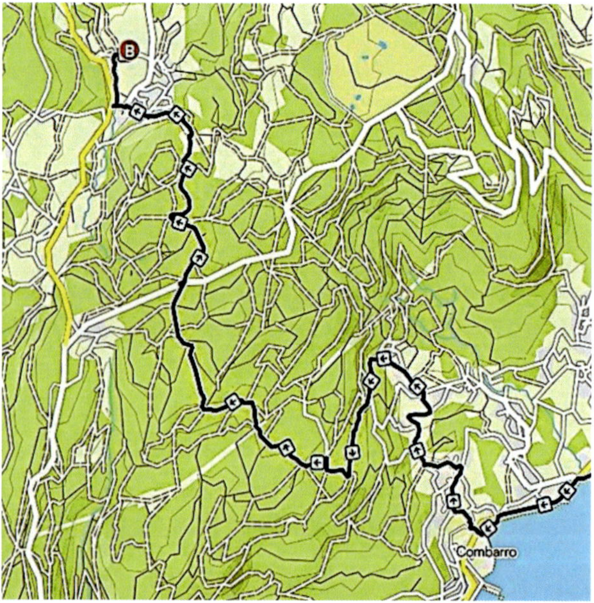

- Zwischen Combarro und Armenteira gibt es außer Brunnen keine Versorgungsmöglichkeit. Füllt also bitte rechtzeitig eure Reserven auf!

Ihr verabschiedet euch von euren unespiritualen Mitpilgern, geht nach

- links, überbrückt die Autobahn (3,5 km), haltet euch anschließend
- links bergauf, überquert in **O Freixo** an einer Kapelle die P-531 (4 km) auf einer Brücke und
- rechts brückenlos die PO-310 in Richtung **Parada de Arriba**.

Karte CPCE01

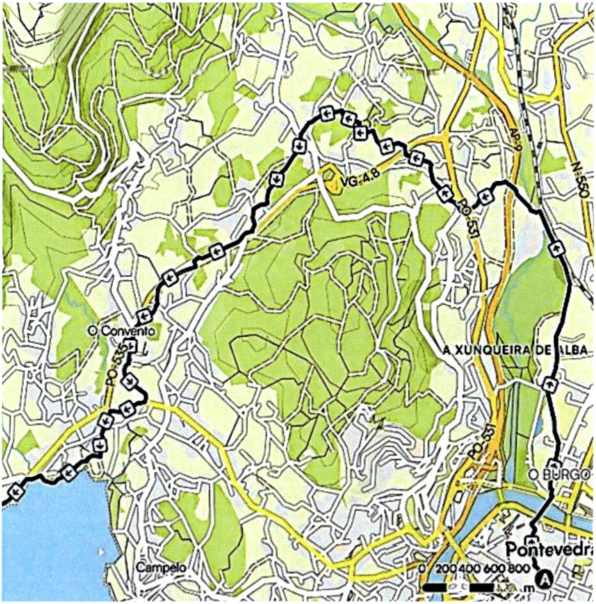

Dort lasst ihr eine kurz wirklich steil herabführende Straße links liegen und geht anschließend und noch vor einer Brüstung (4,4 km)

☛ rechts hinunter zur darunterliegenden Lugar Parada de Abaixo –

+ rechts gibt es eine Apotheke (+ 150 m).

Mit ihr bleibt ihr

☛ links in Laufrichtung und gleich darauf

☛ rechtsgeradeaus unten. Ihr unterquert die VG-4.8 (4,8 km) und lasst euch

☛ links von einem gut befestigten Wirtschaftsweg durch Äcker und Reben zu Bäumen tragen. Zwischen zwei rechtwinkligen Linkskurven biegt ihr von ihm mit der dort zweiten Mögichkeit (5,3 km)

☛ rechts in einen anfangs mit Beton befestigten Forstweg ab und steigt

☛ links einen sehr schönen, steinigen Weg hinauf zur ein wenig verwunschen wirkenden

☿ **Igrexa de San Pedro de Campaño** (5,6 km).
Ihre Geschichte führt bis ins Mittelalter zurück, doch ihr heutiger barocker Bau mit neoklassizistischem Portal mit geradem Türsturz und
Pilastern (rechteckige, flache, ein wenig aus der Wand hervortretende und fest in sie integrierte Pfeiler) stammt aus dem 18. Jh.

Die Straße führt euch

☛ links durch

Caballeiro und vorbei am **Cruceiro** () **de Campaño**. Nach einer

Gaststätte verlasst ihr sie (5,8 km) nach

☛ halbrechts, kreuzt an einem Stop-Schild die EP-0017 (6 km) und verschwindet am Ende der Straße (6,2 km)

☛ halblinks in einen Eukalyptuswald (). Am ersten Haus von **Fragamoreira** wechselt ihr

☛ rechtsgeradeaus zu Asphalt, geht dann

☛ links hinunter zur VG-4.8, und bleibt

☛ rechts von ihr zwar dicht, aber gar nicht unnett an ihrer Seite. Über eine

☛ Brücke (7,5 km) wechselt ihr zunächst ebenso dicht auf ihre andere Seite, dreht dann aber von ihr ab, überquert (8 km)

☛ rechts einen kleinen Wasserlauf, bleibt sofort

☛ linksgeradeaus, verlasst einen Kreisverkehr ebenfalls nach

☞ linksgeradeaus und könnt gleich hinter dem ersten Tor des Klosters einen
☿ der **längsten Hórreos** (🕯) Galiciens bewundern.

☿ ✱ **Monasterio Poio** (8,6 km)

Es wurde im 7. Jh. von San Fructuoso, seinerzeit Feudalherrscher über diesen Teil der Flussmündung, als Benediktinerabtei gegründet. Die verließen es 1835 aufgrund der Desamortisation (🕯). 1890 zog der

🕯 **Mercedarierorden** ein. Der 1218 nach einer Marienerscheinung gegründete Männerorden der *Allerseligsten Jungfrau Maria vom Loskauf der Gefangenen,* der den Augustinerregeln unterliegt, verlangte zusätzlich das Gelübde, christliche Sklaven notfalls auch gegen die eigene Freiheit freizukaufen.

Aus einer Nische der Fassade begrüßt euch das Heilige Jaköbchen, den ihr am Hochaltar wiedertrefft. Der Kreuzgang stammt aus dem 16. Jh.

⧗ 9.00 – 13.00/16.00 – 19.00, 1,50

Weiter geht es die Pflasterstraße hinunter, an einer
☕ Bar (8,8 km) vorbei zur PO-308 (9,1 km), auf die ihr nach
☞ rechts einschwenkt, um sie kurz vor einem nächsten Kreisel (9,3 km)
☞ links in einen Fahrweg wieder zu verlassen. Ihr steigt (9,4 km)
☞ links einen Fußweg hinauf, kommt
☞ rechts-linksgeradeaus mit einem schmalen Weg zu einem Fußballplatz (9,8 km), bewegt euch
☞ rechts kurz dicht um ihn herum, geht gleich nach dem Spielplatz (9,9 km)
☞ rechts mit einem Steg über einen Wasserlauf und schlendert über den
☺ mit Palmen bestandenen **Campo de Memoria.** Mit Blick auf die Ría de Pontevedra lässt es sich hier wirklich gut ausruhen, bevor euch ein Fahrweg zurück zur PO-308 (10,4) bringt.

⌂➪ Zur Albergue Hostel Nuestra Señora del Camino, Trav. Casalvito, 16, 649 053 236, ab 26,--, ab 65,--/DZ, ab 120,--/4Z, ⧗ Karwoche – 15. Oktober, 13.30 – 20.00, geht ihr gegenüber die Straße hinauf.

Diese Landstraße ist zwar wegen des Verkehrs nicht ganz so schön, aber guckt halt einfach nach links, dann überseht ihr auch nicht, dass ihr sie (11,2 km) –

- geradeaus kreuzt sie der Camino in 200 m (s. un. bei 11,5 km) an einem Zebrastreifen; das ist zwar kürzer, aber ihr versäumt das wirklich schöne Dorf Combarro! –
- zu einer kleinen Badebucht verlassen und durch den historischen Stadtkern von
- **Combarro** schlendern dürft.
- Bekannt ist dieses Dorf wegen seiner wunderschönen **Hórreos** (), die dicht am Wasser stehen. Nehmt euch gerne ein bisschen Zeit sie bei einem kleinen Bummel zu bewundern!

Der Camino führt ah an einem Hórreo () (das klingt fast ein bisschen wie „im Wald an einem Baum", aber Combarro ist wirklich klein)

- linksgeradeaus durch eine enge Gasse zu einem
- Brunnen (11,1 km) und
- rechts – rechts zur PO-308 zurück (11,5 km), wo ihr zum
- vorerst letzten Mal einkehren könnt.

An einem Zebrastreifen (11,5 km)

- überquert ihr die PO-308, geht kurz die R. Pedaporta hinauf, nehmt am Cruceiro do Pé da Porta
- rechts die linkere Cam. Do Redondo, lasst ein Waschhäuschen rechts liegen, wechselt dann (11,8) erst
- rechts auf den Cam. Torre und dann
- rechts – rechts auf den Cam. Cidrás (11,9). An seinem Ende an einem Stop-Schild kurz nach
- rechts (Cam. A Longariña), könnt ihr an einem
- ☺ Brunnen mit Ruhebänken (12,2 km, links) noch einmal kurz durchatmen und auftanken, steigt sofort daach
- links mit dem Cam. Regueiro noch ein bisschen strammer an und endet
- immer geradeaus auf dem
- Cam. da Armada, auf dem ihr euch zwischen Wiesen und Weinreben ganz auf eure Atmung konzentrieren könnt.

In **O Esperón** wechselt ihr nach einem Wegkreuz an einem

- einem Brunnen (13,1 km, links) nach

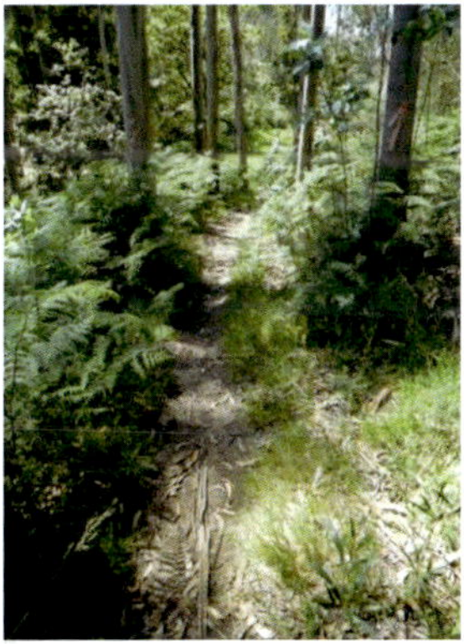

☞ links auf den Cam. Esperón (13,7 km). Der Straßenname ändert sich (Cam. Vilar), die Steigung bleibt und wird langsam … Naja, das merkt ihr selbst.

☿☺ In einer Kehre (15 km) findet ihr einen **Aussichtspunkt** und eine eine Informationstafel über den Camino Espiritual, kurvt mit der Straße noch nach links und rechts und biegt anschließend (15,3 km)

☞ links in einen breiten Forstweg ein. Ihr folgt dieser Hauptspur über eine Schneise (16,3 km) hinweg zu einem weiteren

☿ **Aussichtspunkt**, bleibt immer in Laufrichtung bergauf und kreuzt die zweispurige CF-102 (17,8 km).

Uff. Ihr seid oben und haltet euch erst an einer Wegteilung (18,4 km)

☞ linksgeradeaus, lasst in einer engen Rechtskurve (18,6 km) drei Wege links liegen, rutscht in der nächsten Rechtskurve (19,1 km)

☞ links – rechts einen Weg hinunter und könnt euch entscheiden, ob ihr

✌ weiter rechts lauschig am Wasserlauf gehen oder

✌ geradeaus einen alten Wegstein bewundern und unten ein bisschen nach rechts aufrücken möchtet.

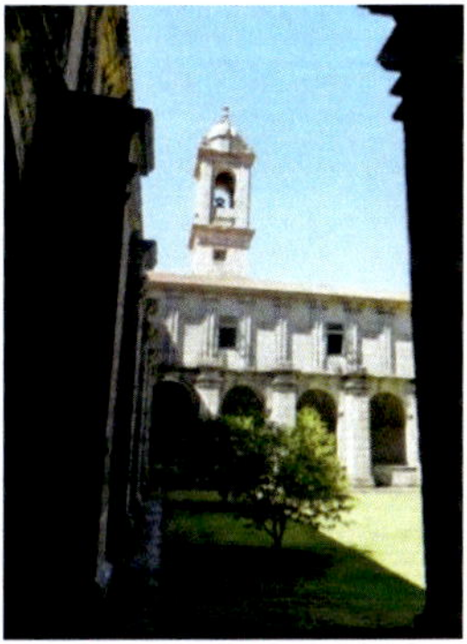

So oder so geht ihr weiter am Bächlein nunmehr aber wirklich stramm hinunter und landet punktgenau am

☿ **Monasterio de Armenteira**

Der Name Armenteira, der nicht nur dieses kleine Örtchen, sondern auch den Fluss und das Monasterio bezeichnet, leitet sich wahrscheinlich ab vom lateinischen *armentum* – Rind-/Vieh (das merke ich mir für die nächste Autofahrt!).

Ihr betretet das Zisterzienserkloster unter dem Schutz seines Gründers Don Ero, der euch aus einer Nische über dem Torbogen (ist der nicht schön?!) begrüßt.

Auch wenn es erst 1190 urkundlich erwähnt wird, wurde es bereits 1149 gegründet. Die Arbeiten an der für diesen Orden so typischen strengen, einfachen Kirche begannen 1167. Vom ursprünglichen, wesentlich kleineren Kreuzgang sind nur einige Säulenteile und eine kleine Tür erhalten. An den stilistisch sehr unterschiedlichen Flügeln lässt sich sehr leicht erkennen, dass man an ihm ab 1677 ein geschlagenes Jahrhundert lang herumwurschtelte. Der Glockenturm stammt aus 1778.

1837 mussten die Mönche das Kloster aufgrund der Desamortisation (🕯) aufgeben und die Gebäude verfielen. 1963 bildete sich die Vereinigung der „Amigos de Armenteira", die sich daranmachten, das alte Gemäuer wieder herzurichten, und 1989 hat mit Zisterzienserinnen auch wieder Klosterleben Einzug gehalten.

Die Legende des San Ero de Armenteira

Es war einmal zu einer Zeit, als das Wünschen noch geholfen hat, da lebten in Armenteira, einem wunderschönen, ruhigen und zurückgezogenen Örtchen an den Hängen des Monte Castro, der edle Ritter Don Ero mit seiner Gemahlin in zufriedener Beschaulichkeit. Zu ihrem vollkommenen Glück fehlte nur ein Kind, doch dies war ihnen nicht beschieden. In ihrer Not bezogen sie ihre Bitte um einen Stammhalter in ihre Gebete ein. Da erschien dem Ritter im Traum die Jungfrau Maria und ließ ihn wissen, dass es viel wichtiger sei, sich um spirituelle Nachkommen zu bemühen, als um weltliche. So geschah es, dass er gleich hier in seiner Heimstatt ein Kloster gründete, es der Muttergottes weihte und den Heiligen Bernhard von Clairvaux (1090 – 1153, Abt, Kreuzzugsprediger und Mönch, der für die Ausbreitung des Zisterzienserordens in ganz Europa sorgte) um Hilfe bat, woraufhin dieser ihm vier Mönche seines Konvents schickte, die ihm beim Aufbau des Ordenslebens helfen sollten.

Alsbald, Don Ero war inzwischen selbst Abt des *Monasterios* geworden und führte ein Leben in Demut und Gottesfurcht, plagte ihn eine Frage:

Wie sollte er sich die Gnade vorstellen, die ihn am Jüngsten Tag erwartet? Immer wieder bat er die Muttergottes, ihm einen Blick in die paradeiischen Gefilde zu gewähren, doch dieser Wunsch blieb ihm verwehrt
Als er sich eines Tages in den Wald begab, um in der Ruhe der Pinien und Eichen Frieden zu finden, wurde er des Gesangs eines Vögleins gewahr, dessen Lied von einer solchen Schönheit war, dass es sein Herz berührte. Er setzte sich auf einen Stein, um ihm zu lauschen. Erst als die Nacht die Welt bereits in Dunkelheit gehüllt hatte, kehrte er aus seinen Gedanken und zum Kloster zurück, dessen Tore verschlossen waren. Als er an seine Pforten klopfte, um um Einlass zu ersuchen, erschien ein ihm völlig unbekannter Mönch, der ihn misstrauisch musterte. Verwirrt bat Ero ihn darum, nach einem seiner Mitbrüder, deren Namen er einen um den anderen aufzählte, zu schicken, doch keiner dieser Ordensmänner war seinem Gegenüber bekannt.
Da begriff Ero, dass, seit er die Klostermauern zu seinem Spaziergang verlassen hatte, 300 Jahre vergangen waren; 300 Jahre, in denen die Jungfrau Maria ihm seinen Wunsch erfüllt hatte und ihn eines Zipfelchens der himmlischen Herrlichkeit hatte ansichtig werden lassen.

Ich werde nie wieder, „du *Armentum*, du blödes!“ brüllen können, ohne an diese nette kleine Geschichte zu denken.

Ihr geht am Kloster vorbei zum Lauf des Rego da Armenteira, folgt ihm nach

☛ rechts und findet an der nächsten Straße

☛ rechts hinauf auf der linken Seite (einzelnstehendes Haus) die

⌂⌂ 32 Plätze, K/M, W/T,⌛ ganzjährig 13.00 – 22.00, 10,--
Albergue de Peregrinos de Armenteira, ☏ 619 534 087.

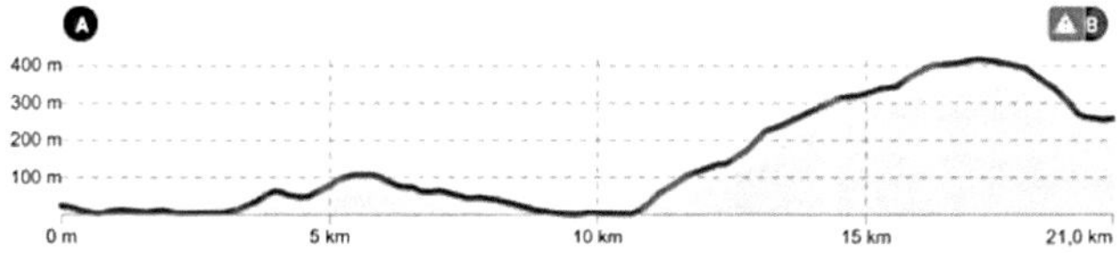

Armenteira – Vilanova de Arousa

(22,8 km, ⇧ 140 m, ⇩ 390 m)

Diese Etappe beginnt mit dem weiß-gelb markierten Wanderweg 170 *Pedra e da Auga*, Steine und Wasser, einem der schönsten in Galicien, der euch über sehr lauschig an über sechzig oft sehr verwunschen wirkenden Wassermühlen vorbeiführt. Nach 12 km führt euch der Camino mal durch Weinstöcke, mal durch den Wald, mal durch Orte und schließlich am Meer entlang. Das salzige Meerwasser hat die *Cruceiros* (✝) zu besonderen Hinguckern gemacht. – Ach Kinders, pilgern kann so schön sein!

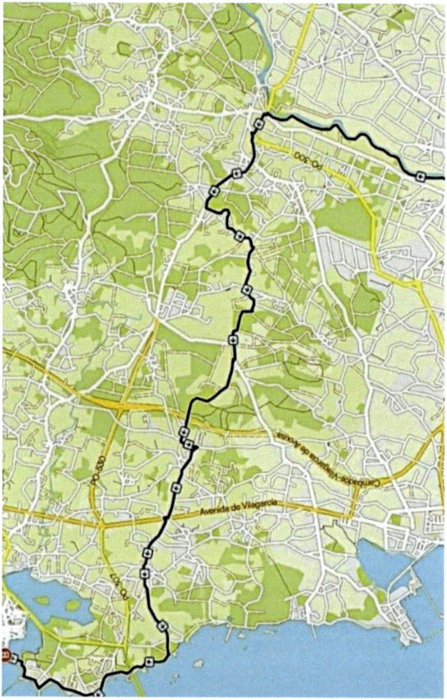

- 💣 Die erste Bar findet ihr erst nach 14 km. Nehmt euch also bitte genug zu trinken mit!

Ihr geht zurück zum Rego da Armenteira und lustwandelt mal auf seiner einen, mal auf seiner anderen Seite und macht es, wenn euch danach ist, wie Don Ero: Setzt euch auf einen netten Stein und lauscht dem Geplätscher und den Vöglein. Ihr müsst ja nicht gleich 300 Jahre dahocken. Ob es im Paradies so ist? – Wer weiß, ein Zipfelchen der himmlischen Herrlichkeit ist es ganz sicher.

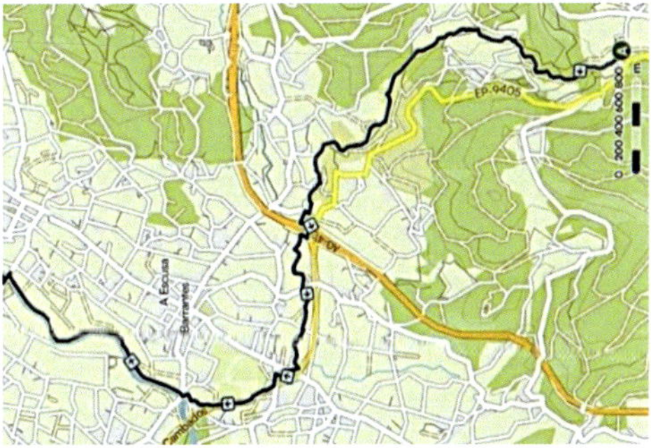

Karte CPE02

An einer kreuzenden Straße (1,5 km) sowie nach einem

☺ Rast- und Spielplatz (3,8 km)

☞ wechselt ihr jeweils die Uferseite des Gewässerchens, schlüpft an einem Kreisverkehr (4,5 km)

☞ geradeaus unter einer Autobahn hindurch,

☞ überquert Fluss und Straßen noch zwei weitere Male (5,4/5,8 km) und erreicht schließlich einen weiteren Kreisverkehr, an dem ihr

☞ geradeaus auf eine Fußgängerbrücke zuhaltet, an der ihr aber

☞ rechts in einen Fußweg einbiegt, mit dem ihr eine Weile dicht, aber sehr schön an der Nationalstraße klebt. Dann dreht ihr von ihr ab und folgt nunmehr dem Río Umia und

☞ wechselt mit einer Straßenbrücke (9,5 km) auf seine andere Seite.

✋ An der nächsten Brücke halte ich kurz an: Kürzer ist es, hier der überbrückenden Straße an deren rechten Seite zu einem Kreisverkehr zu folgen (12,5 km), an dem ihr wieder auf die gelben Pfeile stoßt (unten bei 13,3 km).

Etwas weiter ist es, erst hier den Fluss zu überqueren, über eine mittelalterliche Steinbrücke (12,5 km) wieder auf diese Seite zu wechseln und der zweispurigen Straße linksgeradeaus und über einen ersten Kreisel hinweg zu diesem Kreisverkehr zu folgen (13,3 km).

Wie auch immer ihr geht, ihr verlasst diesen Kreisverkehr (13,3 km) in Richtung „Vilanova de Arousa“ auf die EP-9703 und kommt endlich –

☕ Hiergeblieben! Ich hab es euch doch noch gar nicht geschrieben! (14,1 km).

Danach geht ihr die zweite Straße (14,5 km)

☛ links nach **Mouzos** und macht natürlich einen

☿ ✱ Stempelstop an der **Capilla de San Pedro de Mouzos** (13,8 km), weil an so einer großen Muschel mit Jakobuskreuz (♁) kann man als Pilgernder einfach nicht einfach vorbeigehen!

Am Ende der Straße

☛ rechts kommt ihr über ein Brückchen nach **Igrexa**, biegt dort (15,4 km)

☛ rechts ein und folgt dem Fahrweg durch die Weinstöcke zu einem *Cruceiro* (♁), das Mitten auf der Straße steht (15,9 km).

☛ Links – rechts – linksgeradeaus – rechts um die Ecke und

☛ rechts – links – rechts stoßt ihr genau in einer Kurve auf die EP-9005 (16,8 km), an der ihr

☛ links auf einem Trampelpfad an den Weinreben entlang die Höhe einer Kuppel erreicht. Der Pfad löst sich von der EP-9005 und ihr folgt

☛ einem von eben ihr kommenden Fahrweg. durch Weinreben und tief hohl durch Bäume und mit einer Brücke über die VG4.3 (17,2 km) hinweg zu Häusern.

Dort geht ihr an einer verschobenen Kreuzung (17,4 km)

☛ links an einer Bushaltestelle vorbei, an einem weiteren *Cruceiros* (♁), das Mitten auf der Straße steht

☛ rechts und

☛ schrägrechts über die zweispurige und

☕ bebarte (Ha! Diesmal war ich schneller!) PO-549 (18,5 km) hinweg.

In **San Roque do Monte** kommt ihr an eine Verzweigung mit einem

- Brunnen und Bäumen (19,1 km). Hier bleibt ihr
- rechtslinksgeradeaus (dieses Wort mag ich!) in Laufrichtung, lasst eine stoppende Straße (19,4 km) rechts liegen und folgt dann euren Stiefelspitzen und eurem Blick aufs Meer, an dem ihr schließlich
- rechts unter der PO-307 (20,8 km) hindurch, um einen Campingplatz herum, an einem Badestrand vorbei und auf einer
- Fußgängerbrücke (22,6 km) nach **Vilanova de Arousa** kommt.

Direkt euch gegenüber könnt ihr euch um eure Bootsfahrt kümmern.

28 Plätze, K/M, W/T, ganzjährig 14.00 – 22.00, 10,--
Zur Albergue Variante Espiritual, R. José González Sanisidro, 69, ☎ 655 884 136, Getränkeautomat, Terrasse, geht ihr hier rechts am Wasser entlang zur, weil in der Mehrzweckhalle „Multiusos".

Res., 20/2, M, W/T, Mitte März – 31.10., 14.00 – 21.00, ab 20,--
Die Albergue Corticela, R. A Basella, 14, ☎ 655 884 136, befindet sich am Parkplatz am Hafen rechts, gleich gegenüberliegende Straßenseite

Res. 11/2, M, W/T, 14.00 – 18.00, ab 19,--
Zur Albergue Turistico A Salazon, Callejon do Boliche, 7, ☎ 606 365 561, geht ihr am Hafen entlang zu einem kleinen Park und dort die zweite Gasse rechts, etwas zurückgesetzt auf der rechten Seite im Gebäude einer alten Salzfabrik.

Am Ende des Hafens verkehrt ein Bus nach Pontecesures (ca. 60 min, 4,--).

Bootsfahrt: Vilanova de Arousa nach Pontecesures

- Die Fahrt kostet ab 25,--/Person.
- Die Abfahrtzeit ist tideabhängig!

Die Überfahrt dauert etwa 90 Minuten. Der Skipper zeigt euch nicht nur die Stelle, an der die Barke mit dem Leichnam des Jakobus landete, sondern auch *Bateas* (8), eine Kalvariengruppe und ein nachgebautes Wikingerschiff.

☿ **Torres do Oeste**

Funde lassen auf eine Besiedlung bereits im 2. Jh. schließen, also lange bevor Alfonso III. *el Magno*, der Große (König von Asturien 866 – 910) hier die Burg *Castellum Honesti*, auch *Turris Augusti* genannt, errichten ließ, um das Land und vor allem Santiago d. C. vor den Angriffen von Wikingern, Normannen und Sarazenen, zu schützen. Sie machte aus der Siedlung bald einen wichtigen Handelshafen. Von den einst sieben Türmen der Anlage sind nur zwei übriggeblieben und zählen zu den *Monumentos Nacional*, Nationalmonumenten.

Illa de Cortegada

Sie ist Teil des Naturparks Islas Atlánticas de Galicia und beherbergt 400 verschiedenen Landpflanzen sowie den größten Lorbeerwald Europas. Als 2002 der Tanker „Prestige" havarierte und eine Ölpest verursachte (vielleicht erinnert ihr euch daran), blieb sie als einzige der naturgeschützten Eilande verschont.

Guckt in Pontecesures an der Hauptstraße noch einmal kurz nach rechts: Da steht ein besonders schönes Jaköbchen!

Den Weiterweg nach Padrón findet ihr auf Seite 249.

Für über das Kloster Herbón nach Padrón

☛ folgt ihr der Hauptstraße nach rechts, biegt hinter einer Tankstelle
☛ links ein, überquert Bahngleise und blättert dort zur Seite 248.

Zu-Fuß-Alternative

Vilanova de Arousa - Pontecesures

(34 km, ⇧ 230 m, ⇩ 230 m)

Karte CPE03

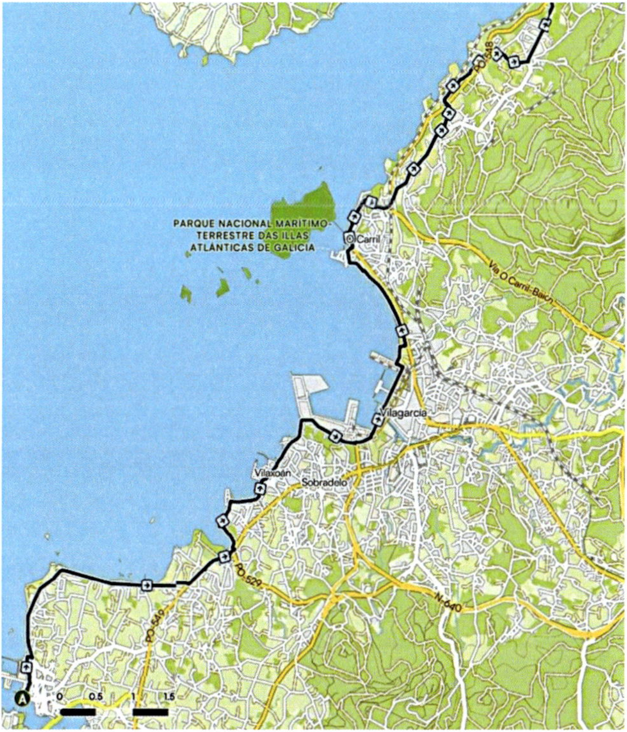

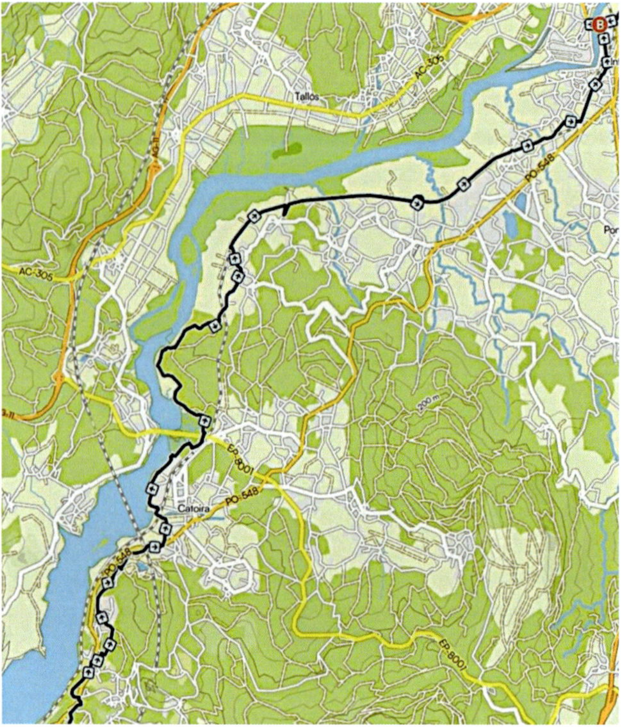

Ihr schlendert am Hafen entlang zu einem Kreisverkehr (0,3 km).

🖑 Von hier fährt ein Bus nach Pontecesures.

Ihr bleibt mit der Av. Galicia, später R. a Basella und anschließend der EP-97092 (0,8 km) möglichst dicht am Meer, kommt an einer weiteren

🖑 Bushaltestelle (2,5 km) vorbei, wechselt an einem Kreisel (3,7 km)

- ☛ links auf die PO-549, verlasst sie nach dem nächsten Kreisel (4,7 km)
- ☛ links in einen Fußweg und schlendert vorbei am Hafen von **Vilaxoán** (6,1 km) sowie einer Industrieanlage (6,9 km) und erreicht am Hafen von **Vilagarcía de Arousa** einen großen Parkplatz (9,4 km), an dem ihr
- ☛ auf die Strandpromenade wechselt. An einem Kreisverkehr am Hafen von **Carril** (11,4 km) könnt ihr noch
- ☛ auf der rechten Seite parallel zur PO-548 bleiben, bevor ihr ihr (11,8 km) zu einem weiteren Kreisel folgt (12,5 km), an dem ihr kurz
- ☛ mit der PO-548 eine Bahntrasse überbrückt und gleich danach (12,7 km)
- ☛ halbrechts auf die PO-192 in Richtung **Bamio** aufrutscht.

Nach der großen, gelben Hausnummer 30 (rechts) zeigt ein gelber Pfeil

- ☛ halblinks in die euch entgegenkommende Einbahnstraße R. Campanario (13,8 km), mit der ihr die PO-548 (14,3 km) kreuzt. Wenn sie rechts wieder zur Landstraße hinaufführt (14,9 km), bleibt ihr
- ☛ geradeaus, überquert die PO 548 auf einer Brücke (15,2 km), folgt in **A Dona** (15,2 km) einem gelben Pfeil nach
- ☛ rechts in die R. Casal, steigt ganz hinauf zurück zur PO-192 (15,9 km) und kommt mit ihr wieder zur PO-548 (17 km).
- ☛ Links des Umspannhäuschens gegenüber führt euch eine Gasse zu einem
- ☛ Fußweg (Informationstafel „Catoira“). Mit der nächsten Straße
- ☛ rechts kreuzt ihr die Landstraße erneut und könnt euch sofort
- ☛ links gerne
- ☺ ein bisschen ausruhen.

✋ Geradeaus kommt ihr erneut zur PO-548, müsst 100 m bis zur nächsten Abfahrt auf der Fahrbahn gehen und kommt zu einem Kreisel (unten bei 18,6 km).

Mit einem Mehrweg von 300 m führt im Linksknick dieser Straße (17,9 km)

- ☛ rechts ein Staubweg zu einem kreuzenden Forstweg (18,3 km), mit dem ihr
- ☛ links zu einem ersten Kreisel (18,5 km) und
- ☛ geradeaus zu einem zweiten Kreisel (18,6 km) kommt. Diesen verlasst ihr
- ☛ in Richtung „Catora“ und stoßt
- ☛ in Laufrichtung abermals auf die PO-548 (20 km)

Jetzt wird der Weg nett: Gleich die erst Möglichkeit (20,3 km)

☛ links und direkt an einem Flüsschen (20,7 km) erneut

☛ links führt er euch sofort unter Schienen hindurch und immer am Wasser entlang vorbei an den

☿ **Torres do Oeste** mit der **Ermida de Santiago** und den **Wikingerschiffen** (22,2 km, s. S. 315).

☿ Eine dem Heiligen Jakobus geweihte präromanische Kapelle entstand unter dem ersten Erzbischof von Santiago d. C., Diego Gelmírez (um 1069 – 1140).

⁂ Seit 1960 findet dort jährlich am 1. Sonntag im August das *Batalla de Catoira/Romeria Vikinga* statt, ein nachgestellter Angriff der Wikinger.

Ihr unterquert erneut die Schienen (25,4 km), durchquert

Vilar (26 km) – ich kann es nicht besser sagen, aber ihr werdet sehen, dass das reicht -in Laufrichtung und mit einem starken Drang nach links hinunter zurück zur Bahntrasse (26,4 km). Der folgt ihr nun mal an ihrer rechten, ab einem beschrankten Bahnübergang an ihrer linken Seite und auch über einen Kreisel (31,5 km) und den kleinen Wasserfall eines Flüsschens (31,8 km) hinweg.

Dann schieben sich Häuser zwischen euch und die Schienen, ihr passiert eine kleine Kapelle mit zugehörigem *Cruceiro* und habt dann (32,3 km) die Wahl zwischen zwei Wegvarianten:

1. Mit dem nächsten Sträßchen links und rechts – links – rechts – links in Laufrichtung kommt ihr zum Fluss und an ihm entlang zur Brücke in Pontecesures (34,1 km).

2. Ihr folgt geradeaus erneut den Schienen, dreht dann von ihnen ab, rutscht an einem Eroski-Supermarkt nach rechts zur geschäftstüchtigen R. San Loís auf und kommt mit ihr zur Brücke in Pontecesures (34 km).

Den Weg nach Padrón findet ihr auf Seite 249.

Für über das Kloster Herbón nach Padrón

☛ folgt ihr der Hauptstraße nach rechts, biegt hinter einer Tankstelle

☛ links ein, überquert Bahngleise und blättert dort zur Seite 248.

Verzeichnis des geballten Wissens

Vorwahl Portugal: 00351
Vorwahl Spanien: 0034
Vorwahl Deutschland: 0049

Notrufe:

Portugal:	Polizei/Notarzt/Feuerwehr: 112
Spanien:	Polizei: 112 Notarzt: 061 Feuerwehr: 085

Vertretungen der Bundesrepublik Deutschland:

Portugal:	Honorarkonsul der Bundesrepublik Deutschland Av. Sidónio Pais, 379, 4100-468 Porto ☏ 226 108 122
Spanien:	Botschaft der Bundesrepublik Deutschland Calle de Fortuny, 8, 28010 Madrid ☏ 915 579 000 Honorarkonsulin der Bundesrepublik Deutschland Avda. Gran Via, 170, 36211 Vigo ☏ 986 123 149

Öffentliche Verkehrsmittel:

Busverbindungen:	Porto Busbahnhof – Porto Flughafen – Braga – Valença – Tui – Vigo – Pontevedra – Santiago (4 x tägl.), www.alsa.es
Zugverbindungen:	Porto – Vigo (2 x tägl.)/Vigo – Santiago www.renfe.com